本书受到国家自然科学基金委面上项目的资助，项目名称:“大数据背景下开放政府数据的因素与机理研究：系统动力学建模与政策仿真”(项目批准号：71473048)。

涂子沛

著名大数据专家，著有《大数据》、《数据之巅》、《数文明》

中国不乏故事，但中国缺乏有关数据的故事，尤其是开放数据的故事。梳理、创造新时代的中国数据故事，是青年和学界的使命；数林，就是智能时代人类的新树林。

金耀辉

上海交通大学电子信息与电气工程学院教授

作为“金石为开”组合的队友，认识郑磊教授近五年了，终于等到这本书，这些苦辣酸甜的故事记录了老石团队几年来在开放数据领域的探索和坚持，澄清了很多模糊不清的概念，梳理了政府数据开放的路径、收益和风险。读完这些故事，你会发现一切才刚刚开始!

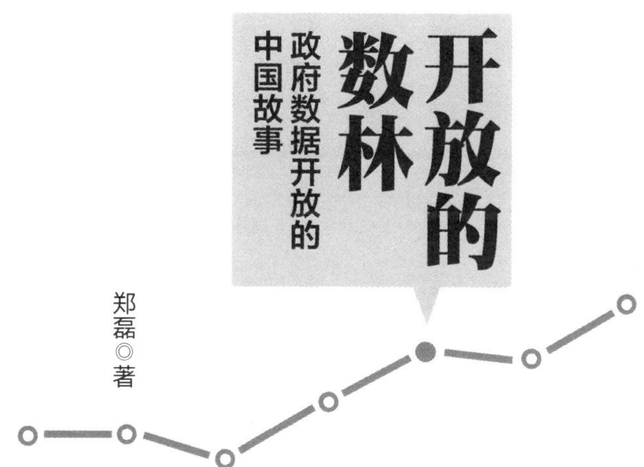

开放的数林

政府数据开放的中国故事

郑磊◎著

上海人民出版社

序

开放数据　蔚然成林

2006年10月中旬，我和郑磊老师第一次见面，那时他作为美国纽约州立大学的博士生陪同导师Sharon Dawes教授一行来北京参加一个国际电子政务研讨会。自此以后的12年时间里，我们都投身到中国数字治理和大数据工作中，所不同的是，他在象牙塔里教书育人做研究，我在政府事业单位一线做些具体工作，他是学术圈里最接近一线工作、最有实战经验的少数青年学者之一，我自诩是一线工作者中比较有学术情怀的。

12年里，我们共同见证了中国政府信息化的飞速发展，特别是最近几年，大数据上升为国家战略后，我们在政府数据开放这个领域有了更多交集，在研究和实践的相互碰撞中，我们意识到，在这个全球数字化转型的重要历史时期，必须把握大数据发展机遇，跟上新时代的步伐。同时，我们更意识到，大数据在中国的发展路径是什么、政策框架是什么、制约因素是什么、风险边界是什么，等等，这些关键问题都需要逐一回答。

从欧美发达国家的经验看，推动政府数据开放是大数据战略中必不可少的关键环节，是政府治理创新的重要手段，更是带动数字经济从而促进高质量发展的重要抓手，从面向中国未来改革创新的角度看，可以说怎么强调这一工作的重要性都不为过。从当前我国政府数据开放的进展来看，总体还处在起步阶段，从认识到实践还存在很多模糊的甚至是错误的东西。在认识层面，到底什么是政府数据开放？从开放数据到带动大数据产业实现突破式发展的传递机制是什么？数据开放在哪些环节可以促进政府治理创新？对这些问题普遍缺乏基本的认知。在实践层面，统计数据、政策文件上网算不算数据开放？政府数据开放所有工作一定都要由政府来做吗？提供数据公共服务与生产公共服务在什么条件下可以分离？这些问题从各地五花八门的做法上都能够清楚地反映出来。我国政府数据开放工作的发展已经对全面系统梳理政府数据开放的理论和实践提出非常紧迫的需要，因此，郑磊老师这部专著的出版就显得尤为及时和必要，书中对基本概念、认识和做法的深入分析，不仅对于学术界有很高价值，对于指导各级政府从事数据开放的工作者而言，具有极高的“手册”意义。

近几个月，郑磊老师的团队积极参与国家公共数据开放平台建设的相关研究咨询工作，为我们提出了很多有价值的意见和建议。在讨论中，我们形成了一个共识，从发展历史背景和问题导向看，中国的政府数据开放与西方有所不同，政府数据开放不仅仅是政府治理创新和经济转型发展的助推剂，更重要的是对于有着“差不多先生”这顶帽子的中国人而言，政府数据开放更是一个数据文化缔造的崭新过程，因此，政府数据开放就不仅仅是技术、产业和管理创新问题，还具有文化创新的划时代意义。通过数据开放工作推动打造全社会尊重数据、保护数据、善用数据的文化氛围，使数据科学和数据产业成为青年人就学就业的向往，使大数据更好地服务于广大人民群众对美好生活的追求，让人的发展更加自由、政府运作更加透明、社会关系更加友善、市场行为更加诚信、科学研究更加高效。这是一条漫长的路，需要有“功成不必在我”“功成必定有我”的精神和意志，小步快走，行稳致远。

郑磊老师是我非常敬重的青年学者，不仅仅是因为他的国际化视野、严谨的治学精神和开放的互联网思维，更为重要的是在他身上有当下中国学术界少有的师道人格，他曾经为了学生发表论文署名的公正性与杂志社据理力争，他在学院新生入学和老生毕业典礼上的演讲曾经在网上被大家争相传阅，在他的演讲中传递着朴实无华的正能量，他还积极投身公益慈善事业，为西部贫困地区学生提供无私资助。

中国有句古话叫“种豆得豆、种瓜得瓜”，在最近的一次大型数据开放报告发布活动中郑老师的团队给每个人发了两颗绿植种子，一颗上印着“开放数据”，另一颗上印着“蔚然成林”，我想这本专著正是为我国政府数据开放种下了一颗种子，终有一天，在所有数据开放工作者的共同耕耘、浇灌、呵护下，会豆熟瓜落，会大树参天。

于施洋

国家信息中心大数据发展部主任、数字中国研究院院长

2018 年 7 月于北京

前　言

政府在治理社会服务公众的过程中，需要采集和生成大量数据，然后根据这些数据作出更科学的决策，进行更高效的管理，提供更精准的服务。更重要的是，政府所掌握的这些数据不仅对政府有用，也和老百姓的生活息息相关，涉及天气、食物、交通、上学、就业、买房、结婚、生娃、游玩、看病、养老等方方面面，可谓无所不包。

那么问题来了，这些政府数据除了政府自己可以拿来用，是不是也可以开放给社会，让人民来使用呢？答案是肯定的，因为这些数据本来就是属于人民的，是用人民的钱采集的，是为了人民而采集的，自然也应该开放给人民使用。当然也有例外，就是有些政府数据开放出来可能会损害人民的利益，比如涉及国家安全、商业机密和个人隐私的数据，这些数据不仅不能开放，还需要进行严格保护。

政府是人民的政府，政府的数据归根结底也是人民的数据，把政府数据开放出来，赋予人民使用这些数据的权利，可以让人民的生活变得更加美好。企业和社会公众通过对这些数据进行分析，或利用这些数据开发出各种各样的应用，可以让人民出行更便捷，吃饭更放心，环境更安全，居住更舒适，身体更健康，工作更顺利，创业更容易，作各种各样的决定时也更有依据。

因此，本书就来谈一谈政府数据开放这件大事，并讨论这样一些具体问题：为什么政府应该开放数据？哪些政府数据可以开放？哪些不可以开放？怎样才是开放政府数据的正确姿势？政府开放数据会带来哪些好处？又可能带来哪些风险？政府数据开放这件事和哪些人、哪些组织有关？目前我国开放政府数据最多最好的地方是哪里？还存在哪些问题？为什么开放政府数据这件事这么难？怎样才能开放更多更好的政府数据？政府数据开放的未来会怎样？

在结构上，本书将依次讲述和分析中国政府数据开放的背景、目的、现状、困境、路径和未来挑战。其中，第一、第二、第三章是回顾了国内外政府数据开放的背景和历程，阐述其价值、风险和利益相关者，并厘清一些基本概念与原则，为之后展开政府数据开放的中国故事搭建舞台；第四、第五章是基于一手数据和资料，描绘了我国政府数据开放的整体现状和典型案例，为后面将要展开的理论分析提供素材和依据；第六、第七章是对中国政府数据开放面对的困境与纠结进行了提炼总结，并进一步探讨中国政府数据开放的发展路径；第八章则是为数据开放未来可能面对的新挑战抛出一些问题，引发思考和讨论。

本书既引用了许多国内外学术文献和研究报告，也采用了大量来自中国本地的一手数据和访谈资料，力求在理论研究与实践案例、国际视野与本土视角、“深度有据”和“易读有趣”之间找到一个平衡点，希望能为我国政府数据开放的研究者、实践者和关注者，包括来自政府部门、研究机构、高等院校和产业界的读者们，提供一本集理论梳理、实践解读和路径指南于一体的参考读物。

目前国内有关政府数据开放的著作多停留于介绍国外实践、引进国外理论或直接翻译国外论著阶段。作为一名留学回国的研究者，我对中外差异有切身体会，深知国外政府数据开放的研究发现和政策建议并不能直接应用于中国实践。虽然数据开放的理念最初来自国外，但要在中国真正落地，就必须根植于中国的本土环境，学术界也要针对中国面对的现实问题开展研究，讲述和剖析政府数据开放的中国故事。我也相信，只有基于中国实践的研究发现和经验，才能真正与国际政府数据开放的研究和实践展开对话，贡献中国思路。

自 2015 年国务院印发《促进大数据发展行动纲要》和 2017 年中央全面深化改革领导小组通过《关于推进公共信息资源开放的若干意见》之后，我国越来越多的地方政府加入数据开放的行列中。截至 2018 年 5 月，我国已上线了近五十个地级以上的数据开放平台，其中又有半数以上是在最近的一年中推出的。2018 年年底，我国还将建成国家公共数据开放平台，相信又会带动更多地方政府开放数据，中国政府数据开放已进入快车道，也为我们的研究提供了极好的研究环境和时机。

面对这一形势，我们团队对各地政府数据开放平台的现状与问题进行了系统评测和分析，并于 2017 年 5 月起连续两年在贵阳国际大数据产业博览会上发布《中国地方政府数据开放报告》和“中国开放数林指数”。同时，我们也受到一些中央部委和地方政府的邀请，深入参与政府数据开放的决策咨询、制度建设、规划制定、执行实施和考核测评的过程中，还参与策划和组织了上海开放数据创新应用大赛（SODA），从而有机会对中国政府数据的开放和利用展开近距离观察和研究，了解到许多藏在表象之后的故事。在此期间，我们陆续在《电子政务》、《中国行政管理》、《公共行政评论》和《图书情报工作》等期刊上发表了十多篇政府数据开放方面的论文。

本书正是我们团队这五六年来研究工作的一个阶段性成果。我们研究中国政府数据开放的过程,始终伴随着中国本地实践的发展,受到实践的启发,被实践不断推动,并对现实需求和真实问题作出回应。可以说,没有中国各地的实践,就不会有我们这些年的研究成果。同时,我们也很高兴地看到,我们的学术成果和研究报告逐渐被一些政府部门应用到实践中,助推其发展,实现了理论与实践的结合。

2018 年正值我国改革开放 40 周年,改革再出发,开放再扩大,数据开放可以说是扩大开放在大数据领域的具体体现,也是政府部门在大数据时代背景下对改革开放 40 周年的最好纪念。本书能恰巧在这样一个重要的年份出版,既深感荣幸,又倍感压力。

最后想强调一下,本书只是一个阶段性的总结,并不是中国政府数据开放的最终成果,更不是标准答案,必然还有许多不成熟、不准确的地方。就此先抛出一个靶子,然后静待大家的砖块吧!

目　录

第一章　没有数据开放就没有智能时代

——政府数据开放的前世今生

2006 年 3 月 9 日，英国《卫报》的文章《把皇冠上的明珠还给我们》指出："我们纳税资助了政府部门去采集公共数据，但我们如果想要获得这些数据却需要再次付费，应该让这些数据免费开放，才能推动创新。"[1]这篇文章拉开了英国政府数据开放运动的序幕，也为世界政府数据开放的潮流奠定了基调。

之后，2007 年 12 月，30 位开放数据倡导者聚集在美国加利福尼亚州，首次提出了开放政府数据的八大基本原则：完整的、一手的、及时的、可获取的、可机读的、非歧视性的、非专属的、免授权的。到了 2009 年 5 月，美国联邦政府数据开放平台 Data.gov 上线运行，政府数据开放的潮流开始席卷全球。

然而，政府数据开放并非一朝一夕兴起的，而是在开放政府运动的引导下，在开源软件运动的助推下，并在大数据时代的呼唤下，才水到渠成、应运而生的。

第一节　政府数据开放的起源与背景

一、封闭还是开放政府，这件事和数据有关

政府数据开放与开放政府运动密切相关，更确切地说，政府数据开放是开放政府运动发展到新阶段的产物。

政府应该是开放还是封闭，是人类千百年来争论不休的话题。有人强调政府与外部的界限以及高度受控的规则和秩序；有人则更强调价值多元以及个体自主决策的权利和能力。最终，公民在言论和出版等方面的权利被写进多数国家的宪法和法律中，成为开放政府理念的基石。[2]

20 世纪五六十年代，一股政府改革的浪潮席卷世界，这其中就包括开放会议（Open Meeting）和信息自由（Freedom of Information）法案在各国的广泛推行。

这类法律又被称作“阳光法律”,旨在建立一种透明、参与和负责的政府文化,[2]其中较有代表性的法案包括1966年美国出台的《信息自由法案》。

近年来,随着政府数字化水平的不断提升,政府不再仅仅以纸质文件的方式生成和保存信息,而是越来越多地以电子化的形式采集和储存结构化的数据。“数据”是一手的原始记录,未经加工与解读,不具有明确意义,而“信息”是经过连接、加工或解读之后被赋予了意义的数据。[3]信息可供公众阅读,而数据不仅能被阅读,还能被开发利用。与此同时,公众对政府信息公开的要求也已不仅限于获知文件形式的信息,而是希望能获得政府数据并进行自由利用。传统方式的政府信息公开已无法满足公众需求,亟须拓展和深化,政府数据开放也由此登场。

前文提到的《卫报》文章就是关于英国陆地测量局的数据开放。文中提到,假如你为你的朋友买了一份报纸,然后你问这位朋友报纸上有些什么内容,这时他却要求你先付完钱才肯告诉你。这事听起来似乎很过分,但其实这件事的性质和政府部门在用纳税人的钱采集完数据后却不愿开放的做法是一样的。

二、从开放源代码到开放数据

“印刷文化”在欧洲的兴起曾极大促进了报纸、书籍等文化传播载体的发展,最终带来了思想革命,[2]并影响到政府的组织结构和运作方式。从印刷术到互联网,信息通信技术的进步始终伴随着政府自身的转型发展,而近年来的开源软件运动也助推了政府数据开放。

1998年,受理查德·斯托曼(Richard Stallman)发起的“自由软件运动”[4]的影响,埃里克·雷蒙德(Eric Raymond)等人发起了“开源倡议”。[5]开放软件源代码作为一种新的软件开发方法,利用分布式同行评议和流程透明的力量,可使软件开发更优质,更可靠,更灵活和更省钱,并防止委托方被供应商剥削和套牢。[6]埃里克·雷蒙德在他的《大教堂与集市》一书中,把传统大型软件公司的开发模式形容为艰难而缓慢的大教堂建造过程,它采用了严密的管理方式和封闭的集中式结构,却在创新度、生产力和缺陷控制方面落后于开源软件的集市模式。与大教堂模式不同,集市模式是一种并行的、对等的、扁平化的开发结构,其参与者大多是来自于互联网上的志愿者,结构松散,来去自由,看起来像是一个乱糟糟的集市,却取得了令人惊叹的成功。[7]开源的操作系统Linux和网页服务器Apache就是开源运动的成果。

得益于开源软件运动的成功,人们认识到了“开放”作为一种高效组织模式的巨大潜力，从而为开放文化在其他领域的广泛扩散打下了基础。开放知识（Open Knowledge）、开放获取（Open Access）、开放硬件（Open Hardware）、开放货币（Open Currency）等各领域的开放运动此起彼伏。

这种开放文化也对政府治理方式产生了深刻影响，Web2.0 概念的首创者蒂姆·奥莱利（Tim O'Reilly）就认为，雷蒙德关于“大教堂与集市”的比喻也适用于政府治理。[8]例如，在传统的专利审查模式下，由于专利审查员人手不足和水平有限，导致专利申请积压和专利质量不断下降。因此，美国专利及商标局推出了公众专利评审项目（Peer to Patent），通过引入公众评审，释放了公众头脑中的“认知盈余”，使上述问题得到了缓解。纽约大学法学院教授贝丝·西蒙·诺维克（Beth Simone Noveck）由此系统地提出了“维基政府”的理念，[9]倡导通过应用信息技术和创新制度设计，来引导民众全程参与公共事务，吸纳集体智慧，形成群体智能，实现政府、公众、社会组织等多元主体的合作共治。

在开源运动的影响下，开放政府的理念也超越了信息公开和知情权的范畴，更加强调在开放数据基础上的参与和协作。政府开放数据给社会，供其进行增值开发和协作创新，正是政府数据开放的核心目标。开源运动的效用追求与开放政府的透明协作融汇并流，成为政府数据开放的重要源泉。

三、政府数据是智能时代的一种公共基础设施

进入大数据时代，人类获取、管理和利用数据的能力空前提升，社会各界对数据的价值愈发重视，希望政府开放数据的呼声也日益高涨。

大数据的发展一方面为政府数据的生成、开放和利用创造了更好的条件，另一方面，政府数据开放也将进一步推动大数据发展。大数据发展需要整合和利用各种来源的数据，而政府数据是其中不可或缺的重要组成部分。政府部门在履职过程中生成、获取和保存了大量基础性、关键性的数据资源，是一个国家最重要的数据保有者，在不涉及国家秘密、商业秘密、个人隐私的前提下，把政府数据开放给社会进行融合利用，将有力促进大数据和人工智能的发展。可以说，没有数据开放就没有大数据，没有大数据就没有智能时代，智能时代建立在开放数据的基础上。

在物理世界，政府在大型公共基础设施的建设中发挥了主导作用；在智能时代，数据作为一种新的基础设施，将和物理基础设施同等重要。开放政府数据，构筑公共数据基础设施，应是政府在大数据时代义不容辞的责任。

第二节 全球政府数据开放:尚未成功,仍需努力

自2009年美国联邦政府数据开放平台上线运行以来,政府数据开放在许多国家和地区迅速推进。这其中既包括美国、英国、加拿大等发达国家,也包括巴西、印度、中国等发展中国家。另外,政府数据开放运动也得到了一些国际组织的关注和支持,针对政府数据开放的评估项目和研究报告不断涌现。

一、全球政府数据开放的兴起

2009年1月21日,奥巴马在就职的第一天即签署了《透明和开放政府备忘录》(Memorandum on Transparency and Open Government),其中就包括政府数据开放方面的内容,该备忘录揭开了美国政府数据开放的大幕。[10]同年,白宫又发布了具有开创性的《开放政府指令》(Open Government Directive),要求联邦行政部门和机构采取切实的行动来落实总统备忘录中确立的"透明"(Transparency)、"参与"(Participation)和"协作"(Collaboration)三大基本原则。其中,"透明"是指向公众提供政府"正在干什么"的信息来实现对政府的问责;"参与"是指激励公民贡献自己的创意和能力,使政府能够利用散落在社会中的信息来制定公共政策;"协作"是指鼓励联邦政府内部不同行政部门之间、不同政府层级之间以及政府和私营部门之间建立合作伙伴关系来提升政府效能。[11]为实现开放政府的目标,该指令要求各行政部门和机构采取以下措施:第一,在线开放政府信息。要求各政府机构深化政府信息公开,将政府信息以开放格式在线开放,开放格式是指数据不受平台的制约、可机读、对公众开放,并对其再利用不设限制。第二,提高政府信息质量,各机构领导人应该确保信息遵循联邦预算管理局的指导规范。第三,建立开放政府文化并将其制度化,要求部门高层领导将透明、参与和协作的价值观念融入部门的日常工作中;第四,打造能推动开放政府的政策框架。不断出现的新技术为政府和公民提供了一种新的沟通方式,需要及时调整政策来充分利用新技术推动开放政府。

2009年5月21日,美国联邦政府数据开放平台(Data.gov)上线运行,成为世界上第一个国家级政府数据开放平台。该网站使公民可自由检索并获取联邦政府数据,是美国开放政府计划中最重要的一项成果,各联邦政府机构都需要向该平台提供数据。[12]时至今日,美国联邦政府数据开放平台已经从一个中央元数据

目录转型为了一个数据汇集中心，前者是指每个机构只能向平台逐个提交数据集，而后者则会每天自动汇集来自各部门的数据集。美国联邦政府数据开放平台的应用开源技术来运行网站，运用全面知识档案网络（Comprehensive Knowledge Archive Network，CKAN）来开发数据目录。开源技术允许来自全球的开发者输入代码，并使用这些代码，而这也有利于州、市、县三级目录更好地整合。

继联邦政府之后，美国不少州政府与地方政府也陆续建立了独立的数据开放平台。2012 年 2 月，纽约市通过了《开放数据法案》，这是美国国内首次将政府数据大规模开放纳入立法。2012 年 9 月，纽约市公布《开放数据政策和技术标准手册》，详细规定了纽约市政府数据开放的方案。根据《开放数据法案》，到 2018 年，除涉及安全和隐私的数据之外，纽约市政府及其分支机构所拥有的数据必须全部实现开放。截至 2018 年 4 月，美国已有 48 个州政府建立了数据开放门户网站。

继美国之后，政府数据开放运动在其他国家也蓬勃发展。2010 年 1 月，英国政府数据开放平台（Data.gov.uk）上线运行，开放的数据涵盖交通、健康、教育、国防、政府支出、商业与经济等 12 个领域。该平台同样应用了全面知识档案网络（CKAN）开源技术来运行数据目录，它最初由开放知识基金会（Open Knowledge Foundation）创建，致力于使开放内容和数据更容易被发现、分享和再利用。2011 年 3 月，加拿大政府数据开放门户（Open.canada.ca）也上线运行。欧盟委员会则于 2010 年 11 月提出“开放数据战略”，2012 年欧盟开放数据门户上线运行。

一些发展中国家也陆续参与到政府数据开放的队列之中。巴西建立了国家级的政府数据开放平台（Dados.gov.br），并在 2011 年成为了开放政府伙伴关系（Open Government Partnership，以下简称 OGP）的八大创始国之一。为了推动政府数据开放的进程，巴西政府在数据开放的组织机构、开放流程、数据标准等相关方面制定了一系列完善的政策和法规。政策法规先行成为巴西推进政府数据开放的亮点。[13] 2014 年，巴西在 7804 号法案中提出要建立《开放数据法》，在规划部建立公共数据管理委员会，负责编制《公共行政开放数据手册》，并规定为国际组织提供网络应用接口和结构化的开放数据。另外，巴西的政府数据开放还特别注重吸纳社会公众参与。2012 年巴西召开了第一次全国透明度和社会控制会议，参会者来自巴西所有州和联邦区的 2 750 个城市，会议动员了近 100 万巴西人，直接参与会议的人数超过 15 万。[14] 在 2017 年的全球开放数据指数评估中，巴西在 94 个国家和地区中位列第八，成为进入前十名的唯一一个发展中国家。[15]

印度也在 2012 年建立了政府数据开放平台（Data.gov.in），该平台致力于政府运作的透明化和政府数据的创新性运用。平台也采用开源的形式，包含以下四个主要模块：[16] 第一，数据管理系统，用于推动不同政府部门建立起数据目录以实现部门数据在网站前台开放;第二,内容管理系统,用于管理和更新平台上的不同功能和内容类型;第三,访客关系管理,用于实现访客反馈;第四,交流社区,用于实现用户之间的互动及观点分享。

图 1-1 我国台湾地区“资料开放平台”数据分类

图片来源:资料开放平台,https://data.gov.tw/。

我国香港特别行政区和台湾地区也是较早推动数据开放的地区。香港特区政府于 2011 年推出“香港政府资料一线通”(Data.gov.hk),开放政府及公营机构拥有的大量数据,方便公民再利用。我国台湾地区“资料开放平台”于 2013 年 4 月上线,开放数据供民众与企业运用,以免费为原则收费为例外。遵照“主动开放,民生优先”、“制定开放资料规范”、“推动共享平台”、“示范倡导及服务推广”四大原则推动数据开放工作。其数据集主题分类按照一个公民生命周期中不同阶段的需求来进行划分,包括生育保健、出生及收养、求学及进修、服兵役、求职及就业、开创事业、婚姻、投资理财、休闲旅游、交通及通讯、就医、购房及迁徙、选举和投票、生活安全及品质、退休、老年安养、生命礼仪和公共资讯 18 个主题,而且分类用语通俗易懂,便于数据用户准确搜寻所需要的数据。

二、国际合作加快政府数据开放步伐

伴随着开放政府在全球范围内的不断发展,2011 年 9 月,在美国政府的倡议下,美国、英国、挪威、巴西、印度尼西亚、墨西哥、菲律宾、南非等八国联合签署《开放政府宣言》,建立了“开放政府伙伴关系”(Open Government Partnership,以下简称 OGP)。这一通过多边倡议形成的伙伴关系,旨在推动各国政府就推动透明、赋权于民、打击腐败以及利用新技术加强治理等方面作出切实承诺。截至

2018 年 4 月，其成员国已从原来的 8 个发展到 75 个，另外还包括 15 个地区。这些国家和地区的政府已经制定了超过 2 500 个致力于推动政府开放和负责的承诺。2018 年 4 月 1 日，“开放政府伙伴关系”正式成立了一个新的独立实体——开放政府伙伴关系秘书处，[17]以进一步优化其治理架构。

2013 年 7 月，八国集团领导人签署了《G8 开放数据宪章》(G8 Open Data Charter)，承诺开放政府数据并提高开放数据的质量、数量和再利用，以此来推动透明、创新和问责。2015 年，来自政府、多边组织、公民社会和私人部门的开放数据专家协力制定了一部国际性的《开放数据宪章》(Open Data Charter)。这部宪章包含六个有关数据开放的原则。[18]第一，默认开放；第二，及时和全面；第三，可获取和可利用；第四，可比较和互操作性；第五，致力于改善治理和公民参与；第六，致力于包容性发展和创新。

三、全球政府数据开放的现状与挑战

随着越来越多的国家和地区加入政府数据开放的行列之中，一些针对政府数据开放的国际评估项目也不断涌现，这些评估项目的结果展示了全球政府数据开放的发展现状和面临的挑战。

（一）联合国电子政务调查：政府数据开放与可持续发展

自 2014 年起，《联合国电子政务调查报告》(United Nations E-Government Survey)将政府数据开放纳入评估范围内。2016 年的调查显示，[19]开放政府数据行动在世界范围内的发展程度差异显著，这不仅仅表现在开放数据的数量以及展示方式上，还体现在数据使用工具的供给上。许多国家建立了自己的政府数据开放平台，并且建立了数据目录。截至 2018 年，已有 139 个国家提供了政府数据开放平台或目录，而 2014 年还只有 46 个国家提供数据目录，这显示出许多国家对政府数据开放的重视程度越来越高。

《联合国电子政务调查报告》不仅对全球各国的政府数据开放实践进行了整体性评估，同时也将政府数据开放与可持续发展目标有机结合起来，为各国政府数据开放的深入发展提供了一个可持续性的愿景。[20]

例如，通过提供与健康服务有关的数据帮助人们快速获得健康护理设施，更好地应对传染病，这类数据包括健康服务设施的数量、位置、是否占用、传染病分布情况等。妇女行动移动联盟作为一个遍布全球 70 个国家的项目，为新妈妈提供关于如何获取当地健康服务的必要信息，减少了怀孕并发症和儿童死亡率，同时这个联盟还组建了跨领域的团队来收集临床记录、个人自评报告、电话调查、入学数据和政府诊所数据。

《联合国电子政务调查报告》指出,[21]现在政府面临的问题已经不是是否开放政府数据的问题,而是如何开放的问题。政府数据开放的机遇与挑战并存,亟须适当的治理和周详的考虑,而目前的主要挑战来自法律框架、政策和原则、数据管理和保护、身份管理和隐私以及网络安全等方面。

图 1-2　联合国可持续发展目标

图片来源:可持续发展知识平台,https://sustainabledevelopment.un.org/sdgs。

(二) 开放数据晴雨表:数据开放的范围、质量和持续性

开放数据晴雨表(Open Data Barometer)由万维网基金会(World Wide Web Foundation)和开放数据研究院(Open Data Institute)合作完成,致力于评估开放数据的全球发展情况。开放数据晴雨表主要从准备度(Readiness)、执行(Implementation)和产生的影响(Emerging Impact)三个方面对各国的政府数据开放实践进行评估。[22]其中,准备度是指各国各地区开放数据所需具备的各方面条件;执行是指各国各地区开放数据的执行情况;影响是指开放数据对于商业、政治和社会组织带来的影响。

2016 年的第 4 期开放数据晴雨表评估了来自 115 个国家的 1 725 个数据集,[23]结果显示,英国、加拿大、法国、美国和韩国依次位列前五位。报告指出,政府数据开放有助于推动经济增长和催生新企业,但还没有充分证据表明其在促进社会包容度方面的作用。评估认为政府数据开放目前存在的主要问题有:大多数政府的数据开放尚未达到《开放数据宪章》的原则要求,多达九成的政府数据还未实现对公众开放;已开放的数据也与公众需求并不完全一致;一些国家由于领导

人政治意愿的变化而未能持续推动政府数据的开放。最后，报告从五个方面给出了建议：第一，政府数据必须是默认开放的；第二，政府需要整合各机构和部门的开放数据；第三，政府需要遵循《开放数据宪章》的相关原则；第四，政府在确定数据开放的优先次序时应征询公民和相关中介方的意见；第五，政府应该加大对开放数据利用的投资力度以改善边缘群体的生活。

（三）全球开放数据指数：数据可查找性、可再利用性与开放授权

由英国开放知识国际（Open Knowledge International）组织开展的全球开放数据指数（Global Open Data Index）也对全球 94 个国家和地区的数据开放程度进行了评估，涉及预算、统计、采购、法律等 15 大类数据。2016—2017 年度的评估结果显示，排名前列的国家和地区分别是中国台湾地区、澳大利亚、英国、法国、芬兰、加拿大和挪威。

全球开放数据指数报告发现，当前政府数据开放主要存在三个问题：第一，数据很难找到，甚至找不到。数据可检索性是释放数据潜力的前提，很多国家的政府部门以不同的方式和不同的渠道发布数据，并且有不同的授权协议和格式；第二，数据不易被真正利用，政府常常发布非机读格式的数据，且数据质量参差不齐，使数据变得难以被再利用；第三，开放授权提供不足，且缺失标准。很多政府部门没有提供开放授权，使开发者在对数据进行再利用时无所适从。一些政府部门制定了独立的授权协议文本，尽管其中有一些符合开放的定义，但大多数并不符合。报告建议，通过加强对话和沟通开拓一条开放数据的路径，包括充分考虑政府数据开放的各个利益相关者，在数据开放的各个阶段增加与他们的沟通和提高他们的可持续参与度，并对数据发布者和利用者提供更有针对性的反馈。

总体而言，国际政府数据开放在不到十年时间内取得了显著成果和进展，已经从萌芽阶段进入了快速发展的阶段，但仍有很多方面需要不断完善和提升，国际政府数据开放依然任重而道远。

第三节　中国政府数据开放：星星之火，可以燎原

中国的政府数据开放始于地方政府层面的主动探索。2012 年 6 月，“上海市政府数据服务网”（Datashanghai.gov.cn）上线运行，标志着中国内地也加入全球政府数据开放实践的潮流之中。随后，北京、无锡、武汉、青岛等城市也陆续推出各自的政府数据开放平台。截至 2018 年 5 月，中国内地已有 46 个地市级以上政

府建立了数据开放平台，国家公共数据开放平台也将于2018年上线。

2015年8月，国务院印发的《促进大数据发展行动纲要》要求稳步推动公共数据资源开放，提出要在2018年年底前建成国家统一政府数据开放平台。2017年2月，中央全面深化改革领导小组第三十二次会议审议通过了《关于推进公共信息资源开放的若干意见》，要求着力推进重点领域公共信息资源开放，释放经济价值和社会效应。2017年5月，国务院办公厅又印发《政务信息系统整合共享实施方案》，明确要求"推动开放，加快公共数据开放网站建设"。2017年4月，贵阳市颁布《贵阳市政府数据共享开放条例》，从数据采集汇聚、数据共享、数据开放、保障与监督、法律责任等方面对数据共享开放相关工作作出了规定，这是我国在政府数据开放地方立法方面的首次尝试。

近年来，我国政府数据开放工作取得了显著进展，一些先进地区已对标国际一流水平，并形成相互学习和赶超的态势。但总体而言，政府数据开放在我国尚处于起步阶段，政府数据开放的范围仍比较局限。已开放政府数据的地区分布也不太平衡，呈现出东南多、西北少的特点。从数据层面来看，真正符合数据开放公认标准的数据集偏少，还存在数据开放授权不够明确、数据更新力度不足等问题。从平台层面来看，数据搜索和获取体验还有很大提升空间，对数据应用的展示和推广较少，数据供给侧与需求端之间的互动交流也存在隔阂。从准备度方面来看，国家层面和大多数省市还普遍缺乏有关政府数据开放的法律法规，政策支持和领导重视程度还有待加强，组织架构和管理机制也仍需进一步完善。

尽管存在以上不足，我国政府数据开放仍然潜力巨大。随着国家数据开放平台的推出，相信会有更多地方政府数据开放平台不断涌现，中国政府数据开放正从起步阶段走向快速发展阶段，星星之火终将形成燎原之势。

在这一关键时间节点上，本书希望能为我国政府数据开放的实践者、研究者和关注者，包括来自政府部门、研究机构、高等院校和产业界的人士，提供一本集理论梳理、实践解读和路径指南于一体的参考读物，助力我国政府数据开放的实践与研究。

本书将重点基于中国本土实践，讲述政府数据开放的中国故事，对其背景、目的、现状、困境、路径和未来挑战进行全面阐述和深入分析。同时，基于中国实践的发现，还将为国际开放数据的研究与实践贡献中国思路。

首先，本书将系统回顾政府数据开放的发展历程，厘清政府数据开放的定义、范围、价值、风险和主要利益相关方。然后，将根据多年积累的一手研究资料，描绘我国政府数据开放的整体现状和具代表性的典型案例，分析中国开放政府数据面对的困境与纠结。最后，探讨中国政府数据开放的发展路径及未来挑战。

注释

1 The Guardian. Give Us Back Our Crown Jewels[EB/OL]. [2018-04-08]. https://www.theguardian.com/technology/2006/mar/09/education.epublic.

2 Open source. What is Open Government? [EB/OL]. [2018-04-08]. https://opensource.com/resources/open-government.

3 郑磊:《开放政府数据研究:概念辨析、关键因素及其互动关系》,《中国行政管理》2015 年第 11 期。

4 自由软件运动(Free Software Movement, FSM)。

5 开源倡议(Open Source Initiative, OSI)。

6 Open Source Initiative. About the Open Source Initiative[EB/OL]. [2018-04-08]. https://opensource.org/about.

7 [美]雷蒙德:《大教堂与集市》,卫剑钒译,机械工业出版社 2014 年版,第 8 页。

8 贾开:《从"开源软件"到"开放政府":互联网影响下的政府治理变革》,《经济社会体制比较》2016 年第 2 期。

9 [美]贝丝·西蒙·诺维克:《维基政府:运用互联网技术提高政府管理能》,李忠军、丁卉芹译,新华出版社 2010 年版,第 209 页。

10 The White House. About Open Government[EB/OL]. [2018-04-08]. https://obamawhitehouse.archives.gov/open/about.

11 Executive Office of the President, Office of Management and Budget. Open Government Directive[R]. M10-06, 2009.

12 陆建英、郑磊:《美国的政府数据开放:历史、进展与启示》,《电子政务》2013 年第 6 期。

13 何乃东、黄如花:《巴西政府数据开放的特点及对我国的启示》,《图书与情报》2017 年第 1 期。

14 同注释 13。

15 Global Open Data Index. Place overview[EB/OL]. [2018-04-30]. https://index.okfn.org/place.

16 Open Government Data(OGD) Platform India. About Open Government Data(OGD) Platform India [EB/OL]. [2018-04-08]. https://data.gov.in/about-us.

17 Open Government Partnership. A new era for OGP: Launching an independent entity[EB/OL]. [2018-04-08]. https://www.opengovpartnership.org/stories/new-era-ogp-launching-independent-entity.

18 Open Data Chapter. Principles[EB/OL]. [2018-04-08]. https://opendatacharter.net/principles/.

19 Division for Public Administration and Development Management. United Nations E-Government Survey 2016[R]. 2016:24.

20 Division for Public Administration and Development Management. United Nations E-Government Survey 2016[R]. 2016:28.

21 Division for Public Administration and Development Management. United Nations E-Government Survey 2016[R]. 2016:36.

22 Open Data Barometer. The Open Data Barometer[EB/OL]. [2018-04-08]. https://opendatabarometer.org/barometer/.

23 Open Data Barometer. Global Report[EB/OL]. [2018-04-08]. https://opendatabarometer.org/4thedition/report/.

第二章　政府开放数据以后会怎样?

——政府数据开放的价值、潜在风险和利益相关者

食品安全在世界各国都是备受人们关注的公共问题。在美国,食品安全部门会对餐馆的卫生状况进行定期检查,并将历次检查结果在政府网站上公布,但是有多少人会在去餐馆前登录政府网站查询这些信息呢?

在纽约的一次开放数据创新大赛上,有开发者制作了一款名为“别在这里吃”(Don't Eat At ____)的手机应用程序,当用户走进一家存在不良卫生记录的餐厅时,系统会自动向其发送短信提醒,这样既主动为民众选择餐厅提供了信息,又强化了政府的执法效果,而这款应用使用的正是政府开放的餐馆卫生检查数据。不只是在食品安全领域,政府数据开放可以催生出很多政府没有想到或没有精力财力来提供的服务应用,创造出意料之外的公共价值。

第一节　为什么要开放政府数据?

万物互联产生了海量数据,不仅为经济发展提供了新动能,也为社会服务提供了新原料。近年来,政府部门也在日常行政过程中采集和储存了大量与公众民生息息相关的数据,一些政府部门开始利用自己掌握的这些数据来开发各类服务应用。

上海市绿化与市容管理局利用自身掌握的公共厕所数据制作了一款名为“上海公厕指南”的应用程序。通过这个应用,用户可以搜寻到附近的公共厕所,并看到厕所的具体位置、开放时间、是否有纸、群众评价等信息,而在用户选中某个厕所后还可以一键跳转到导航模式。

政府开发这个应用的初衷是解决市民和游客“找厕所难”这个痛点。然而,用户在实际使用这个应用程序时只能找到政府建设的公共厕所,而酒店、商场、快餐店内的厕所却不包括在内。也就是说,这个应用会告诉你 500 米外有一个公共厕所,却无法告诉你 50 米内就有一家酒店的厕所可以免费使用。

那为什么这个应用没能把社会厕所的数据包括进来呢? 因为政府并没有掌握这些数据。既然数据不全,政府是否有必要开发这样一个应用呢? 其实,政府可以直接把这些公厕数据开放给社会,让市场根据用户的需求,将各种类型的厕所数据与公共厕所数据进行融合,为用户开发出体验更好的服务应用。例如,在目前市场开发的手机地图上就可以查询到各种类型的厕所,但这些应用中的公共厕所数据往往不是政府主动开放出来的,而是由商业机构自行采集的,因此而额外付出了一些开发成本。

图 2-1　"上海公厕指南"应用程序截图

图片来源:体验截屏。

与"上海公厕指南"应用程序的情况类似,上海公共交通卡股份有限公司也开发了一款名为"上海停车"的应用程序,为车主提供搜寻停车场的服务。通过这个应用程序,用户不仅可以查询到停车场的位置、营业时间、收费标准,还能获悉泊位数量。可是,用户在使用过程中发现,有一些位于商场、酒店等商业场所内的停车场未在应用中显示,可能是因为开发者还没有掌握这些停车场的数据。而且,与市场上的同类应用程序相比,"上海停车"未能提供实时的泊车空位数量(见图 2-2),无法给用户带来更好的体验。更重要的是,由于大部分用户都已习惯于使用市场上主流的导航软件,"上海停车"应用程序在市场上并不占优势,用户的知晓率低,下载和使用意愿都不足。

另外一款名叫"上海公交"的应用程序能够为用户提供公交车的线路走向、途经站、首末班车时间等信息,还能提供公交出行线路规划、实时车辆位置、预

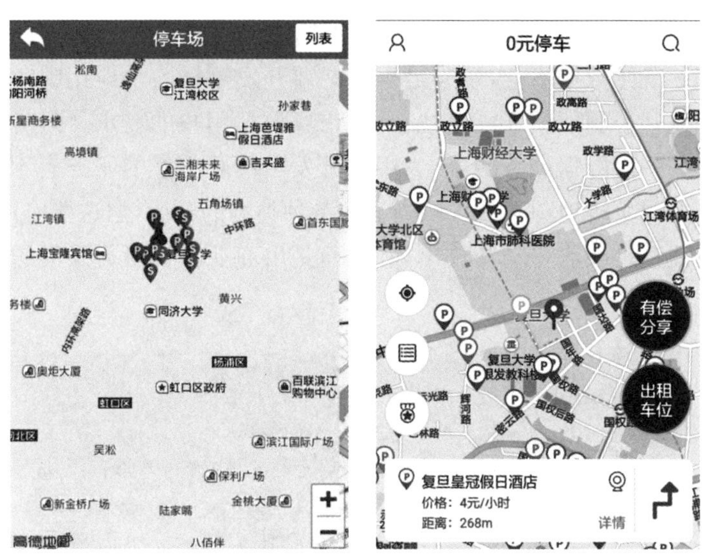

图 2-2　“上海停车”和市场应用的停车资源数对比

图片来源：体验截屏。

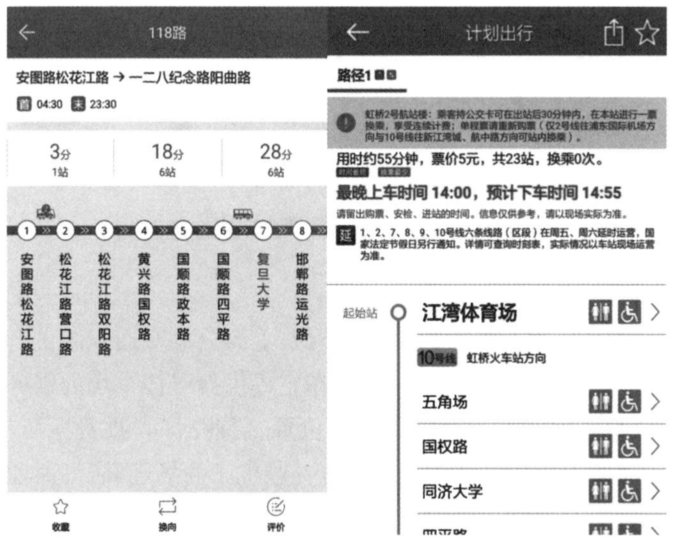

图 2-3　“上海公交”和“上海地铁”应用程序

图片来源：体验截屏。

计到站时间等服务，从而帮助乘客合理地规划出行路线和时间。然而，当用户想要采用公交和地铁组合方式出行的时候，就会发现他需要同时下载“上海公交”和“上海地铁”应用程序（见图 2-3），然后不断切换于两个应用程序之间，才能确定整段行程的安排。而如果这个用户还经常要去北京出差,那当他来到北京时就还要下载“北京实时公交”和“北京地铁”应用程序。如果他需要去到更多的地方或者选择更多的交通工具,那么手机里恐怕就要下载几十个交通应用程序。

之所以会出现这种情况,是因为一个地方的公交数据和地铁数据没有打通,而不同城市之间的交通数据也没有打通。而众所周知,像百度地图、高德地图这样市场上的应用程序,已能提供包含多种交通方式、覆盖多个城市的出行信息服务。是下载几十个应用程序还是带着一两个应用程序走遍天下?用户会作何选择不言而喻。那为什么政府部门和公共服务机构还要自己开发这些碎片化的应用,而不是开放数据,让市场主体来融合不同来源的数据,并开发出整合的应用呢?

通过上面这几个案例,我们看到,政府部门和公共服务机构基于自身掌握的数据开发出来的应用,在用户体验上普遍逊色于商业机构开发的应用。基本上,这些由政府部门开发的数据服务应用都需要回答以下这一连串问题:公众是否听说过?听说之后是否下载过?下载之后是否经常使用?使用之后又是否满意?

如果以上这些问题的答案都是否定的,那么政府对数据的开发利用方式就需要转变一下了。既然市场主体在用户体验、个性多元、数据融合、应用整合、技术能力、资金保障、市场推广等方面更有优势,政府为什么不能把那些不涉及国家安全、商业机密和个人隐私的数据开放出来,让市场主体来进行开发利用呢?

在这方面,国外的一些案例也许能给我们带来启发。有一款叫做“超级交通”(Super Route)的应用,可以为用户提供地铁、火车、出租车、公交、自行车等各种交通工具所花时间和费用的信息,而能做到这点得益于它获得了各种交通工具服务提供者开放的数据。

还有一个例子是关于消防栓的。在美国,消防栓两侧 15 英尺之内的路沿是不允许停车的,违者会收到一张几百美元的罚单。纽约政府数据开放平台开放了全市消防栓停车罚款的数据。之后,一位名叫本·韦灵顿(Ben Wellington)的老师对这些数据进行了分析。他发现每年纽约市民因在消防栓旁停车共收到了高达 5 500 万美元的罚单。接着,他又统计出了罚款额居于前十位的消防栓(图 2-4),发现其中最“火”的一个消防栓每年带来的罚款额保守估计为 33 118 美元。[1] 然而,经过实地考察后,韦灵顿发现因为这个消防栓而被罚的车辆其实是被误罚了,因为路面上并没有划出禁止停车的标识(图 2-5)。发现这个现象之后,韦灵顿在

Top Ticketed NYC Hydrants, August 1 2013 - March 26 2014				
Address	Borough	# Tickets	Total Fines ($)	Annualized Fines ($)
Opposite 152 Forsyth St	Manhattan	187	21,505	33,118
Opposite 104 Forsyth St	Manhattan	139	15,985	24,617
Front of 44 Court St	Brooklyn	101	11,615	17,887
Opposite 122 Montague St	Brooklyn	95	10,925	16,825
Front of 21 W 58th St	Manhattan	91	10,465	16,116
Opposite 100 Overlook Ter	Manhattan	85	9,775	15,054
Front of 720 Lenox Ave	Manhattan	81	9,315	14,345
Front of 2960 Fredrick Douglas Blv	Manhattan	80	9,200	14,168
Front of 2711 Valentine Ave	Bronx	77	8,855	13,637
Front of 1450 3rd Ave	Manhattan	76	8,740	13,460
Top 10 Total		1,012	116,380	179,225
All Total		314,637	36,183,255	55,722,213

图 2-4 罚款额居于前十位的消防栓

图片来源：I Quant NY，http://iquantny.tumblr.com/post/83770853308/update-single-fire-hydrant-nets-nyc-33000-a。

图 2-5 修正前的停车标识

图片来源：I Quant NY，http://iquantny.tumblr.com/post/83696310037/meet-the-fire-hydrant-that-unfairly-nets-nyc。

博客上反映了这个问题，纽约市政府得知后立即就对停车标识进行了修正(图 2-6)。然后，纽约市警察局还对韦灵顿的分析行为表示了感谢，并表示警察局已采取行动对这类罚单数据进行监测分析，并将对警员进行相关培训以避免类似事件的再次发生。

韦灵顿随后在他的博客上表示："这正是未来政府该有的样子和开放数据的意义所在，外界一般会认为纽约市警察局对于增加透明度是反感的，但这却是他迄今为止从纽约政府部门收到过的最开放和最诚实的答复。期待这个城市的每一个政府部门都能欢迎这样的数据分析，而不是躲避或掩盖问题。"

图 2-6　修正后的停车标识

图片来源:I Quant NY, http://iquantny.tumblr.com/post/87573867759/success-how-nyc-open-data-and-reddit-saved-new。

通过以上例子可见,开放政府数据后产生的应用不仅能方便公众生活,也能帮助政府更好地发现和解决城市中存在的问题。

另外一个例子也和消防栓有关。在美国波士顿,路边的消防栓在冬天经常被大雪掩埋,一旦发生火灾就会延误救援。为了解决这个问题,非政府组织“为美国编程”(Code for America)利用波士顿市政府开放的消防栓位置数据,发起了一个

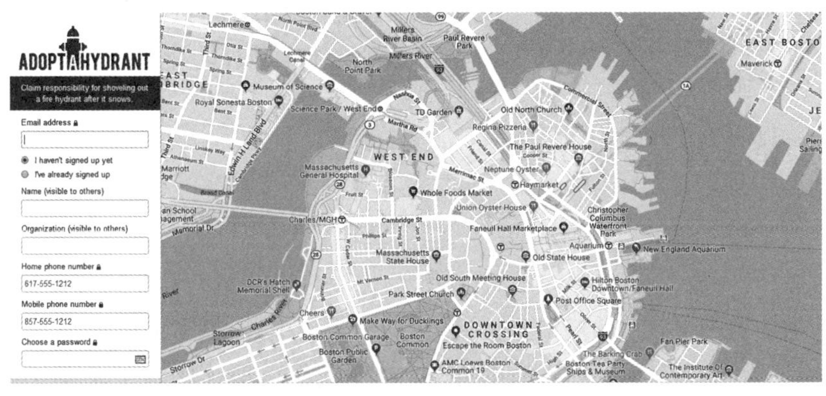

图 2-7　“领养消防栓”应用

资料来源:领养一个消防栓,http://boston.adoptahydrant.org/。

“领养消防栓”(Adopt a Hydrant)活动。市民们可以“领养”附近的消防栓并给消防栓命名，在大雪后第一个把某个消防栓挖出来的人就可以把它“抢走”。包括波士顿市长托马斯·迈克尔·梅尼诺(Thomas Michael Menino)在内的政府领导十分支持这一项目，这种公益性和趣味性兼备的形式也引起了美国其他城市的广泛兴趣。[2]在这个案例中，政府开放数据，社会开发应用，社会参与行动，三方之间形成了一种志愿协同的治理模式，利用社会智慧和群众参与解决了政府一直想解决却没能解决的问题。

第二节 政府数据开放的收益与风险

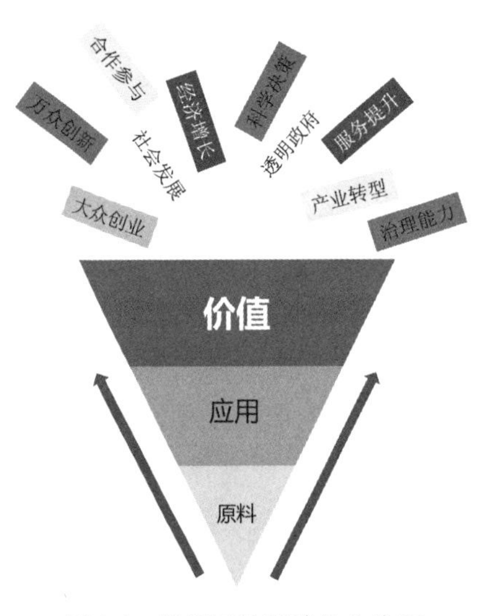

图 2-8 数据开放释放公共价值

以上这些案例从各个方面体现了开放政府数据所能带来的成果和效益。数据作为底层的原材料，开放之后被社会开发成各种应用，这些应用又能带来一系列的经济价值、社会价值和政治价值(见图 2-8)。因此，政府数据开放本身并不是目的，通过数据开放创造公共价值才是根本目的。[3]

大数据的融合利用需要来自政府、企业、社会组织和公众等多方面的数据，而政府掌握的数据是其中不可或缺的部分。[4]在大数据时代，数据成为一种基础设施。[5]就像道路基础设施能帮助我们到达目的地那样，数据基础设施能帮助我们作出更好的决定。[6]

一、经济、社会、政治和其他价值

(一) 经济价值

首先，政府数据开放能够创造经济价值。麦肯锡公司的相关研究显示，开放政府数据能够带来巨大的经济价值，创造新的商业模式，提高生产效率和商品服务质量，助力教育、运输、消费品、电力、石油与天然气、医疗保健和消费金融七个领域产生每年 3 万亿到 5 万亿美元的经济价值，而消费者的获益甚至比企业更大。[7]在英国，伦敦交通管理局委托的一份报告也显示，2012 年伦敦的乘客由于获得了更好的信息服务而节省的时间价值在 1 500 万英镑到 5 800 万英镑之间。而普华永道的一项研究则预估,英国的开放数据创新比赛系列活动(Open Data Challenge Series)投资回报率高达 10 倍,即每投入 1 英镑,在 3 年内可以获得 10 英镑的收益回报。[8]经济合作与发展组织(OECD)报告也指出,数据免费开放所带来的额外收益远超过政府出售数据所获得的收益。[9]

政府数据开放能为商贸发展注入能量,并使能量在不同主体间传递。例如,市值近百亿美元的在线房产交易公司 Zillow,创建了一个供房屋业主、买方、中介、出租方、承租方等发现和分享房产房贷信息的平台。整个平台建立在一个数据库的基础之上,这个数据库拥有超过 1.1 亿处美国房产的数据。美国政府开放的土地交易记录、房屋交易记录、房屋整修记录、社区治安状况等数据也被整合进这个平台,从而建立了更为合理的房屋估值模型。[10]

估值 10 亿美元的气候公司(Climate Corporation),其主打产品"全气候保险",可以在系统预测有恶劣天气时自动赔付农民的损失而不需要农民举证,而这一产品的基础就是美国政府免费开放的 60 年农作物收成数据、超过一百万个气象监测站的气象数据以及 14TB 的土壤质量数据。[10]

开放数据还可被用来检验创新创意的可行性、发现潜在市场、减少因缺少标准化数据而额外付出的应用开发时间。[11]推进器健康公司(Propeller Health)就受益于美国疾病控制和预防中心开放的数据。这家公司开发出了一种基于 GPS 技术的追踪器,用来监测哮喘患者吸入器的使用情况。相关信息被传输到一个中央数据库,用于识别个人、群体和总体人口的使用规律,然后再把这些信息和美国疾病控制和预防中心开放的有关哮喘激发环境因素的数据相整合,从而帮助医生制定更为个性化的治疗方案和预防计划。[12]然而,需要强调的是,创业者对于开放数据的应用并不一定都受经济价值驱动,也未必就一定会产生经济价值,至少在创业的早期阶段是如此。[13]

(二) 社会价值

开放数据还能创造社会价值,提升公众生活品质、公共服务质量、整体福利水平和公众满意度。[14]首先,开放数据拓展了市民获取信息和知识的渠道,缓解了知识的不对称,提供了共享的知识基础和信息来源,使人们可以携手发现更多的客观规律,[15]并对数据进行增值利用而产生效益。[16]

其次,政府数据开放还能转变公共行政的运行模式,节省开支,提升服务质量和公私部门间的合作水平,推动公共部门以数据为中心,赋权于民,产生创新性服务。[17]根据凯捷咨询公司(Capgemini)对欧洲数据门户(European Data Portal)所做的研究,到2020年,开放数据将使欧盟28国的公共行政成本降低17亿欧元。近年来,世界各地涌现出了许多利用政府开放数据创造公共价值和社会效益的创新应用。例如,上海"青悦"是一家利用环境数据来推动环境保护的民间组织,他们将政府发布的环境数据与基础地理数据相结合,开发出"危险地图",根据用户定位显示周边的危险化学品、固体废弃物污染、水源污染等危险因素。"青悦"还整合了各级各地区政府公开的原始环境数据,向社会提供空气质量、水质、污染源排放等环境数据的下载及接口。[18]

作为一种赋能型的基础设施,[17]开放数据赋予了市民参与解决社会问题的能力,市民不再只是服务的消费者,还成为了提供服务的合作者。过去,由政府单方面提供的公共服务由于受技术与资源的限制,只能考虑大多数人的基本需求,而在开放数据的助力下,更多组织和个人能够参与到开发和提供公共服务的过程中,从而更好地关注和满足少数人的个性化需求。例如,美国"黑客松"创新活动中一个叫做坦途(Hackcessible)的创新应用,就利用政府开放的数据设计出一个能够显示道路上的障碍物和海拔高差的地图,从而帮助使用轮椅或拐杖的残障人士设计更加便捷易行的路线,也可帮助其他腿脚不便的人避开市区内的大斜坡和高地。[19]

(三) 政治价值

有效的治理需要政民之间不断沟通、互动和协作,政府数据开放有利于提升个人和组织参与公共政策和公共事务的能力,使公民能够参与讨论、表达需求,并能利用以可机读格式开放的政府数据来开发新的互动技术、应用和平台,从而更加方便和有效地向政府提供有价值的信息和智慧,进而影响公共决策的过程。[20]

政府数据开放还有助于加强问责,增强政府透明度,提升政府公共决策水平,提高社会对政府的信任度,[21]并减少腐败的发生。Budeshi是乌干达一个提供公共采购和预算信息的网站,旨在打击腐败和提高公共预算的有效性。这个网站使用的乌干达能源、石油和矿产开发部以及交通部的采购和预算数据,这些数据以可机读格式提供,使用户可以与数据进行交互并进行比较。[22]治理和公共问责中心是一个致力于提升巴基斯坦公共问责和善治水平的社会组织,通过利用巴基斯坦各区的教育预算数据、白沙瓦地区的市政预算数据以及开伯尔-帕赫图赫瓦地区的教育、卫生、警察和法律数据,这个中心可向公民通报重要的治理问题,从而提升了国家对公民意见的回应水平。[22]

(四) 其他方面的价值

纽约州立大学政府技术研究中心(Center for Technology in Government)构建了

一个政府数据开放公共价值分析框架，除了以上提到的价值外，还列出了其他一些公共价值，例如战略价值和理想价值，前者是指个人或群体的经济或政治优势、机遇、目标、创新与资源等方面的收益，而后者是指对信仰、精神或民族认同的影响。[23]

二、政府数据开放有哪些潜在风险？

政府数据开放既能创造巨大的公共价值，也可能带来潜在风险，主要包括以下几个方面：第一，开放数据本身有可能泄漏国家秘密、商业机密和个人隐私；第二，开放数据被关联分析后可能涉及国家安全、商业机密和个人隐私；第三，开放数据被误用或滥用会损害公共利益和第三方利益；第四，开放数据出现质量问题会对数据利用者和社会造成损失。

开放政府数据不能涉及国家安全、商业机密和个人隐私，否则不但不会增进公共利益，还会损害公共利益。然而，对于政府部门而言，由于缺少组织保障、专业人才和严密的管理流程，在数据集筛选和准备过程中，有时候并不能准确判断和决定哪些数据应该开放，那些数据不应该开放。而且，由于政府部门经常将信息系统建设和运维工作外包，使得政府工作人员对储存在外包信息系统中的开放数据并不熟悉，[24]造成政府数据开放的安全性要求与政府部门的专业性能力之间存在一定程度的不匹配，从而将一些本不应该开放的数据在无意中开放出来。另外，外部的技术公司尽管在技术能力上优于政府部门，却并不熟悉公共管理的运作过程，这也增加了将本不该开放的数据开放出来的风险。

不同数据集被关联分析后能带来单一数据集所无法发现的洞察力，体现数据集的规模效应，但不同数据集之间的关联分析却可能产生风险，即使每个单个的数据集并不涉及国家安全、商业机密和个人隐私，这种风险更具隐蔽性和不可控性。一些政府部门对此表示了担忧："数据交叉分析……其中的关联，有时候是政府没有办法控制的，不要以为做了技术处理就判断不出某些具体单位的具体信息了，关联分析就可以分析得出来。"[25]

另外，由于开放政府数据能被任何人获取和利用，很难预知数据用户对于开放数据的利用目的和利用方式，因此存在被误用和滥用的风险，进而损害公共利益和第三方利益。其中，数据被误用与数据利用者的利用能力和数据安全意识等有关，往往是无心之举；而数据被滥用则与数据利用者的不合理或不合法的使用意图有关，是刻意为之。数据被误用和滥用的风险往往是政府部门在开放数据集之前难以预计到的。例如，开放街上摄像头的位置和角度的数据可能被犯罪分子所利用，而房地产公司也可能利用房产所有权的数据来骚扰业主。[26]

数据质量主要体现在数据的准确性、完整性、时效性、相关性、一致性、可靠性、适用性等方面，[27]优质的开放数据能够帮助数据用户达成预期目标，反之，则可能带来损失和负面影响。例如，未经确认或验证的数据，或用错误方法采集到的低质量数据可能会带来错误的发现，进而严重影响决策和政策制定。[28]另外，部门之间的职能交叉也容易带来数据重叠或数据打架的问题，不同部门可能会开放涉及相同字段但内容不一致的数据集，使数据利用者无所适从。[25]

第三节　政府数据开放关系你我他

政府数据和你我他都可能相关，在整个过程中涉及多个利益相关者，包括数据提供者、数据利用者和社会公众等。

一、政府数据的提供者

在大数据时代，政府部门生成、采集和保存了大量与公众的生产生活息息相关的数据，是一个国家最主要的数据保有者。[29]因此，政府是数据的提供者，是政府数据开放的起点。

2017 年 12 月 6 日，李克强总理在国务院常务会议上强调："各地区各部门一定要明确，政务数据服务是政府应该提供的公共服务。"政府数据是行政机关在履行职责过程中制作或者获取的，其经费来自公共财政和纳税人，产权上归全社会所有，本质上属于公共资源。在不违反法规政策和不损害公共利益的情况下，将政府数据向社会免费开放，供其利用和开发，实际上是政府向社会提供的一种公共服务，[30]从而将原本取之于民的数据，放之于民，为民所用。

二、政府数据的利用者

数据本身并没有价值，只有被利用后才具有价值。[31]数据利用者对开放数据进行分析和开发，然后供社会公众使用，实际上成为数据提供者与社会公众之间的桥梁。

数据利用者可来自企业和非政府组织，还包括学者、记者、编程者和普通公民。[32]组约市的"大应用"(Big Apps)数据创新竞赛就吸引了包括设计师、开发者、学者、创业者和其他纽约市民的参与。同样，上海开放数据应用大赛(Shanghai Open Data Apps，简称 SODA 大赛)参赛者的职业背景分布也十分广泛，包括了数据分析师、软件工程师、产品经理、设计师、管理咨询师、职业经理人、大学教师、公务员、在校学生、自由职业者等。[33]

按照利用先后顺序,政府数据利用者可分为一手用户和二手用户。[34]不同类型利用者的利用方式也各不相同。戴维斯(Davies)总结了公民使用政府数据的五个用途:第一,用于事实,即以单个数字或值的形式来获知事实;第二,用于信息,即将数据转换成可视化形式;第三,用于界面,即开发新的界面,以互动方式获取数据,并建立一个或更多数据集的聚合,如地图混搭应用和交互式网站;第四,用于数据,即分享被扩大、整合或处理过的数据;第五,用于服务,即以自动服务的方式在"场景背后"使用数据。[35]根据开放政府数据利用程度的差别,还可将政府数据利用者细分为数据聚合者(Aggregator)、数据开发者(Developer)、数据增值者(Enricher)和数据赋能者(Enabler)。[36]此外,不同类型的数据利用者其数据利用能力也各不相同,如果开放数据的利用者仅局限于受过良好教育的商业群体,开放数据有可能会进一步加大数字鸿沟。[37]

需要强调的是,政府部门自身也可通过政府数据开放而受益。[38]过去只有通过政府部门间的数据共享才能获得的数据现在也可通过数据开放来间接实现。[39]政府部门可通过开放政府数据平台获取来自其他部门的数据,并将这些数据与本部门的数据进行整合利用。

三、政府数据的用户和合作者

社会公众是开放政府数据的用户和合作者。数据利用者获取政府数据后开发出各种数据产品和服务供社会公众使用,社会公众一方面可以使用这些产品和服务,另一方面又可通过这些产品和服务参与社会事务,解决公共问题。同时,用户还能将应用体验反馈给数据利用者,引导数据利用者更好地开发数据。

第四节 数据开放是一个生态体系,政府是一个平台

政府数据从被开放、被利用到产生创新应用是一个动态循环的过程。政府作为数据的供给侧向社会开放数据,数据利用者作为需求端对政府开放出来的数据进行利用,并将其开发的创新应用服务于社会公众。社会公众则作为用户和合作者获得服务,参与社会协同,并向数据利用者反馈使用体验,引导数据利用者更好地开发数据。同时,政府开放数据的利用者也可向政府提出新的数据需求,进一步推动政府开放数据。

通过这一过程,政府部门不必再由自己来生产(Produce)全部的公共服务,

而是可以通过与数据利用者的合作来提供(Provide)公共服务，在解决问题和创造价值的同时还能节省财政资金。由此，政府部门与数据利用者之间实际上形成了一种合作伙伴关系，共同为社会公众服务；而数据利用者与社会公众之间也是一种相互依赖的关系，前者开发的应用服务于后者，后者则成为前者的用户；数据利用者则成了政府和社会公众之间的中介。在这个生态系统中，政府部门、数据利用者和社会公众之间既有分工，又有合作，形成一种合作众创的关系(见图2-9)。

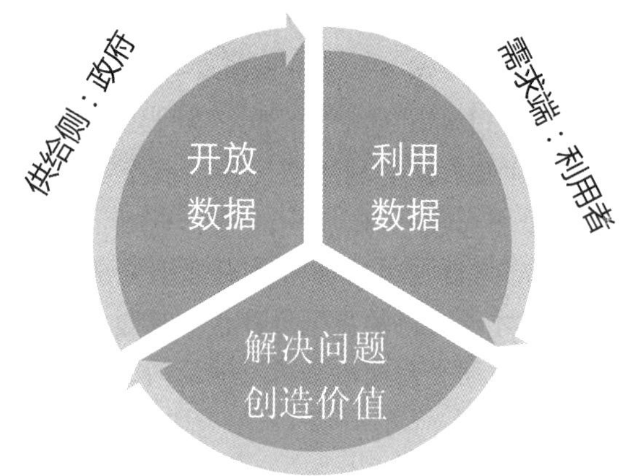

图2-9　政府数据开放主要利益相关者和动态循环过程

苹果公司的应用商店——苹果店(App Store)上有几百万个应用供用户下载，但这些应用绝大多数都不是苹果公司自己开发的，苹果公司所做的是搭建平台、吸引应用的开发者和维护生态系统的秩序。同理，政府部门通过开放数据，也可以建立起一个"政府店"(Gov Store)，让各种社会主体在平台上利用政府开放数据来开发创新应用。

在过去的模式下，政府提供公共服务的方式就像一台"自动售货机"，完全依靠自身的力量来提供公共服务，虽然投入了大量的人力、物力和财力，但服务的数量和质量却不尽如人意，甚至还经常"卡壳"，造成公众的不满。在数据开放、合作众创的模式下，政府的主要作用不再是生产服务，而是成为一个平台的组织者和赋能者，召集各方在平台上利用开放数据进行协作生产。这样，政府就从"自动售货机"模式下的生产者转型为一个"购物中心"的管理者，其主要职责是维持平台运转，激发平台活力，并界定规则、管理秩序和营造环境。

数据是一种基础设施，政府是一个平台。正如Web2.0和"政府即平台"概念的首创者蒂姆·奥莱利(Tim O'Reilly)所言，[40]在互联网时代，"市民从没像今天这样互相连接起来，并具备技能和热情来解决他们遇到的问题”，政府应该建立一个开放的平台让政府内外部的人都能进行创新，从而打造一个“集市”，让社区成员互相交换商品和服务。

注释

1 Quant NY. Update: Single Fire Hydrant Nets NYC $33,000 a Year, not just $25,000[EB/OL]. [2018-06-01]. http://iquantny. tumblr. com/post/83770853308/update-single-fire-hydrant-nets-nyc-33000-a.

2 City of Boston. Mayor Menino Invites Residents to “Adopt-A-Hydrant” this Winter[EB/OL]. [2018-05-03]. https://www.cityofboston.gov/news/Default.aspx?id=5444.

3 Djoko Sigit Sayogo and Theresa A. Pardo, Exploring the Motive for Data Publication in Open Data Initiative: Linking Intention to Action, 2012 45th Hawaii International Conference on System Sciences.

4 郑磊:《开放政府数据研究:概念辨析、关键因素及其互动关系》,《中国行政管理》2015 年第 11 期。

5 Open Data Institute. Principles for strengthening our data infrastructure[EB/OL]. [2018-04-29]. https://theodi.org/article/principles-for-strengthening-our-data-infrastructure.

6 Open Data Institute. Data is critical national infrastructure-let's make it open and secure[EB/OL]. [2018-04-29]. https://theodi. org/article/data-is-critical-national-infrastructure-lets-make-it-open-and-secure.

7 McKinsey & Company. Open data: Unlocking innovation and performance with liquid information[EB/OL]. [2018-04-30]. https://www. mckinsey. com/business-functions/digital-mckinsey/our-insights/open-data-unlocking-innovation-and-performance-with-liquid-information.

8 Medium. The economic impact of open data: what do we already know? [EB/OL]. [2018-05-03]. https://medium.com/@ODIHQ/the-economic-impact-of-open-data-what-do-we-already-know-1a119c1958a0.

9 OECD. Annex B. Reaping the Benefits of Cloud Computing, Web 2.0 and Open Data: OECD Country Experiences. Denmark. Efficient e-Government for Smarter Public Service Delivery, OECD Publishing, 225—238, 2010.

10 高丰:《开放数据:概念、现状与机遇》,《大数据》2015 年第 2 期。

11 Lakomaa E, Kallberg J.(2013). Open Data as a Foundation for Innovation: The Enabling Effect of Free Public Sector Information for Entrepreneurs. Access, IEEE,1:558—563.

12 Chui, M., Farrell, Diana., Jackson, K. How government can promote open data and unleash over $3 trillion in economic value[EB/OL]. [2018-05-13]. https://www.mckinsey.com/~/media/mckinsey/industries/public%20sector/our%20insights/how%20government%20can%20promote%20open%20data/how_govt_can_promote_open_data_and_help_unleash_over_$3_trillion_in_economic_value.

13 Iryna, S., Åke, G., Marijn, J. Driving factors of service innovation using open government data: An exploratory study of entrepreneurs in two countries. Information Polity, 2015, 20(1):32.

14 Viale, P. G., Macadar, M. A., Luciano, E. M., Testa, G. M. Delivering public value through open government data initiatives in a Smart City context. Information Systems Frontiers, 2016, 19(2):213—229.

15 Bartenberger, M., Grubmüller, V. The Enabling Effects of Open Government Data on Collaborative Governance in Smart City Contexts. JeDEM-eJournal of eDemocracy and Open Government, 2014, 6(1):36—48.

16 杨东谋、罗晋、王慧茹、项靖:《政府开放数据与信息增值:台湾的经验与启示》,《图书情报工作》2013 年第 5 卷。

17 Ivan, B., Feroz, F., David, L., Juan, P., Ivan, T., Stefano, L. Open Government Data: Fostering Innovation. JeDEM-eJournal of eDemocracy and Open Government, 2014, 6(9):69.

18 上海青悦.首页[EB/OL]. [2018-06-03]. http://www.epmap.org/ngo.

19 Rolling Without Limits. Hackcessible App Helps You Travel[EB/OL]. [2018-06-03]. https://www.transfermaster.com/blog/view-post/Top-App-for-Your-Travel-Needs.

20 Kassen M. A promising phenomenon of open data: A case study of the Chicago open data project. Government Information Quarterly, 2013, 30:508—512.

21 Janssen, M., Charalabidis, Y., Zuiderwijk, A. Benefits, Adoption Barriers and Myths of Open Data and Open Government. Information Systems Management, 2012, 29:260—261.

22 World Bank. 2017. World Bank support for open data: 2012—2017(English). Washington, D.C.: World Bank Group. http://documents.worldbank.org/curated/en/760871509531665876/World-Bank-support-for-open-data-2012-2017.

23 Center for Technology in Government, Open Government and Public Value: Conceptualizing a Portfolio Assessment Tool[R], 2011. http://www.ctg.albany.edu/publications/online/pvat/PVAT_ConceptualizingtheTool.pdf.

24 Tung-Mou Yang, Jin Lo, and Jing Shiang. To open or not to open? Determinants of open government data. Journal of Information Science, 2015, 41(05):602—603.

25 刘新萍、孙文平、郑磊:《政府数据开放的潜在风险与对策研究——以上海市为例》,《电子政务》2017 年第 9 期。

26 Tung-Mou Yang, Jin Lo, and Jing Shiang. To open or not to open? Determinants of open government data. Journal of Information Science, 2015, 41(05):604—605.

27 TechTarget.data quality[EB/OL]. [2015-05-03]. https://searchdatamanagement.techtarget.com/definition/data-quality.

28 John Carlo Bertot、郑磊、徐慧娜、包琳达:《大数据与开放数据的政策框架:问题、政策与建议》,《电子政务》2014 年第 1 期。

29 郑磊:《开放政府数据的价值创造机理:生态系统的视角》,《电子政务》2015 年第 7 期。

30 同注释 29。

31 Janssen, M., Charalabidis, Yannis., Zuiderwijk, A. Benefits, Adoption Barriers and Myths of Open Data and Open Government. Information Systems Management, 2012, 29:260.

32 Graves A, and Hendler J. Visualization Tools for Open Government Data [C]. Proceedings of the 14th Annual International Conference on Digital Government Research, 2013:136—145.

33 上海市经济和信息化委员会:《SODA 大赛初赛热度远超预期 2 914 人报名参赛》,[EB/OL]. [2018-04-29]. http://www.sheitc.gov.cn/gydt/667940.htm.

34 Center for Technology in Government. The Dynamics of Opening Government Data[R]. 2012:12—13.

35 Davies, T. (2010). Open data, democracy and public sector reform: a look at open government data use from data.gov.uk (pp.02—03).

36 The World Bank. Open Data for Economic Growth[EB/OL]. [2018-06-06]. http://www.worldbank.org/content/dam/Worldbank/document/Open-Data-for-Economic-Growth.pdf.

37 Janssen, M., Charalabidis, Y., Zuiderwijk, A. Benefits, Adoption Barriers and Myths of Open Data and Open Government, Information Systems Management, 2012, 29:263.

38 Wang, H., Lo, J. Adoption of open government data among government agencies. Government Information Quarterly, 2016,33:86.

39 Tung-Mou Yang, Jin Lo, and Jing Shiang. To open or not to open? Determinants of open government data. Journal of Information Science, 2015, 41(05):608

40 Tim O'Reilly. Government as a platform[EB/OL]. [2018-6-03]. https://www.mitpressjournals.org/doi/pdf/10.1162/INOV_a_00056.

第三章　真假数据开放

——什么是真正的政府数据开放?

开放数据是政府在数字时代面临的新任务、新挑战,然而目前各界对于政府数据开放的真正含义和要求仍存在不少误区和混淆之处。政府统计报告、政府数据可视化和政府数据查询是数据开放吗?数据开放与信息公开、数据共享、数据交易之间是什么关系?开放数据和公开数据有什么区别?政府数据和公共数据是一回事吗?只有梳理清楚这些相关概念才能正本清源,推动实现真正的政府数据开放。

第一节　数据产品不等同于数据开放

一、政府统计报告

统计报告是一种应用文章,运用统计资料和统计分析方法,以数字与文字相结合的方式,表现所研究的事物本质和规律性。[1]例如,图3-1中政府发布的统计公报就是关于某个年度的国民经济和社会发展情况的统计报告。由于统计报告是对原始数据进行加工、归总和分析后所产生的一种数据产品,并没有开放原始的、一手的数据,其被再次利用的可能性和价值都较低,所以并不是真正的数据开放。

二、政府数据可视化

数据可视化是一种数据的视觉表现形式,[2]借助图形化手段,来直观、清晰、形象、有效地传达与沟通信息,其本质是一种以概要形式抽提出来的信息。政府数据可视化是基于政府所掌握的原始数据进行加工而形成的一种数据产品,用户并未获取到可视化呈现背后的原始数据,也无法对数据进行再次利用。因此,数据可视化也不等同于数据开放(如图3-2)。

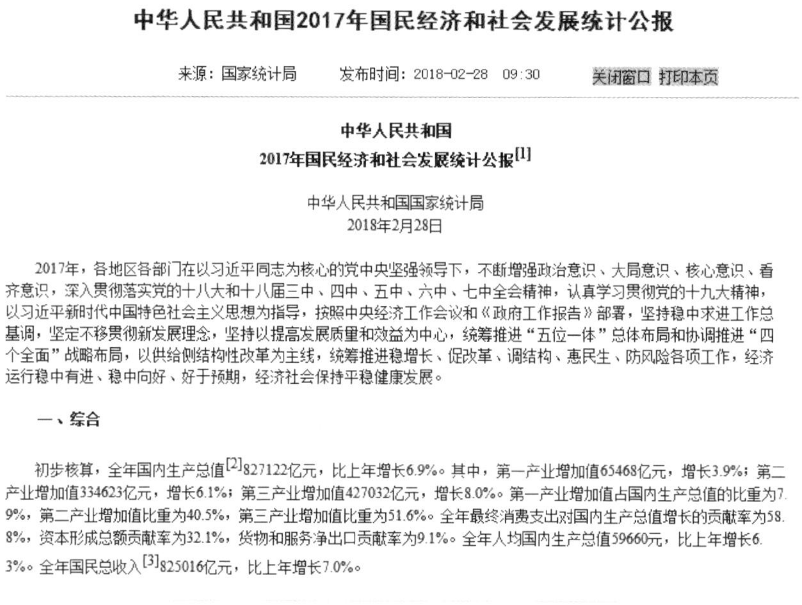

中华人民共和国2017年国民经济和社会发展统计公报

来源：国家统计局　　发布时间：2018-02-28　09:30　　关闭窗口 打印本页

中华人民共和国
2017年国民经济和社会发展统计公报[1]

中华人民共和国国家统计局
2018年2月28日

2017年，各地区各部门在以习近平同志为核心的党中央坚强领导下，不断增强政治意识、大局意识、核心意识、看齐意识，深入贯彻落实党的十八大和十八届三中、四中、五中、六中、七中全会精神，认真学习贯彻党的十九大精神，以习近平新时代中国特色社会主义思想为指导，按照中央经济工作会议和《政府工作报告》部署，坚持稳中求进工作总基调，坚定不移贯彻新发展理念，坚持以提高发展质量和效益为中心，统筹推进“五位一体”总体布局和协调推进“四个全面”战略布局，以供给侧结构性改革为主线，统筹推进稳增长、促改革、调结构、惠民生、防风险各项工作，经济运行稳中有进、稳中向好、好于预期，经济社会保持平稳健康发展。

一、综合

初步核算，全年国内生产总值[2]827122亿元，比上年增长6.9%。其中，第一产业增加值65468亿元，增长3.9%；第二产业增加值334623亿元，增长6.1%；第三产业增加值427032亿元，增长8.0%。第一产业增加值占国内生产总值的比重为7.9%，第二产业增加值比重为40.5%，第三产业增加值比重为51.6%。全年最终消费支出对国内生产总值增长的贡献率为58.8%，资本形成总额贡献率为32.1%，货物和服务净出口贡献率为9.1%。全年人均国内生产总值59660元，比上年增长6.3%。全年国民总收入[3]825016亿元，比上年增长7.0%。

图 3-1　统计报告

图片来源：国家统计局，http://www.stats.gov.cn/tjsj/zxfb/201802/t20180228_1585631.html。

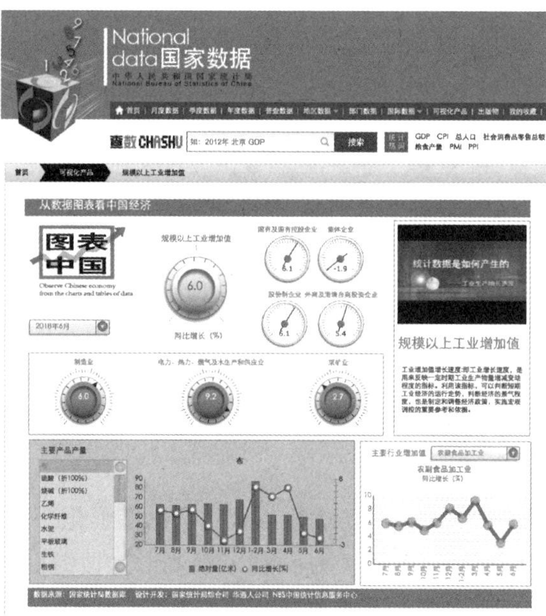

图 3-2　数据可视化

图片来源：国家数据网，http://data.stats.gov.cn/swf.htm?m=turnto&id=422。

三、政府数据查询服务

数据查询服务是指通过某种检索界面让用户输入一定的查询条件后获得相应的匹配结果。政府提供的数据查询服务虽然能够让用户获得部分数据内容，但用户不能下载全部数据进行再利用。因此，政府数据查询服务实际上是一种基于政府数据所提供的服务，而非完整的、原始数据的开放。

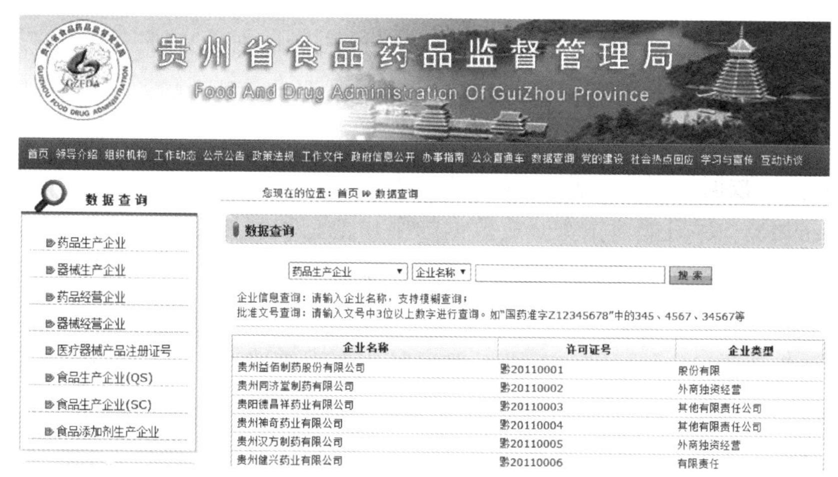

图 3-3　数据查询服务

图片来源：贵州省食品药品监督管理局，http://www.gzhfda.gov.cn/search.shtml。

四、政府数据应用

数据应用是基于数据开发的服务应用，数据利用者虽能得到应用提供的数据服务，却不能获得原始数据进行再次利用。例如，第二章中图 2-1、图 2-2 和图 2-3 所展示的那些由政府利用所掌握的数据自行开发的应用并不等同于政府数据开放。

以上这些政府数据产品和应用由于也会发布和提供一些“数据”，因而经常被误认为是数据开放。但实际上在这些产品和应用上，政府并没有向社会开放政府数据供其进行开发利用。

政府数据既可以供政府自身进行内部利用，也可以开放给社会进行外部利用，而由政府自行制作和开发的统计报告、数据可视化、数据查询服务以及数据应用都属于前者，所以这些由政府自行利用自己所掌握的数据开发的数据产品和服务应用并不等同于数据开放。

第二节 真正的政府数据开放

那什么才是真正的政府数据开放呢?

2007年12月,30位开放数据倡导者聚集在美国加利福尼亚州,首次提出了政府数据开放的八项基本原则:[3]第一,完整的(Complete)。除非涉及国家安全、商业机密、个人隐私或其他特别限制,所有的政府数据都应开放,以开放为原则,不开放为例外。第二,一手的(Primary)。开放从源头采集到的一手数据,尽可能保持数据的高颗粒度,而不是开放被修改或加工过的数据。第三,及时的(Timely)。数据尽可能以最快速度发布以保持数据的价值。第四,可获取的(Accessible)。尽可能地拓宽开放数据的用户范围和利用目的。第五,可机读的(Machine-readable)。对数据进行合理的结构化处理,使之可被计算机自动处理。第六,非歧视性的(Non-discriminatory)。数据对所有人都平等开放,无需登记。第七,非专属的(Non-proprietary)。数据以非专属格式存在,从而使任何实体都不能独占和排他。第八,免授权的(License-free)。数据不受版权、专利、商标或贸易秘密规则的约束,除非有合理的隐私、安全和特别限制。

《2016联合国电子政务调查报告》将开放政府数据定义为"主动在网上公开政府信息,使任何人都能不受限制地获取、再利用和再分发"。[4]而根据世界银行的定义,开放数据是"能被任何人出于任何目的不受限制地进行自由利用、再利用和分发,并最大程度保持其原始出处和开放性的数据"。[5]开放定义(The Open Definition)指出"开放"意味着任何人都可以出于任何目的自由地访问、使用、修改和共享数据。[6]"开放性"应具备两个维度的特性:一为技术性开放,即数据应为可机读、非专属性的电子格式,从而能被任何人使用通用、免费的软件获取和利用。数据还应被置于公共服务器上供公众获取,不设密码和防火墙;二为法律性开放,即这些数据必须被置于公共领域,或处于自由利用条款下,受到最低程度的限制。[5]

2010年,万维网的发明人、语义网和关联数据的创建者和倡导者蒂姆·伯纳斯-李(Tim Berners Lee)提出了一个开放数据五星标准:[7]一星是指基于开放授权在网络上开放数据,用户可以查看、搜索、存储和修改数据,还可以与任何人分享这些数据,但对数据格式不作要求,可能采用PDF、JPEG等格式;二星是指以可机读、结构化格式开放数据,例如EXCEL电子表格的形式,但不包括表格的图像扫描件;三星是指在满足二星标准的基础上,以非专属开放格式开放数据,如采用 CSV 格式而不是 EXCEL 格式，使用户不需要使用专属的、付费的软件就可以分析数据；四星是指在满足以上要求的基础上，采用 W3C 开放标准的数据（如 RDF 和 SPARQL 格式），为每一个数据集设置固定的 URL 链接，便于使用者发现和链接到数据集的具体位置；五星是指在满足以上要求的基础上，借助 W3C 标准和关联数据原则，使数据之间实现关联，提供数据的背景。

2015 年《开放数据宪章》将开放数据界定为具备必要的技术和法律特性，从而能被任何人，在任何时间和地点进行自由利用、再利用和分发的电子数据。该宪章还提出了政府数据开放所应遵循的六大原则：[8]第一，默认开放（Open By Default），政府应该开放除涉及国家安全、商业机密以及个人隐私之外的所有数据，对于不开放的数据必须说明不能开放的理由。第二，及时和全面（Timely and Comprehensive），政府应尽最大可能开放原始的、未经修改过的数据，这是实现数据价值的关键。第三，可获取和可利用（Accessible and Usable），确保数据可被机器读取，容易被发现和利用。第四，可比较和互操作性（Comparable and Interoperable），数据具有一种乘数效应（Multiplier effect），获取的数据质量越高越有助于用户之间进行数据交流，进而更有利于数据实现其价值，所以采用通用的数据标准至关重要。第五，致力于改善治理和公民参与（For Improved Governance and Citizen Engagement），开放数据能够使公民更好地了解官员和政治家在干什么，这种透明度的提升有利于提高公共服务的质量并使政府更加负责。第六，致力于包容性发展和创新（For Inclusive Development and Innovation），开放数据有利于促进包容性的经济发展，有利于提高农业生产效率，应对气候变化，让创业者获益。

纽约大学治理实验室（Govlab）对国际上具有代表性的十一个研究机构、评估指标、政府部门和咨询公司界定的“开放数据”定义进行梳理后发现，最多被提及的开放数据标准包括免费、公开提供、非排他性、可利用结构、开放授权和可再利用等要求。[9]

我国对于政府数据开放的政策要求也与国际标准相符。2017 年 2 月，中央全面深化改革领导小组第三十二次会议审议通过的《关于推进公共信息资源开放的若干意见》指出，要保证开放数据的“完整性、准确性、原始性、机器可读性、非歧视性、及时性，方便公众在线检索、获取和利用”。2017 年 5 月，国务院办公厅印发的《政务信息系统整合共享实施方案》指出，要向社会开放“政府部门和公共企事业单位的原始性、可机器读取、可供社会化再利用的数据集”。2018 年 1 月，中央网信办、发展改革委以及工业和信息化部联合印发的《公共信息资源开放试点工作方案》也要求试点地区“研究制定公共信息资源开放技术规范，明确开放数据的完整性、机器可读性、格式通用性等要求”。

第三节 政府数据开放和其他概念的区别?

一、开放数据、大数据和开放政府

开放数据、大数据和开放政府三者之间既有联系也有区别。大数据以3V为特征,即大容量(Volume)、多类型(Variety)和高速度(Velocity)。大数据来自不同的数据源,既可以是结构化数据(Structured Data),也可以是非结构化数据(Unstructured Data),还可以是传感器生成的流式数据(Streaming Data)。[10]开放数据和大数据之间存在交集,大数据包含开放数据和不开放数据,而开放数据中既有大数据,又有小数据。所以,开放数据不一定是大数据,而大数据可以是开放数据。[11]

开放政府是指政府的运作要具有可触及性、回应性和透明性。[12]2009年,美国联邦政府发布的"开放政府指令"提出了透明、参与、协作三大基本原则。[13]政府数据开放是开放政府的一项重要内容,是开放政府在数据时代的一种实践。因此,政府数据开放是开放政府和开放数据两个概念的交集部分。然而,开放政府与开放数据也存在差异,开放政府更多表现为一种治理理念与政策,开放数据是一种可应用于政府、企业和社会组织等多个领域的实践,[14]而不仅仅针对政府数据。

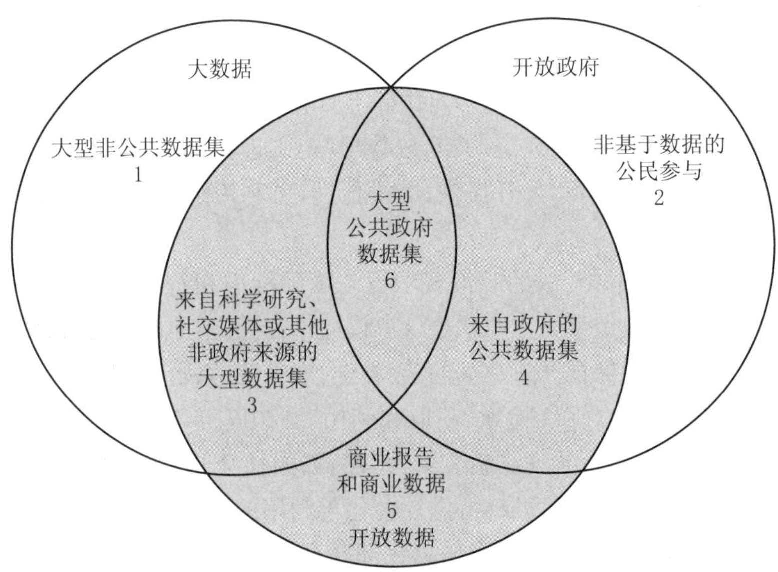

图 3-4 开放数据、大数据和开放政府

图片来源:www.opendatanow.com。

以上三个概念之间的区别与交集如图 3-4 所示。[15]大数据中的非公开数据集不属于开放数据的范畴(标记为 1 的区域);开放政府中非基于数据的公民参与活动不属于开放数据的领域(标记为 2 的区域);来自科学研究、社交媒体或其他非政府来源的大型数据集(标记为 3 的区域)既是大数据,也是开放数据;来自政府的公共数据集(标记为 4 的区域)既是开放政府,又是开放数据;开放数据中的商业报告和商业数据(标记为 5 的区域)不属于大数据和开放政府;而大型公共政府数据集(标记为 6 的区域)同时是大数据,开放数据和开放政府。

二、政府数据开放和政府信息公开

政府数据开放和政府信息公开都是开放政府理念的实践,而政府数据开放是政府信息公开在数据时代的深入发展,将政府信息公开在深度和广度上都提升到了新的阶段。[16]

在开放的内容上,政府信息公开侧重于信息层面的公开,公开的对象主要是文本形式的文件或是经过归总分析后的统计报告,政府数据开放则将开放的层面推进到了数据层。[17]"数据"是一手的原始记录,未经加工与解读,不具有明确意义,而"信息"已经过分析加工被赋予特定意义,[18]数据比信息具有更大的再利用和分析空间(图 3-5)。

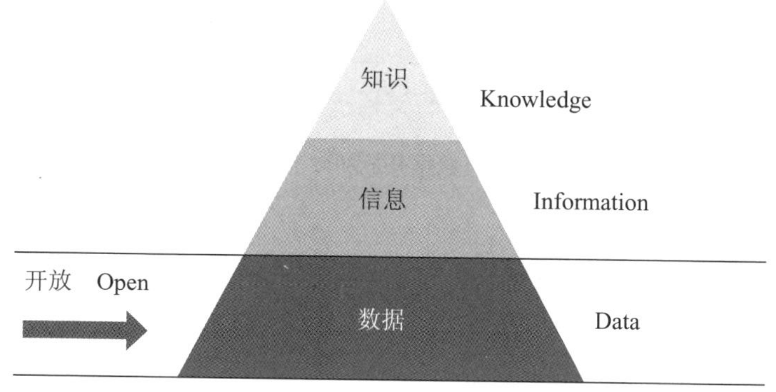

图 3-5　数据与信息

伴随着互联网信息技术的发展,社会对于信息公开的期望和定义发生了变化,与收到一大堆纸质文件相比,公众更期待获得电子的、可机读格式的数据,以便于进行决策和分析。[19]目前,在数据开放实践中,数据通常是以结构化的、可机读的、电子化的数据集形式开放。数据集是指由数据组成的集合,通常以表格形式出现。

在目的上，政府信息公开的首要目标是保障公众的知情权，提高政府透明度，更侧重于其政治和行政意义，信息公开是政府的一种责任；而政府数据开放强调赋予社会利用政府数据的权利，更侧重于其经济与社会价值，开放数据本质上是政府提供的一项公共服务。

在推行过程中，政府信息公开的重心在于政府，政府公开信息后即已基本完成目标，而政府数据开放则要同时关注政府和利用者两方，以及两者之间的互动，[20]不仅要推动政府数据开放，还要推动数据的有效利用和价值创造。

如图 3-6 所示，从左向右表示从“知情”到“利用”，从下至上表示从“信息”层深入到“数据”层。传统的政府信息公开强调的是信息层的公开，而政府数据开放则将开放推进到数据层；政府数据发布虽然也涉及数据，但其主要目的仍是保障知情权，而不是促进社会对政府数据的利用；政府数据开放则强调社会对数据的自由利用。

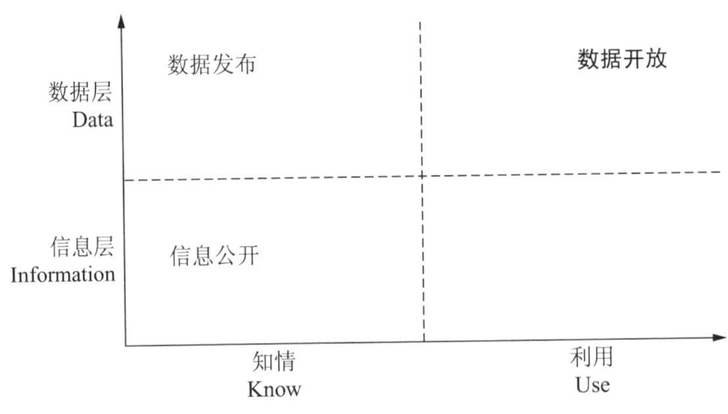

图 3-6　政府数据开放和政府信息公开

三、开放数据和公开数据

开放数据和公开数据这两个概念也经常被混淆。开放数据通常是结构化、可机读、获得开放授权并得到良好维护的数据，而公开数据则可能出现在任何地方，虽然可免费浏览和阅读，但并不能真正获取和使用，往往是非结构化的，混乱的、授权使用要求模糊的。[21]

开放数据是可以被自由再利用的，任何人都可以分析、比较、对标和发现规律，[22]而公开数据是有条件使用的，并且不一定是免费的。例如，虽然有些网站上的数据任何人都可以浏览，但只有付费才能获取，且需要按照授权要求才能使用，这类数据就不是开放数据，而只是公开数据。

因此，开放数据应该是可机读格式并获得开放授权的。例如，公交车站上张贴的时刻表虽然是免费提供的，但并不是可机读的开放格式，也没有附带明确的开放授权，所以就不是开放数据。公开数据采用的不一定是可机读格式，或者数据虽然可见可访问，却被封闭在某个软件系统里而无法提取，例如上海地铁的实时客流数据，作为一种公开数据可在网站访问，但是用户却无法真正获取这些数据。[23]

四、数据开放、数据共享和数据封闭

开放数据研究院制作了一个数据光谱来厘清封闭数据、共享数据和开放数据的区别。如图 3-7 所示，这个光谱根据授权情况，将数据从封闭、共享到开放排布在一个渐变的过程上。[24]按照授权程度的大小，数据获取形式被分成五种类型，依次是内部获取、定向获取、群体获取、公开获取和任何人获取。其中，内部获取是指数据被封闭在某个组织内部使用，通过雇佣合同和内部政策来保护数据不被外泄；定向获取是指通过合约形式来明确指定数据的使用对象；群体获取是指通过认证形式在特定群体内部进行数据共享；公共获取是指通过授权协议来对数据使用设定限制条件；只有开放数据是指数据获得了开放授权，并对任何人开放。

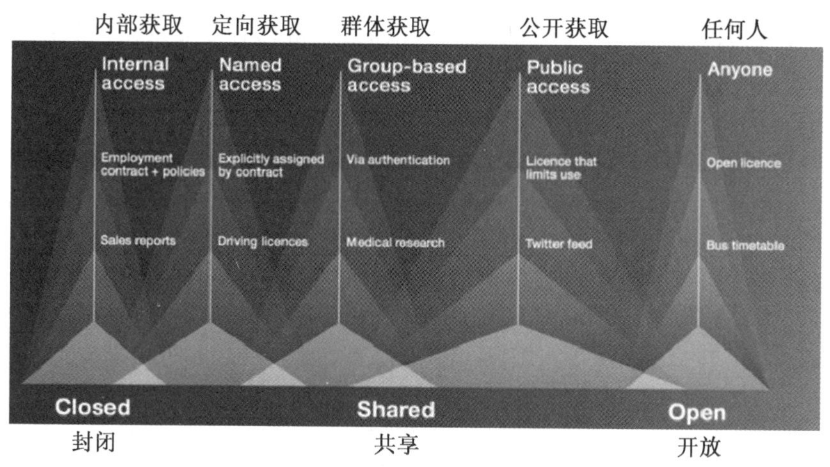

图 3-7　数据开放、数据共享和数据封闭

图片来源：Open Data Institute：https://theodi.org/about-the-odi/the-data-spectrum。

以 2017 年贵阳市颁布施行的《贵阳市政府数据共享开放条例》为例，该条例指出“政府数据共享”是指行政机关因履行职责需要使用其他行政机关的政府数据或者为其他行政机关提供政府数据的行为，而“政府数据开放”是指行政机关面向公民、法人和其他组织提供政府数据的行为。根据图 3-7 的“数据光谱”，该条例中所指的“政府数据共享”就是在行政机关这一特定群体内部进行的共享；而“政府数据开放”则是面向行政机关外部任何人的开放。

五、数据开放和数据交易

数据开放和数据交易也有明显差异。数据开放针对的是具有公共产品属性的数据。政府数据是行政机关在履行职责过程中制作或者获取的公共产品，在保障国家安全、个人隐私和商业机密的前提下，应将其最大程度地向社会免费开放，供其利用和开发。[25]

然而，政府数据开放并不是绝对的，毫无限制地允许数据流通也会带来风险和问题，因此需要对数据获取设置一定的限制。[26]出于维护公共利益的目的，对于涉及国家秘密、商业机密和个人隐私的数据，应进行严格保护。

因为“开放数据不是政府的一个高价值收入来源，而是一种公共产品”。[27]所以具有公共属性的数据只有能不能开放的问题，没有能不能收费的问题，应该开放的政府数据，不收费也要开放；不应该开放的数据，给了钱也不能开放。

数据交易针对的则是具有私有商品属性的数据。这类数据由私有企业或个人生成或采集，其产权归这些企业或个人所有，通常具有商业价值。数据的所有者有权对这类数据进行利用、交易或交换，并获得合理回报，而不必无偿向社会开放，政府只能鼓励其出于增进公共利益的目的自愿开放。然而，商业数据的交易和交换行为仍然不得损害公共利益和第三方利益。例如，政府需对涉及个人隐私、第三方知识产权或商业机密的数据交易进行监管，设置限制条件。

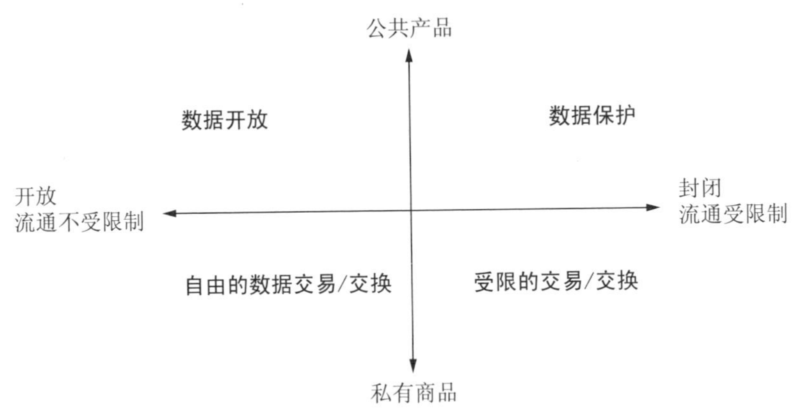

图 3-8　数据开放和数据交易

以上概念之间的区别如图 3-8 所示。把“开放”与“封闭”,“公共产品”和“私有商品”两个维度分别放在横轴和纵轴上,形成了 4 个象限。“数据开放”位于左上角,处在这一象限的数据作为公共产品,其流通不受限制;“数据保护”位于右上角,处在这一象限的数据也是公共产品,但其流通受到限制。“自由交易/交换”位于左下角,处在这一象限的数据作为私有商品,其流通不受限制;“受限的交易/交换”位于右下角,处在这一象限的数据也是私有商品,但其流通受到限制。

六、政府数据开放和公共数据开放

政府数据有狭义和广义之分。狭义上的政府数据仅指由各级政府部门在依法履行职责过程中制作或者获取的,以一定形式记录、保存的各类数据资源。而根据《开放数据宪章》的定义,广义上的政府数据不仅包括国家、地区和地方政府、国际政府组织以及广义的公共部门所掌握的数据,还包括外部机构为政府所创建的数据,以及掌握在外部机构手中但与政府项目和服务相关、并具有重大公共利益的数据(例如采掘行业数据和交通基础设施数据等)。[28] 为了保证所有这些由政府生成和为了政府而生成的数据具有默认开放属性,政府应在委托服务合同中列入相关条款,以保证这些服务项目可能产生的新数据或对原有数据修正后生成的数据,其产权归政府所有,然后再将这些数据开放出来。[28]

广义的政府数据也可被称为“公共数据”。“公共数据”不仅包括政府数据,还包括政府部门以外的公共事业部门的信息和数据,例如图书馆、档案馆等所搜集、整理或者保管的信息。[29] 此外,国有和私有企业受政府委托得到公共财政支持所

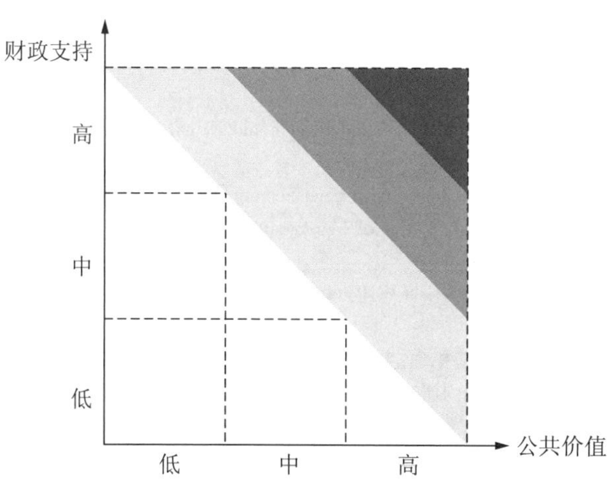

图 3-9　公共数据开放优先次序

创建的数据,以及掌握在这些企业手中但与政府相关、具有重大公共利益的数据也属于公共数据,应向社会开放。中央全面深化改革领导小组 2017 年 2 月审议通过的《关于推进公共信息资源开放的若干意见》和 2018 年 1 月中央网信办、发展改革委以及工业和信息化部联合印发的《公共信息资源开放试点工作方案》也都使用了“公共”,而非“政府”来界定信息资源开放的最终范围。

图 3-9 根据外部机构接受公共财政支持的多少以及数据的公共价值大小两个维度来划出公共数据的范围。越往右上角,表示数据获得的财政支持越高,具有的公共价值越高,其公共属性也就越高,也越应该开放。

注释

1　百度百科,统计分析报告[EB/OL]. [2018-06-03]. https://baike.baidu.com/item/统计分析报告/3808957?fromtitle=统计报告&fromid=15466060&fr=aladdin.

2　百度百科,数据可视化[EB/OL]. [2018-06-03]. https://baike.baidu.com/item/数据可视化/1252367?fr=aladdin#1.

3　The Annotated 8 Principles of Open Government Data. Open Government Data Principles[EB/OL]. [2018-05-04]. https://public.resource.org/8_principles.html.

4　Department of Economic and Social Affairs. UN E-Government Survey 2016[EB/OL]. [2018-06-03]. https://publicadministration.un.org/egovkb/en-us/reports/un-e-government-survey-2016.

5　The World Bank. Open Data Essentials[EB/OL]. [2018-05-04]. http://opendatatoolkit.worldbank.org/en/essentials.html.

6　Open Definition. The Open Definition[EB/OL]. [2018-05-04]. https://opendefinition.org.

7　Ontotext. What is Five-Star Linked Open Data? [EB/OL]. [2018-05-04]. https://ontotext.com/knowledgehub/fundamentals/five-star-linked-open-data.

8　Open Data Chapter. Principles [EB/OL]. [2018-05-04]. https://opendatacharter.net/principles.

9　The Gov Lab. Open Data Definitions—What's in a Name? [EB/OL]. [2018-05-04]. http://odimpact.org/resources.html.

10　TechTarget. Big data[EB/OL]. [2018-05-09]. https://searchdatamanagement.techtarget.com/definition/big-data.

11　Open Data Institute. What is ‘open data’ and why should we care? [EB/OL]. https://theodi.org/article/what-is-open-data-and-why-should-we-care.

12　Open Government: Fostering Dialogue with Civil Society. Paris: OECD, 2003.

13　Executive Office of the President, Office of Management and Budget. Open Government Directive[R]. M10-06, 2009.

14　付熙雯、郑磊:《政府数据开放国内研究综述》,《电子政务》第 6 期。

15　www.opendatanow.com

16　郑磊:《开放政府数据的价值创造机理:生态系统的视角》,《电子政务》2015 年第 7 期。

17　付熙雯、郑磊:《政府数据开放国内研究综述》,《电子政务》2013 年第 6 期。

18　Bellinger G, Castro D, Mills A. Data, Information, Knowledge, and Wisdom[EB/OL]. [2018-05-04]. http://www.systems-thinking.org/dikw/dikw.htm.

19　Open source. What is Open Government? [EB/OL]. [2018-05-09]. https://opensource.com/resources/open-government.

20 Sayogo D S, Pardo T A. Exploring the Motive for Data Publication in Open Data Initiative: Linking Intention to Action. Proceeding of 45th Hawaii International Conference on System Sciences, Maui, HI, USA, 4-7 January 2012, 2623—2632.

21 Lewis Wynne-Jones. Is There a Difference Between Open Data and Public Data? [EB/OL]. [2018-05-09]. http://namara.io/blog/is-there-a-difference-between-open-data-and-public-data.

22 The World Bank. "Open" Vs. "Public" Data—The Big Difference[EB/OL]. [2018-05-09]. http://blogs.worldbank.org/dmblog/open-vs-public-data-the-big-difference.

23 高丰:《开放数据≠共享数据≠公开数据!》[EB/OL]. [2018-05-09]. https://www.jianshu.com/p/0dd1d16f74ec.

24 Open Data Institute. The Data Spectrum[EB/OL]. [2018-05-09]. https://theodi.org/about-the-odi/the-data-spectrum.

25 郑磊:《开放政府数据的价值创造机理:生态系统的视角》,《电子政务》2015 年第 7 期。

26 郑磊:《西方公共信息政策文献概述:定义与分析结果》,《电子政务》2008 年第 2 期。

27 JeniTennison. Open data is a public good. It should not be confused with data sharing[EB/OL]. [2018-05-09]. https://www.theguardian.com/commentisfree/2014/may/12/response-confuse-open-data-sharing-government.

28 Open Data Chapter. Principles[EB/OL]. [2018-04-08]. https://opendatacharter.net/principles/.

29 华海英:《公共部门信息增值利用的若干概念辨析》,《图书情报工作》2012 年第 2 期。

第四章　我国政府数据开放整体水平如何？

近年来，政府数据开放已在全球范围内迅速推进。根据《2016 联合国电子政务调查报告》的数据，截至 2016 年，联合国 193 个成员国中已有 106 个提供了数据开放目录。我国政府也高度重视政府数据开放。2012 年以来，我国已有几十个地方政府陆续推出数据开放平台，先行先试，探索创新，积累了大量经验，也面临许多挑战。我国政府数据开放整体水平究竟如何？在国际上处于什么位置呢？

第一节　我国政府数据开放在国际性评估中的位置

目前，针对政府数据开放已出台了多个权威性的国际评估报告，其中影响力最大的两个全球性评估报告是万维网基金会发布的“开放数据晴雨表”和英国开放知识基金会组织开展的“全球开放数据指数”。

一、从“开放数据晴雨表”看

“开放数据晴雨表”是由万维网基金会开展的一项全球性评估，从 2013 年开始启动，每两年左右对各国在政府数据开放领域的“准备度”、“执行”和“产生的影响”三个层面进行评估。评估方法采用专家调查、辅助数据、同行评估、定量数据和定性评估结合的方式。

自 2013 年至 2016 年，“开放数据晴雨表”的评估范围不断扩大。2013 年，“开放数据晴雨表”对 77 个国家进行了评估，其中，中国排名第 61 位，中国在“准备度”、“执行”和“产生的影响”的得分分别为 42 分、9 分和 0 分，总分为 11.82 分。2014 年，“开放数据晴雨表”对 86 个国家进行了评估，其中，中国排名第 46 位，总分 28.12 分，排名上升了 15 位。2015 年，“开放数据晴雨表”对 92 个国家进行了评估，中国排名第 55 位，总分 21.16 分，比 2014 年的排名下降了 9 位。2016 年，“开放数据晴雨表”对 115 个国家进行了评估，中国排名第 71 位，总分 19.64 分，比 2015 年的排名下降了 16 位。如图 4-1 所示，2013 年到 2014 年，中国的总体得分升高，中国的数据开放水平有所提高，但之后两年，中国的总体分数又逐年下降。

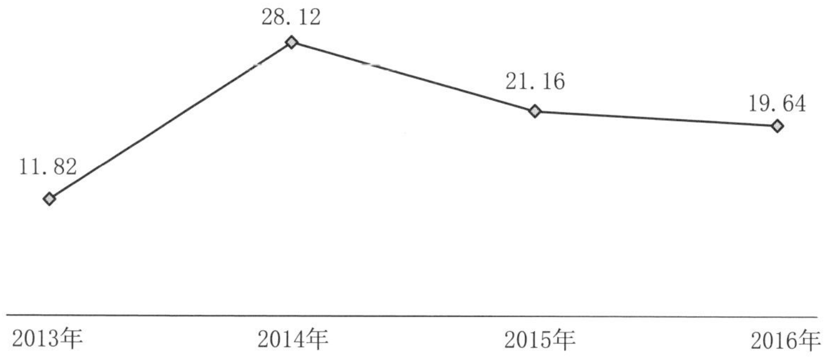

图 4-1　“开放数据晴雨表”：中国的总体分数变化

以“开放数据晴雨表”2016 年的数据为例，中国总分为 19.64 分，其中，“准备度”得分 46 分，“执行”得分 10 分，“产生的影响”得分 11 分。中国在“准备度”层面四个指标的得分如表 4-1 所示，其中“政府行动”一项得分最高为 61 分。在“执行”层面，报告通过 10 个指标对中国的 15 个数据集进行了评分，如图 4-2 所示，其中“详细普查数据”得分最高为 65 分。中国在“产生的影响”层面三个指标的得分如表 4-2 所示，其中“社会影响”的得分最高为 10 分。

表 4-1　中国“准备度”层面得分

“准备度”层面得分			
政府政策	政府行动	社会权利	创业者和企业
39	61	39	45

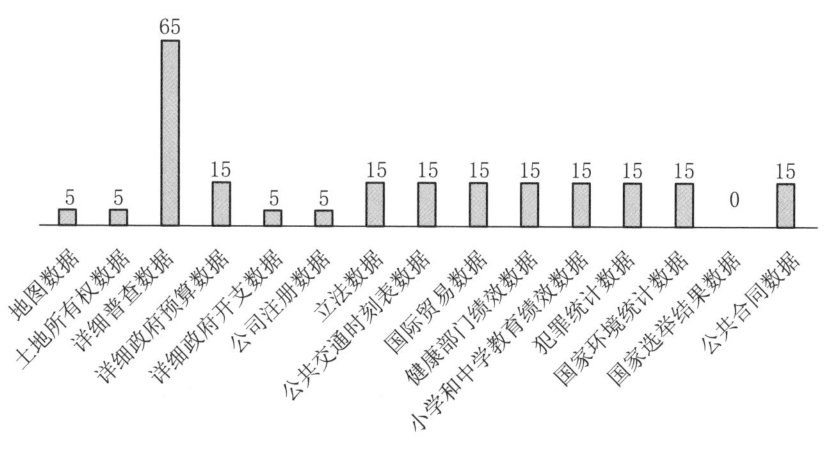

图 4-2　中国“执行”层面得分

表 4-2 中国“产生的影响”层面得分

“产生的影响”层面		
政治影响	社会影响	经济影响
9	10	8

对比排名第一的英国,其开放数据得分为满分 100 分,中国的数据开放得分仅为 19.64 分,中国的政府数据开放整体水平仍然偏低。与亚洲其他国家和地区相比,中国政府数据开放的水平也不高。2016 年的“开放数据晴雨表”显示,韩国(第 5 名)、日本(第 8 名)、菲律宾(第 22 名)、新加坡(第 23 名)、印度尼西亚(第 38 名)、马来西亚(第 53 名)和泰国(第 53 名)都高于中国(第 71 名)的排名,仅有越南(第 79 名)和缅甸(第 113 名)落后于中国(第 71 名)。

二、从“全球开放数据指数”看

“全球开放数据指数”是由开放知识基金会在全球范围内进行的评估,主要对“数据”层面进行评估,该评估采用滚雪球抽样、志愿者问卷调查和访谈的持续性众包、专家评估、同行评估等方式进行。2013 年该指数对 60 个国家和地区进行了评估,中国排名第 38 名,得分为 42 分;2014 年该指数评估了 97 个国家和地区,中国排名第 58 名,得分为 37 分;2015 年该指数评估了 122 个国家和地区,中国排名第 93 名,得分为 18 分。2016 年,“全球开放数据指数”没有将中国纳入评估。每一年“全球开放数据指数”所评估的国家和地区都有所增加,但中国的排名一直较低,且得分逐年下滑(见图 4-3)。

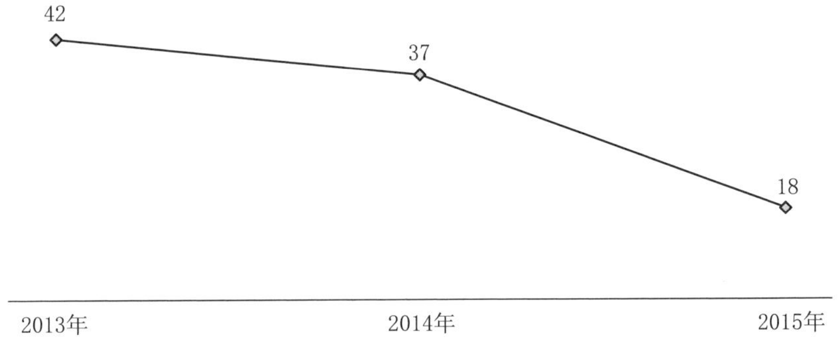

图 4-3 “全球开放数据指数”中国总体评分的变化

从国际政府数据开放评估报告的结果可见,一方面,我国政府数据开放在国际上仍处于靠后的位置，有待提升和改善。另一方面，国际数据开放评估报告的评估体系和方法也并不完全适用于中国政府数据开放的实际现状和发展阶段，未能对中国政府数据开放的情况作出真正全面、细致、准确的评估，也忽略了我国因地制宜探索出的一些独特做法和现实路径。因此，构建一个符合中国实际、具有中国特色、能助推中国政府数据开放的评估指标体系十分必要。

第二节　构建符合我国实际的政府数据开放评估指标体系与方法

2017 年 5 月的贵阳数博会上，复旦大学与提升政府治理能力大数据应用技术国家工程实验室联合发布了《中国地方政府数据开放平台报告》，是我国首个针对地方政府数据开放情况开展的系统、全面、多维度的评估报告，受到了国内政府、学界、企业和媒体的广泛关注。2017 年 12 月，第二期《中国地方政府数据开放平台报告》又将政府数据开放的评估维度由数据层面扩展到平台层面。2018 年 5 月，第三期《2018 中国地方政府数据开放报告》进一步推进了评估的广度和深度，将 46 个地方政府数据开放平台纳入评估，评估指标体系也进一步完善，纳入了对准备度的评估。

一、评估指标体系

《中国地方政府数据开放报告》构建评估指标体系的过程主要包括以下四个方面的工作：一是对标数据开放基本定义、原则和标准，二是借鉴国际政府数据开放评估指标体系，三是立足我国政府数据开放的政策要求和实践现状，四是汇聚数据专家的建议和评分。

（一）对标数据开放的基本定义、原则和标准

数据开放评估指标应对标数据开放的基本定义、标准与原则，包括以下这些。2007 年，开放数据倡导者们提出了政府数据开放的八大基本原则：完整的、一手的、及时的、可公开获取的、可机器读取的、非歧视获取的、非专属的、免授权的。[1]《2016 联合国电子政务调查报告》将政府数据开放定义为“主动在网上公开政府信息，使任何人都能不受限制地获取、再利用和再分发”。[2]世界银行将开放数据定义为“能被任何人出于任何目的不受限制进行自由利用、再利用和分发，并最大程

度保持原始出处和开放性的数据";并强调开放数据应具备两个维度的特性:法律性开放和技术性开放。[3] 2015 年,《开放数据宪章》将数据开放界定为具备必要的技术和法律特性,从而能被任何人、在任何时间和地点进行自由利用、再利用和分发的电子数据。该宪章还提出六项原则:以开放为默认原则、及时和全面、可公开获取和可利用、可比较和互操作、致力于改善治理与公众参与、致力于包容性发展和创新。[4] 根据纽约大学治理实验室对国际上具有代表性的十一个机构界定的"开放数据"定义进行的梳理,最多被提及的开放数据标准包括免费、公开提供、非排他性、可利用结构、开放授权和可再利用等要求。[5]

(二) 借鉴国际政府数据开放评估指标体系

随着政府数据开放在世界各国的推进,针对政府数据开放进行的国际评估也随之出现。构建我国政府数据开放评估体系也需要充分借鉴和参考这些国际评估实践已有的框架和方法。目前具有权威性和代表性的国内外政府数据开放评估项目主要有 10 个,其中有些是全球性的评估项目,有些是区域性的评估项目,如表 4-3 所示。这些由不同主体开展、针对不同对象的政府数据开放评估项目之间既有共性,也存在差异。

表 4-3 政府数据开放评估项目概况

评估项目	评估主体	评估对象	评估方法
开放数据晴雨表(Open Data Barometer)[6]	万维网基金会(World Wide Web Foundation)	2016 年 115 个国家和地区	专家调查,辅助数据,同行评估;定量数据和定性评估结合。
全球开放数据指数(Global Open Data Index)[7]	开放知识基金会(Open Knowledge)	2016 年 94 个国家和地区	滚雪球抽样,志愿者问卷调查和访谈的持续性众包,专家评估,同行评估。
联合国电子政务调查报告(UN E-Government Survey)[8]	联合国经济与社会发展事务部(The Department of Economic and Social Affairs of the United Nations Secretariat)	全球 193 个国家,2014 年首次将开放政府数据纳入报告	带有结构化调查的桌面研究,对政府门户网站采用定量数据观测。
开放政府数据指数(OGD 指数)[9]	经济合作与发展组织(Organization for Economic Co-operation and Development, OECD)	绝大多数为经合组织成员,2014 年 30 个国家	对各国政府首席信息官进行问卷调查。

（续表）

评估项目	评估主体	评估对象	评估方法
欧洲公共部门信息记分牌（European PSI Scoreboard）[10]	欧盟（European Union）	欧盟 28 个国家	接受反馈的众包模式，数据的网络搜索和专家调查，针对 7 个维度的定量测评。
欧洲开放数据监测（Open Data Monitor）[11]	欧盟（European Union）	欧洲国家	对数据门户网站的开放数据目录等进行自动分析，提供实时数据和发展方法。
开放政府数据可行性研究（Open Government Data Feasibility Studies）[12]	互联网基金会（Web Foundation）	智利、加纳、印度尼西亚	桌面调查以收集定性和定量数据，问卷调查和国内访谈。
开放数据准备度评估（Open Data Readiness Assessment）[13]	世界银行开放政府数据工作小组（The World Bank's Open Government Data Working Group）	国家或地方政府、机构或部门	对政府机关及其他利益相关者进行调查和访谈。
开放数据成熟度模型（Open Data Maturity Model）[14]	开放数据研究院（Open Data Institute）	已经或计划开展开放数据活动的组织	自评估工具。
通用评估框架（Common Assessment Framework）	万维网基金会和纽约大学的治理实验室（The Governance Lab at NYU）	未对评估对象开展实际测评	建立了评估框架，未开展实际测评。

总体上，这些政府数据开放评估项目主要针对“基础”、“平台”、“数据”、“使用”和“效果”五个层面开展了评估。其中，“基础”层面是指政府数据开放所处的内外部环境，这是数据开放的基础和支撑，也可称其为数据开放的“准备度”。“平台”层面是指开放数据的网上平台，这是数据开放的载体。“数据”层面是指开放的数据的标准、数量、质量、种类等，这是数据开放的核心。“平台”和“数据”两个层面主要是针对数据开放产出层面的评估，而“使用”层面是指数据使用的情况，包括使用需求、目的、形式等方面，政府开放的数据只有被有效利用，才能真正产生结果，而“使用”层面也同时受到“基础”、“平台”和“数据”等层面的影响。“效果”层面是指数据被开放和利用后最终产生的实际效果与价值。这五个层面构建起了目前国际政府数据开放评估项目的主要框架（见图 4-4）。

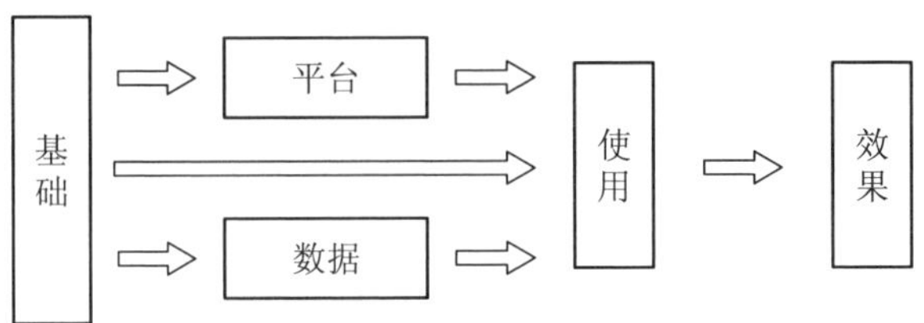

图 4-4　政府数据开放评估框架

进一步分析发现(见表 4-4)，上述这些国际评估项目都对“数据”层面进行了评估，这体现了“数据”是政府数据开放的核心所在。除了全球开放数据指数外，其他评估项目都对“基础”层面进行了评估，表明了政府数据开放的组织保障和整体环境受到了各个评估项目的关注。然而，对于“使用”“效果”这两个层面则只有个别项目进行了评估。这一方面可能是由于多数国家的政府数据开放仍处于早期阶段，对数据的使用尚未完全展现，另一方面也反映了针对数据使用效果和价值的评估，在方法上确实还存在一定难度。另外，作为数据载体的“平台”，虽然是政府数据开放中必不可少的组成部分，对于提高用户发现和获取数据，促进数据供应端和需求端的互动都有重要作用，但目前绝大多数国际评估项目中对这一层面都有所忽视。

表 4-4　各评估项目的一级指标分析

一级/二级指标	开放数据晴雨表	全球开放数据指数	联合国电子政务调查	开放政府数据指数	欧洲公共部门信息记分牌	欧洲开放数据监测	开放政府数据可行性研究	开放数据准备度评估	开放数据成熟度模型	通用评估框架	总计
基础	✓									✓	**2**
法律法规	❍		✓		✓		✓	✓		✓	5.5
政治意愿与领导力	✓			❍			✓	✓		✓	4.5
组织与管理能力	✓		✓	❍	❍	❍	✓	✓	❍	✓	7
技术	❍			❍			✓	✓		✓	4
社会	✓						✓	❍		✓	3.5
经济	✓						✓	❍		✓	3.5
平台											**0**
界面体验											0

（续表）

一级/二级指标	开放数据晴雨表	全球开放数据指数	联合国电子政务调查	开放政府数据指数	欧洲公共部门信息记分牌	欧洲开放数据监测	开放政府数据可行性研究	开放数据准备度评估	开放数据成熟度模型	通用评估框架	总计
数据导引	✓			❍		❍					2.5
数据展现				❍							1
数据获取											0
数据应用展示				✓							1
互动交流				❍						✓	1.5
数据	✓						✓		✓	✓	**4**
数据数量	✓	✓				✓					3
数据质量	❍	❍		❍	❍	✓				✓	4
数据标准	❍	✓	✓	❍	✓	✓	❍	❍	✓	✓	8
数据管理				❍		❍		✓	✓	✓	4
数据类别					✓					✓	2
关键数据集	✓	❍		❍							2
使用							✓		✓	✓	**3**
使用者					❍				❍	✓	2
使用需求								✓			1
使用目的										✓	1
使用形式					✓				✓	✓	3
社区使用规范									✓		1
效果										✓	**1**
社会公众	✓									✓	2
生态环境										✓	1
政治政府	✓									✓	2
经济商业	✓									✓	2

“✓”表示该项目的指标体系中有准确对应的具体指标，计数时给予1分。

“❍”表示该项目的指标体系中有模糊对应的指标（包含在该指标的下级指标之内），计数时给予0.5分。

总计分数越高，说明该指标越受多个评估项目的关注。

(三) 立足我国政府数据开放的政策要求和实践现状

我国政府高度重视政府数据开放,近年来出台了一系列相关政策文件,构建中国地方政府数据开放评估指标体系需要将这些国家政策的具体要求纳入其中。2015 年 8 月,国务院印发的《促进大数据发展行动纲要》要求“稳步推动公共数据资源开放,加快建设国家政府数据统一开放平台”。2017 年 2 月,中央全面深化改革领导小组第三十二次会议审议通过的《关于推进公共信息资源开放的若干意见》指出,要保证开放数据的“完整性、准确性、原始性、机器可读性、非歧视性、及时性,方便公众在线检索、获取和利用”。2017 年 5 月,国务院办公厅印发的《政务信息系统整合共享实施方案》指出,要向社会开放“政府部门和公共企事业单位的原始性、可机器读取、可供社会化再利用的数据集”。2018 年 1 月,中央网信办、发展改革委以及工业和信息化部联合印发的《公共信息资源开放试点工作方案》也要求试点地区“研究制定公共信息资源开放技术规范,明确开放数据的完整性、机器可读性、格式通用性等要求”。

2012 年以来,上海、北京、无锡、湛江、武汉等地率先开展政府数据开放工作,截至 2018 年 4 月,我国已有几十多个地方政府陆续推出数据开放平台。中国地方政府数据开放评估指标体系在构建过程中也对我国各地的政府数据开放工作进行了持续跟踪,开展了深度调研,并从我国政府数据开放的实践现状和发展阶段出发,及时将我国的各地政府数据开放过程中表现出来的现实问题、实际需求和特色创新纳入评估体系,力求构建符合中国实际,具有中国特色,能助推中国政府数据开放工作的评估指标体系。

(四) 汇聚数据专家的建议和评分

《2018 中国地方政府数据开放报告》还邀请了近四十位我国数据领域的学、研、产各界的专家与学者,组成“中国开放数林指数评估专家委员会”(以下简称专家委),以反映跨界、多学科、第三方、中立的专业视角和实际需求。专家委成员围绕开放数林指数评估方法举行了头脑风暴工作坊,通过互动讨论、阐述归类、现场投票等方法得出初步评估指标框架。评估指标框架在经过系统梳理后,又邀请专家委成员通过线上工具对指标的相对重要性进行排序和权重分配。

(五) 评估指标与权重的产生

对标数据开放相关定义、原则和标准,借鉴国际政府数据开放评估指标体系,立足我国政府数据开放的政策要求和实践现状,汇聚数据专家的建议和评分,该报告构建起一个系统、科学、可操作的中国地方政府数据开放评估指标体系。

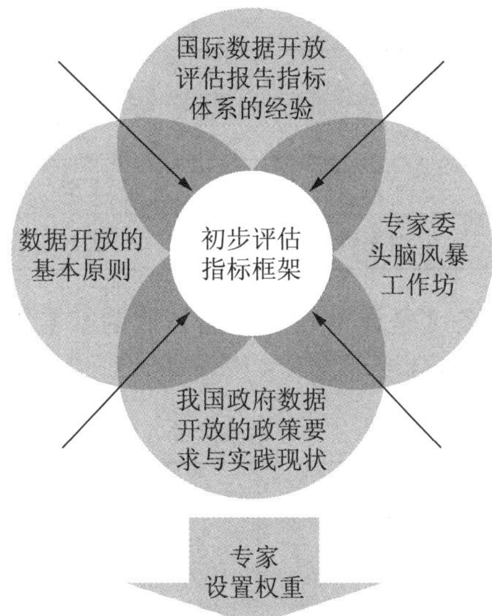

中国地方政府数据开放评估指标体系

图 4-5　评估指标体系确立步骤

评估指标体系共包括数据层、平台层、准备度三个维度，每个维度下设有相应的一二三级指标，专家委成员对这三个维度和各项一级指标的排序情况如表 4-5 所示。

表 4-5　专家委成员对评估指标相对重要性排序的结果

	指标名称	排序得分	重要性
数据层	数据质量	1.40	1
	数据标准	2.80	2
	数据可持续性	2.97	3
	数据数量	3.73	4
	数据覆盖面	3.87	5
平台层	数据获取	1.50	1
	平台导引	2.67	2
	工具提供	3.77	3
	利用成果展示	4.17	4
	平台概览	4.70	5
	互动交流	4.73	6
	个性化整合	5.87	7

(续表)

	指标名称	排序得分	重要性
准备度	法规与政策	1.67	1
	领导力	1.83	2
	组织保障	2.40	3

数据层、平台层、准备度是评估政府数据开放的基本维度。依据专家委成员打分结果,三个维度的权重分配如表 4-6 所示。

表 4-6　三个评估维度的权重分配

评估维度	权重
数据层	50%
平台层	25%
准备度	25%

数据层是“里子”,是数据开放的核心,共设置了数据数量、数据质量、数据标准、数据覆盖面、数据可持续性五个一级指标,具体评估指标如表 4-7 所示。

表 4-7　数据层评估指标体系

<table>
<tr><th>一级指标</th><th>权重</th><th>二级指标</th><th>权重</th><th>三级指标</th><th>权重</th></tr>
<tr><td rowspan="2">数据数量</td><td rowspan="2">15.0%</td><td>数据集总量</td><td>5.0%</td><td>/</td><td>/</td></tr>
<tr><td>数据容量</td><td>10.0%</td><td>/</td><td>/</td></tr>
<tr><td rowspan="6">数据质量</td><td rowspan="6">35.0%</td><td>优质数据</td><td>15.0%</td><td></td><td></td></tr>
<tr><td rowspan="2">无低质数据</td><td rowspan="2">8.0%</td><td>无低容量数据</td><td>4.0%</td></tr>
<tr><td>无碎片化数据</td><td>4.0%</td></tr>
<tr><td rowspan="3">无问题数据</td><td rowspan="3">12.0%</td><td>无重复创建</td><td>2.0%</td></tr>
<tr><td>无生硬格式转化</td><td>5.0%</td></tr>
<tr><td>无无效数据</td><td>5.0%</td></tr>
<tr><td rowspan="5">数据标准</td><td rowspan="5">20.0%</td><td>开放授权</td><td>5.0%</td><td>/</td><td>/</td></tr>
<tr><td rowspan="4">技术性开放</td><td rowspan="4">10.0%</td><td>可机读格式</td><td>3.0%</td></tr>
<tr><td>开放格式</td><td>3.0%</td></tr>
<tr><td>固定链接(RDF)</td><td>2.0%</td></tr>
<tr><td>API 接口比例</td><td>2.0%</td></tr>
</table>

（续表）

一级指标	权重	二级指标	权重	三级指标	权重
		元数据完整性	5.0%	基本元数据覆盖率	3.0%
				API 描述规范	2.0%
数据覆盖面	10.0%	主题覆盖	3.0%	/	/
		部门覆盖	3.0%	/	/
		高需求关键词覆盖	4.0%	/	/
数据可持续性	20.0%	持续增长	7.0%	/	/
		动态更新	9.0%	/	/
		历史存档	4.0%	/	/

平台层是“面子”，是政府开放数据和用户获取数据的载体，是展示应用成果的中心，也是连接数据开放供给侧和需求端的桥梁。平台层共设置了平台概览、平台导引、数据获取、工具提供、利用成果展示、互动交流和个性化整合七个一级指标（如表 4-8 所示），覆盖了数据利用者从在平台上发现数据、获取数据、利用数据，到与政府部门进行互动反馈，再到展示数据利用成果的全过程。

表 4-8　平台层评估指标体系

一级指标	权重	二级指标	权重
平台概览	10.0%	数据统计	2.0%
		动态展示	3.0%
		相关资讯	2.0%
		可视化展现	3.0%
平台导引	20.0%	分类导航	4.5%
		搜索功能	4.0%
		排序功能	2.5%
		相关数据推荐	2.0%
		用户操作指南	2.0%
		智能服务	2.0%
		提供数据发布者联系方式	1.0%
		平台间链接	2.0%

(续表)

一级指标	权重	二级指标	权重
数据获取	30.0%	数据集预览	4.0%
		数据目录	5.0%
		本地获取	5.0%
		分级分类获取	6.0%
		注册登录	5.0%
		订阅收藏	5.0%
工具提供	12.0%	开发工具	4.0%
		可视化与分析工具	5.0%
		地理空间工具	3.0%
利用成果展示	10.0%	利用类型	2.0%
		数据来源	3.0%
		利用者来源	3.0%
		利用提交	2.0%
互动交流	10.0%	数据集评价	2.0%
		数据请求	2.0%
		意见建议	2.0%
		数据纠错	2.0%
		分享传播功能	1.0%
		社交媒体	1.0%
个性化整合	8.0%	用户功能整合	8.0%

准备度是“底子”,是数据开放的基础,是指一项工作的事前准备程度,着重评估地方政府为实现数据开放所做的基础性工作和现阶段准备情况,包括法规与政策、领导力、组织保障三个一级指标,具体评估指标如表 4-9 所示。

表 4-9 准备度评估指标体系

一级指标	权重	二级指标	权重	三级指标	权重
法规与政策	40.0%	数据治理	6.0%	数据编目	2.0%
				数据标准	2.0%
				数据质量	2.0%

(续表)

一级指标	权重	二级指标	权重	三级指标	权重
法规与政策	40.0%	数据开放	12.0%	开放平台建设	4.0%
				开放数据资源管理	4.0%
				开放方式与机制	4.0%
		数据利用	8.0%	宣传推广	4.0%
				推动利用	4.0%
		安全保护	6.0%	平台安全	2.0%
				数据审查	2.0%
				风险管理	2.0%
		法规政策效力	8.0%	等级	4.0%
				专门性	4.0%
领导力	30.0%	地方高层领导的公开支持	16.0%	/	/
		部门负责人的公开支持	14.0%	/	/
组织保障	30.0%	数据开放主管部门层级	15.0%	/	/
		公开工作计划	7.0%	/	/
		培育生态体系	8.0%	有无公开报道的数据应用宣传教育活动	4.0%
				有无公开报道的数据创新应用活动	4.0%

二、评估范围

该报告根据公开报道，以及使用“数据＋开放”、“数据＋公开”、“公共＋数据”、“政务＋数据”、“政府＋数据”、“地名＋数据”、“地名＋政府数据”、“地名＋开放数据”等关键词进行搜索，发现了截至 2018 年 4 月中旬，我国已上线的政府数据开放平台，并将符合以下条件的地方政府数据开放平台纳入评估范围：

(1) 平台域名中出现 gov.cn，作为确定其为政府官方认可的数据开放平台的依据。

(2) 平台形式为“统一专有式”或“统一嵌入式”。“统一专有式”是指开放数据统一汇聚在一个专门的平台上进行开放；“统一嵌入式”是指开放数据统一汇聚为一个栏目版块，嵌入在政府门户网站或政务服务网站上。除浙江、肇庆、阳江、梅州为“统一嵌入式”平台外,其余均为“统一专有式”平台。各个条线部门建设的非集中式开放数据的平台不在该报告的评估范围内。

(3) 平台所代表的地方政府的行政级别为地级市以上。

(4) 平台上确实开放了电子格式的、可通过下载或接口形式获取的、结构化的数据集。有些名为“数据开放”的平台实质上只提供了非结构化的文本内容或跳转到其他相关网页的链接,不存在可通过下载或接口形式获取的、结构化的数据集。这类平台更多属于传统的“信息公开”门户,因而未被纳入本次评估范围,如新疆维吾尔自治区政务数据开放网、四川省人民政府网站上的“开放数据”模块和广东省清远市人民政府网的“数据开放”频道等。

基于以上选择标准,被纳入该报告评估的地方政府数据开放平台共 46 个,这些平台符合政府数据开放的基本特征,是我国政府数据开放的先行者。具体平台名称、所属地方政府和平台域名如表 4-10 所示。

表 4-10 评估范围(按行政层级及拼音首字母排序)

	平台名称	地点	层级	平台域名
1	北京市政务数据资源网	北京市	省级	http://www.bjdata.gov.cn
2	开放广东	广东省	省级	http://www.gddata.gov.cn
3	贵州省政府数据开放平台	贵州省	省级	http://www.gzdata.gov.cn
4	江西省政府数据开放网站	江西省	省级	http://data.jiangxi.gov.cn
5	开放宁夏	宁夏回族自治区	省级	http://ningxiadata.gov.cn
6	山东公共数据开放网	山东省	省级	http://data.sd.gov.cn
7	上海政府数据服务网	上海市	省级	http://www.datashanghai.gov.cn
8	浙江政务服务网	浙江省	省级	http://data.zjzwfw.gov.cn
9	广州市政府数据统一开放平台	广东省广州市	副省级	http://www.datagz.gov.cn
10	深圳市政府数据开放平台	广东省深圳市	副省级	http://opendata.sz.gov.cn
11	哈尔滨市数据开放	黑龙江省哈尔滨市	副省级	http://data.harbin.gov.cn
12	武汉政府公开数据服务网	湖北省武汉市	副省级	http://www.wuhandata.gov.cn
13	济南市公共数据开放网	山东省济南市	副省级	http://www.jndata.gov.cn
14	青岛市政府数据开放网	山东省青岛市	副省级	http://data.qingdao.gov.cn
15	宁波市政府数据服务网	浙江省宁波市	副省级	http://www.datanb.gov.cn
16	数据东莞	广东省东莞市	市级	http://dataopen.dg.gov.cn
17	佛山政府数据开放平台	广东省佛山市	市级	http://www.fsdata.gov.cn

（续表）

	平台名称	地点	层级	平台域名
18	开放惠州	广东省惠州市	市级	http://data.huizhou.gov.cn
19	开放江门	广东省江门市	市级	http://opendata.jiangmen.gov.cn
20	梅州市人民政府数据开放平台	广东省梅州市	市级	https://www.meizhou.gov.cn/opendata
21	中国阳江数据开放	广东省阳江市	市级	http://www.yangjiang.gov.cn/sjkf
22	湛江数据服务网	广东省湛江市	市级	http://data.zhanjiang.gov.cn
23	肇庆数据开放	广东省肇庆市	市级	http://www.zhaoqing.gov.cn/sjkf
24	开放中山	广东省中山市	市级	http://zsdata.zs.gov.cn/web/index
25	贵阳市政府数据开放平台	贵州省贵阳市	市级	http://www.gyopendata.gov.cn
26	荆门市人民政府数据开放模块	湖北省荆门市	市级	http://data.jingmen.gov.cn/app
27	长沙数据开放	湖南省长沙市	市级	http://data.changsha.gov.cn
28	苏州市政府数据开放平台	江苏省苏州市	市级	http://www.suzhou.gov.cn/dataOpen-Web
29	无锡市政府数据服务网	江苏省无锡市	市级	http://etc.wuxi.gov.cn/opendata
30	扬州市政务数据服务网	江苏省扬州市	市级	http://data.yangzhou.gov.cn
31	乌海市数据开放平台	内蒙古自治区乌海市	市级	http://whdata.wuhai.gov.cn/odweb
32	滨州市公共数据开放网	山东省滨州市	市级	http://bzdata.sd.gov.cn
33	德州市公共数据开放网	山东省德州市	市级	http://dzdata.sd.gov.cn
34	东营市公共数据开放网	山东省东营市	市级	http://dydata.sd.gov.cn
35	菏泽市公共数据开放网	山东省菏泽市	市级	http://hzdata.sd.gov.cn
36	济宁市公共数据开放网	山东省济宁市	市级	http://jindata.sd.gov.cn
37	莱芜市公共数据开放网	山东省莱芜市	市级	http://lwdata.sd.gov.cn
38	聊城市公共数据开放网	山东省聊城市	市级	http://lcdata.sd.gov.cn
39	临沂市公共数据开放网	山东省临沂市	市级	http://lydata.sd.gov.cn
40	日照市公共数据开放网	山东省日照市	市级	http://rzdata.sd.gov.cn
41	泰安市公共数据开放网	山东省泰安市	市级	http://tadata.sd.gov.cn
42	威海市公共数据开放网	山东省威海市	市级	http://whdata.sd.gov.cn
43	潍坊市公共数据开放网	山东省潍坊市	市级	http://wfdata.sd.gov.cn
44	烟台市公共数据开放网	山东省烟台市	市级	http://ytdata.sd.gov.cn
45	枣庄市公共数据开放网	山东省枣庄市	市级	http://zzdata.sd.gov.cn
46	淄博市公共数据开放网	山东省淄博市	市级	http://zbdata.sd.gov.cn

三、数据采集与分析方法

数据层:该报告采用网络自动抓取和人工观察方法采集数据。以 2018 年 4 月 13 日至 2018 年 4 月 18 日为数据采集周期。该报告主体评估分析部分基于截至 2018 年 4 月 18 日从各地平台上所采集的数据,而在对"动态更新"这一指标的评测中则使用了 2018 年 1 月 1 日至 2018 年 4 月 18 日这一时间段内所采集的数据。该报告对采集到的各项指标的数据主要使用描述性统计分析、交叉分析、文本分析、空间分析等分析方法。

平台层:数据采集时间为 2018 年 4 月 25 日至 2018 年 5 月 4 日,主要采用了人工观察法来采集数据。该报告对采集到的各项指标的数据进行了描述性统计分析和交叉分析。

由于武汉平台在数据采集期间内无法访问、宁夏平台需要通过当地电话号码注册才能下载数据等原因,这两地在数据容量、优质数据指标上的数据缺失。

需特别说明的是,山东省除青岛平台较早上线外,全省与省内其他地级城市均在 2018 年年初同时推出数据开放平台。除山东省、济南市、青岛市的平台界面存在一定区别,山东省其他 15 地市平台完全相同,故该报告中将这些地方平台简称为山东其他地市。

准备度:准备度的研究主要搜索了相关法律法规、政策文件、新闻报道等数据。搜索方法主要包括以下两种:一是在百度搜索引擎以关键词检索相关法规政策文本、有关领导支持与推广活动的新闻报道以及数据开放主管部门的数据;二是在地方政府门户网站、经(工)信委(局)网站以及数据开放平台上通过人工观察和关键词检索采集数据,数据采集截止时间为 2018 年 5 月 6 日。该报告对采集到的数据进行了描述性统计分析。

四、指标计算方法

该报告基于各地平台在三个维度的评估指标上的实际表现从低到高按照 0—5 分共 6 档分值进行评分,5 为最高分,相应数据缺失或完全不符合标准则分值为 0。此外,对于部分通过观察法采集数据的指标,根据实际满足评分依据的多少打分(以"开放授权"指标的分值为例,满足 4 项评分依据得 5 分,每满足一项得 1.25 分)。其余指标使用极差归一法将各地统计数据结果换算为 0—5 之间的数值作为该项得分。

各地平台在数据层、平台层、准备度三个维度上的指数总分等于每个单项指标的分值乘以相应的权重所得到的加权总和。最终，各地开放数林指数等于数据层指数、平台层指数、准备度指数乘以相应权重的加权平均分。各地开放数林指数计算公式如下：

$$\text{各地开放数林指数}=\sum(\text{数据层指标分值} * \text{权重}) * 50\% + \sum(\text{平台层指标分值} * \text{权重}) * 25\% + \sum(\text{准备度指标分值} * \text{权重}) * 25\%$$

第三节　我国地方政府数据开放概况

一、上线时间

自2012年上半年上海市推出全国第一个政府数据开放平台起，截至2018年上半年，我国已陆续上线40多个符合政府数据开放基本特征的地级市及以上平台（如图4-6所示）。特别是2017年5月第一期“开放数林指数”发布以来，我国新增了27个地方平台，仅2018年上半年就推出了21个新平台，其中山东省与省内各地市同时上线了政府数据开放平台。

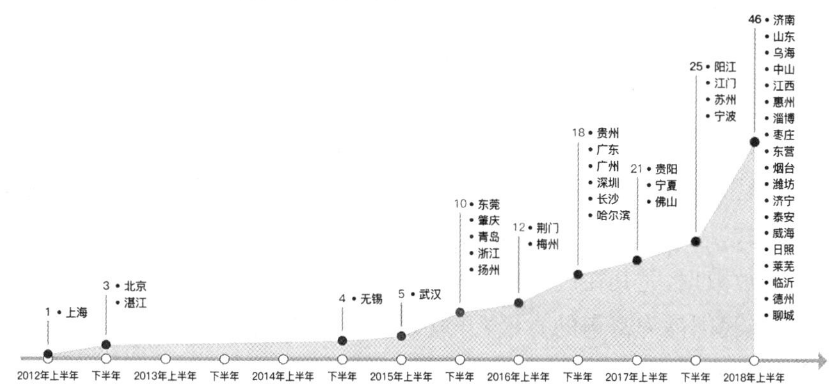

图4-6　各地平台的上线时间

二、地区分布

截至2018年4月，我国各地上线的政府数据开放平台的地区分布如图4-7

所示,颜色越深代表平台上线时间越早。从整体上看,我国的政府数据开放平台建设呈现出从东南沿海地区向内陆地区不断扩散的趋势。

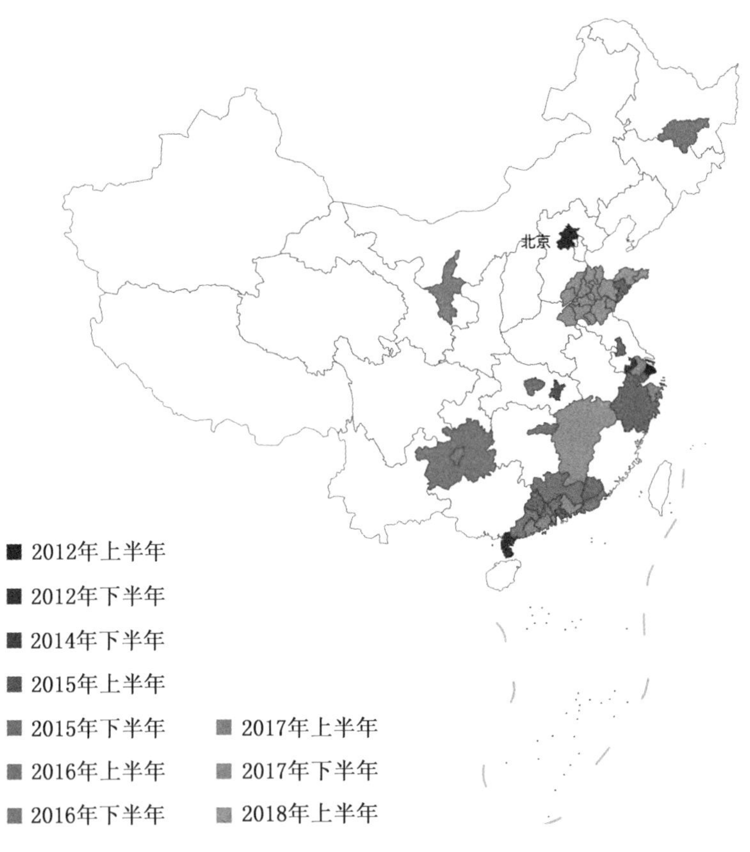

图 4-7 各地平台的地理空间分布

目前,全国各地政府数据开放平台呈现“群落式”与“绿洲式”两种分布特征。其中,“群落式”以山东省、广东省和长三角地区最为典型。在这些区域中,地方政府“竞相”开放数据,尤其在广东省和山东省内,地级市政府数据开放平台分布较为集中,形成我国最为密集的省级“开放数林”。相比之下,由于周边地区尚未上线政府数据开放平台,北京、哈尔滨、宁夏等地则成为了所在区域政府数据开放的“绿洲”。

三、行政层级

该报告对各地数据开放平台所属的地方政府行政层级进行了统计分析(如图

4-8 所示）。目前在已上线平台的各级地方政府中，地市级数量最多（31 个），省级行政区和副省级城市数量相当，分别为 8 个和 7 个。然而，全国共有 31 个省级行政区（港澳台除外）、15 个副省级城市和 334 个地级行政区，除副省级城市平台占比接近 5 成外，我国总体上上线政府数据开放平台的地方所占比例依旧偏低。

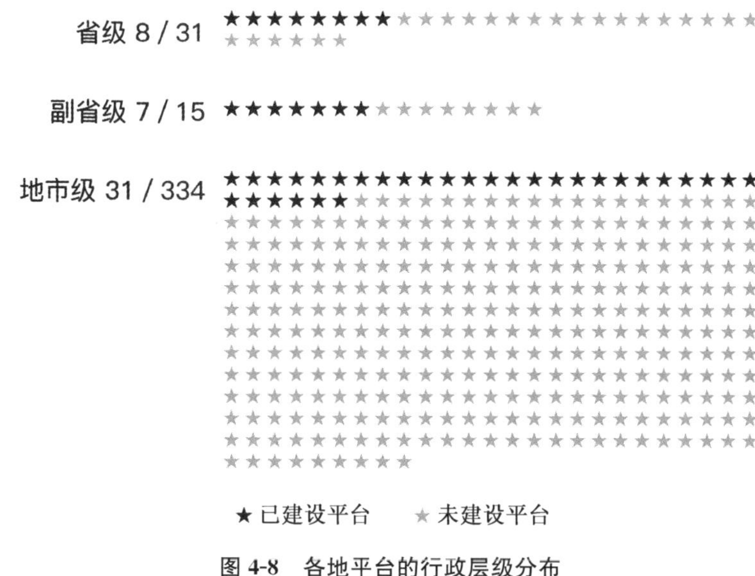

图 4-8　各地平台的行政层级分布

该报告还发现，一些区县级地方政府也开设了各具特色的政府数据开放平台。佛山市南海区作为国内最早开放数据的区级政府，其"数说南海"平台在国内政府数据开放领域进行了先行探索，具有示范意义。"凯里市政府数据开放平台"为贵州首个上线的区县级政府数据开放平台，开放传统村落、民族节日、苗族刺绣工艺品等少数民族特色数据，实现了数据开放与民族文化发展的结合。

四、平台类型

从各地政府数据开放平台的类型来看，绝大多数平台以"统一专有"的方式呈现，将数据统一汇聚在一个专门的平台上进行开放。而梅州、肇庆、浙江、阳江、荆门等则为"统一嵌入式"，即将数据统一汇聚为一个栏目板块，嵌入在政府门户网站或政务服务网站上进行开放。政府数据开放平台与政府门户网站或政务服务网站在建设目的、服务对象和功能设置等方面有明显差异，"统一专有式"的政府数据开放平台更加便于用户集中发现、获取和利用数据，也是目前国际上普遍采用的方式。

第四节 我国地方政府数据开放的数量、质量、标准与价值

一、数据数量

(一) 数据集总量

数据集是由数据组成的集合,通常以表格形式出现,每一“列”代表一个特定变量,每一“行”则对应一个样本单位。政府数据开放平台往往以下载或 API 接口的形式开放数据集。个别平台上出现的以下三类情况,在该报告中未被视作有效的开放数据集:(1)数据集名称下不存在可直接下载或通过接口获取的数据集;(2)数据集中仅有 0—2 行数据的低容量数据集(多为一个数据集分拆出的单行数据,或未整合成一个数据集的单行数据)。这类数据的再利用价值很低,适合以信息公开的方式发布,而没有必要作为特定数据集开放,因此不能视作有效数据集;(3)数据集名称下提供的是网页链接,且链接跳转后出现无法通过下载或接口形式获取的文本内容。

同时,该报告将各地平台上出现的以下两类情况视作一个有效数据集:(1)同样名称的数据集重复出现;(2)平台上标注的数据集虽名称不同但实际下载后具有相同的名称与内容。

开放的有效数据集总量(含直接下载和 API 接口开放)最高的 10 个地方平台如图 4-9 所示。在 46 个政府数据开放平台中,贵阳开放的数据集最多,开放了超过 2 000 个有效数据集与接口;其次是上海、青岛和武汉,开放的有效数据集均超过 1 000 个。

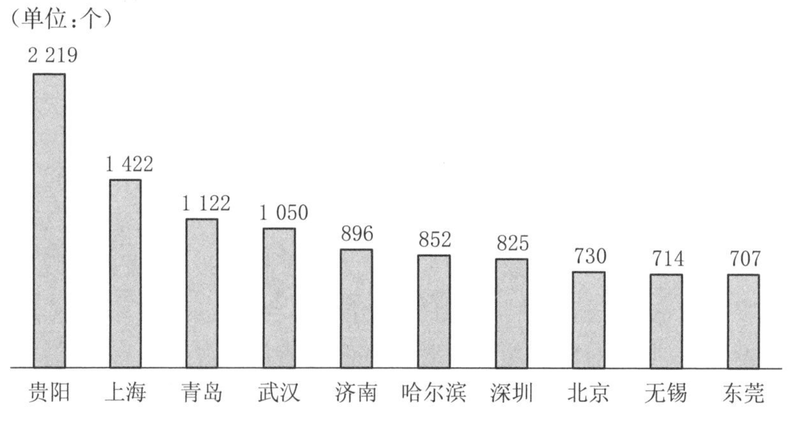

图 4-9 各地平台上的数据集总量(前 10 名)

(二) 数据容量

数据容量是指在各地平台可下载、结构化的数据集中,将字段数(列数)乘以条数(行数)得出的数据总量。作为新增指标,数据容量衡量的是平台上提供的数据集的实际数据量大小。数据容量排名前 10 的地方平台如图 4-10 所示,其中广州最高,其次是佛山和贵阳,这三地开放的数据容量均超过 8 000 万。有超过三分之一的平台开放的数据容量较小(10 万及以下),平台间数据容量的差距较为明显。

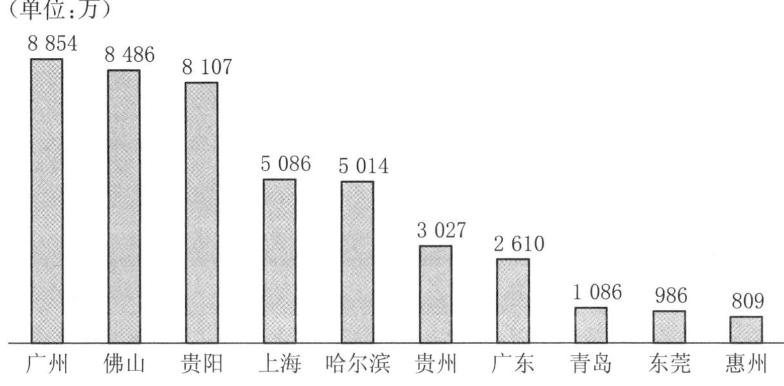

图 4-10　各地平台上的开放数据容量(前 10 名)

二、数据质量

(一) 优质数据

优质数据指的是数据量大,社会需求高的数据集。该报告对各地平台上所有可下载的数据集按照数据容量进行排序,在数据容量相同的情况下再按照下载量排序,最终选出排名居于前 1%的数据集作为优质数据集。该报告在 46 个平台上共发现了 146 个优质数据集,其分布状况如图 4-11 所示。在 46 个政府数据开

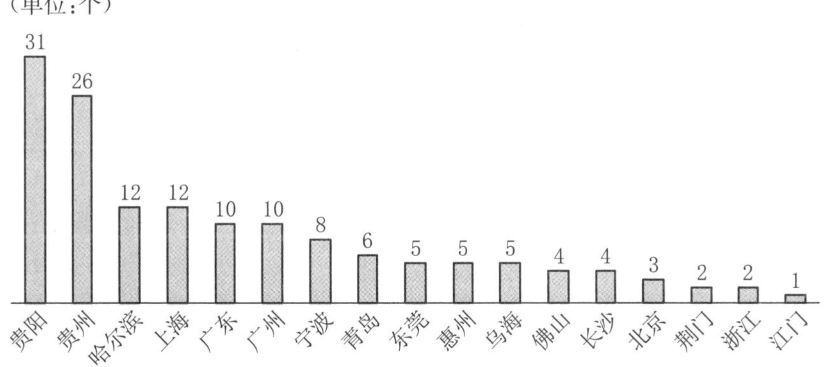

图 4-11　各地平台的优质数据集数量

放平台中,17 个平台有优质数据集入选,但仍有超半数的地方平台没有优质数据集。其中,拥有优质数据集最多的平台是贵阳,其次是贵州、哈尔滨和上海。

表 4-11 是排名前十位的优质数据集名称与其所属平台,这些数据集普遍具有较高的条数、字段数和下载量等,数据内容主要和商事主体、药品等相关。

表 4-11　前十位优质数据集

序号	数据集名称	所属地方平台	数据容量(万)	条数	字段数	下载量
1	工商登记信息	东　莞	46 416 553	2 018 111	23	10 063
2	商事主体个体年报基本信息	广　州	34 100 000	1 705 000	20	524
3	商事主体基础信息	佛　山	8 259 768	458 876	18	365
4	自然人信息	佛　山	6 554 376	1 638 594	4	168
5	黑龙江省统一药品信息	哈尔滨	6 106 135	174 461	35	177
6	工程-投标人名单	贵　州	4 466 102	235 058	19	—
7	哈尔滨市个体基本信息	哈尔滨	4 353 930	483 770	9	281
8	贵阳市城镇居民医疗保险药品目录	贵　阳	4 294 512	238 584	18	841
9	惠州市工商开业登记信息	惠　州	3 359 715	223 981	15	80
10	哈尔滨市商事主体个体年报基本信息	哈尔滨	3 274 398	545 733	6	2 757

(二) 无低质数据

1. 无低容量数据

低容量数据是指条数在两行或两行以内的数据集,其原因可能是数据量本身稀少或是数据经统计归总后颗粒度过大。这类低容量数据的再利用价值较低。在 46 个开放数据平台中,近三分之二的平台上存在低容量数据,未发现低容量数据的地方平台有江西、东莞、惠州等。

2. 无碎片化数据

碎片化数据是指按照时间、行政区划、政府部门等被人为分割的数据集,这些数据集进行整合后将更有利于社会的开发利用。该报告发现,这一现象目前普遍存在,大部分的地方开放数据平台均存在碎片化数据,未发现碎片化数据的地方平台有东莞、佛山、泰安等。

（三）无问题数据

1. 无重复创建

重复创建是指平台上重复出现标题相同、可下载数据文件相同且所属主题相同的数据集。在46个开放数据平台中，约三分之一的平台存在重复创建问题，未发现重复创建的地方平台包括贵阳、滨州、中山等。

2. 无生硬格式转化

生硬格式转化是指平台将非结构化的DOC、PDF等文件中的数据通过生硬方式转化成XLS、CSV等机读格式，而数据实质上仍是非结构化的情况。例如，将WORD文件中大段的文字贴到XLS文件中，将DOC格式直接转换成XLS格式等。在此次评估的平台中，有8个地方平台存在上述问题，其他平台尚未发现这一问题。

3. 无无效数据

无效数据是指平台上出现以下三类情况：(1)数据集名称下没有数据可供获取；(2)只提供数据链接，无法获取数据集；(3)数据集下载打开后，里面实际上并不提供数据。在46个政府数据开放平台中，超过半数存在无效数据，未发现无效数据的地方平台包括贵阳、济南、深圳等。

三、数据标准

（一）开放授权

开放数据应通过数据开放授权协议从法律上保障数据的开放性。目前，各地平台上的数据开放授权通常包含在网站声明、免责条款或服务协议中。该报告发现，在46个政府数据开放平台中，共有33个平台配有数据开放授权协议。目前，13个平台缺少专门的数据开放授权协议，其中有6个平台的网站声明与政府门户网站共享，并非专门针对数据开放平台制定，也没有专门涉及数据开放授权的内容；3个平台虽然有独立的免责条款或服务协议，但内容与数据开放授权无关；4个平台完全没有免责条款或服务协议。

开放授权协议的内容应明确授予用户免费获取、不受歧视、自由利用、自由传播与分享“开放数据”的权利。目前有5个地方平台的授权协议全部明确授予了上述四项权利，分别为北京、上海、贵州、广州、贵阳；大部分地区满足了免费获取和不受歧视两项，这些地区以广东和山东及各自所辖的地级市为主，在开放授权协议的制定上具有趋同性；其余地区在四项指标上未明确提及，或语焉不详（见图 4-12）。

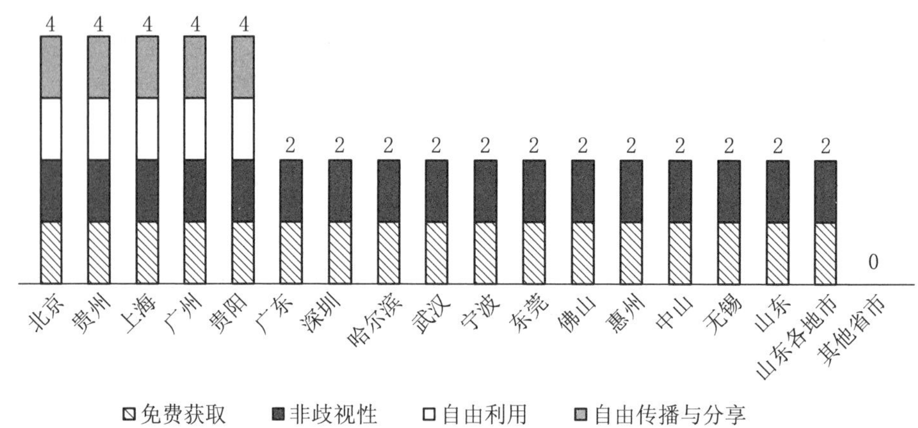

图 4-12 各地平台的开放授权详情

1. 免费获取

免费获取是指平台在开放授权中明确授予用户免费获取和利用“开放数据”的权利。政府数据作为公共资源，原则上应免费向社会开放，除非需要对数据进行额外的增值加工和针对少数用户的个性化加工等。目前，各地平台上的相应条款分为“免费且未设时限”和“现阶段免费”两类。其中，贵州、贵阳、东莞等地的条款中明确指出数据免费且未设时限，用户可永久无偿获取数据平台所提供的所有数据资源。其他大部分地方平台则在服务协议中提到“现阶段免费”，但设置有模糊的期限或限制，如“保留收费权利”等表述（见图 4-13）。

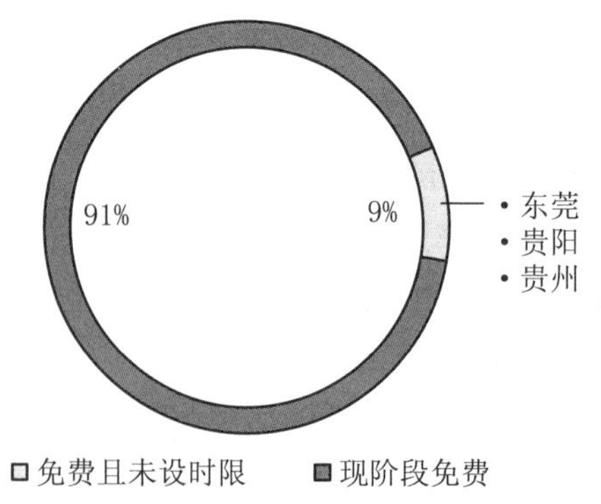

图 4-13 开放数据免费获取比例

2. 非歧视性

开放授权是指平台明确授予任何用户平等访问、获取、使用和分享“开放数据”的权利。目前各地平台上的相应条款均明确保障了数据开放的非歧视性，对任何用户都予以平等的数据获取和利用权限，如“用户享有数据资源的非排他使用权”、“不受歧视”等表述。

3. 自由利用

开放授权应明确授予用户不受限制地对“开放数据”进行商业和非商业性利用的权利。目前各地平台上相应条款分为“明确允许自由利用”和“未提及可自由利用”两类。其中，北京、上海、贵州、广州、贵阳等地明确表示用户可“不受限制地进行商业和非商业性利用”、“享有增值利用的权利”或“可自由利用”，其余 28 个地方的条款中均未对用户利用数据的权利作出明确说明（见图 4-14）。

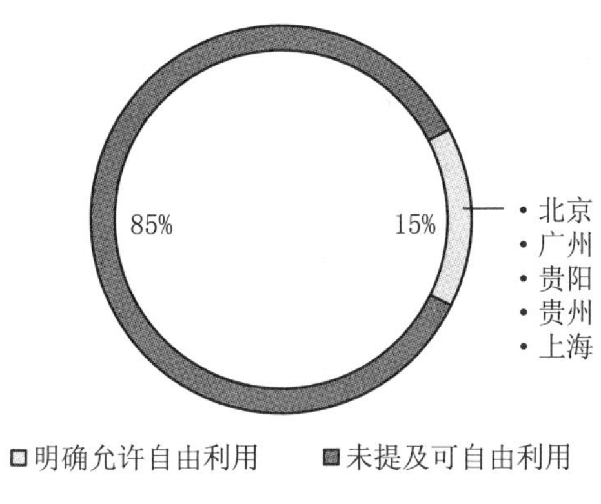

图 4-14　开放数据自由利用比例

4. 自由传播与分享

开放授权应明确授予用户可自由传播和分享“开放数据”的权利。目前各地平台上的相应条款分为“可自由传播”、“未提及可自由传播”、“自由传播受限”三类。北京、广州、贵阳、贵州、上海等地授予用户享有免费传播现有开放数据的权利。为保障用户免费获取数据的权利，上海、广州、贵阳等地还特别说明了用户不得有偿转让获取的数据；东莞、哈尔滨、宁波等城市未对用户自由传播与分享的权限作出明确说明；其他大部分地方在使用条款中要求“用户不得有偿或无偿转让数据资源”，限制有偿转让数据有利于保障用户免费获取数据的权利，但限制用户无偿传播和分享已开放的数据并不符合开放数据的原则，在实际操作中也很难发现和限制（见图 4-15）。

（二）技术性开放

关于开放数据的格式标准，万维网发明者蒂姆·伯纳斯-李提出了开放数据的五星标准。该报告基于该标准和其他有关开放数据格式的标准,对各地政府数据开放平台上的数据集的格式标准进行评估。

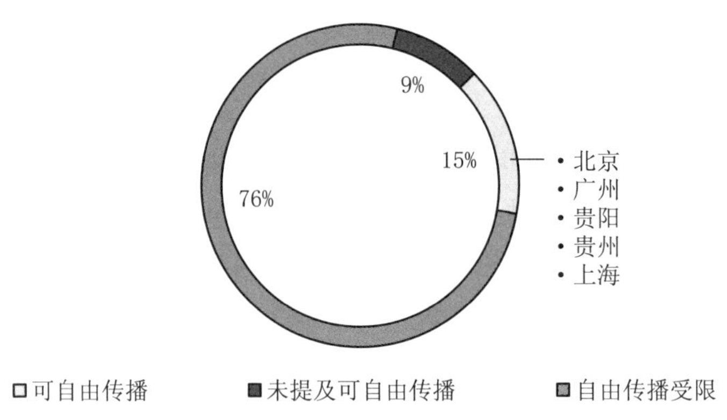

图 4-15　开放数据自由传播与分享比例

1. 可机读格式

为方便用户获取和利用数据,数据集应以可机读格式开放,该格式能被计算机自动读取与处理,如 XLS、CSV、JSON、XML 等格式。图 4-16 展示了各地平台上可下载数据集总量与可机读数据集总量对比的前 10 名。总体来看,各地平台上满足可机读格式的数据集比例较高,贵阳、青岛、上海等 38 个平台上开放的数据集基本都满足了可机读格式的要求。但也有个别地方平台虽然可下载的数据集总量不小,但其中不少数据集为 DOC、PDF、JPG 等不可机读格式。

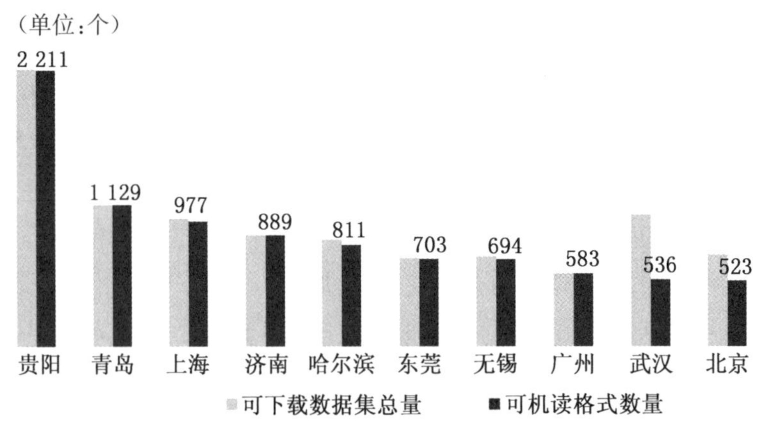

图 4-16　各地平台可下载数据集与可机读格式数据集数量(前 10 名)

2. 开放格式

开放格式是指可下载数据集应以开放的、非专属的格式提供,任何实体不得在格式上排除他人使用数据的权利，以确保数据无需通过某个特定（特别是收费的）软件或应用程序才能访问。例如 CSV 是开放格式，而 XLS 则不是。

图 4-17 是各地方平台上可下载数据集总量与开放格式总量对比的前 10 名，贵阳平台上开放格式的数据集数量最多，且所有数据集均可通过开放格式下载。济南、东莞、广州、山东等 23 个地方平台上提供的数据集也全部满足开放格式的标准。此外，有部分地方平台没有提供任何开放格式的数据集，而多以 XLS 等非开放格式为主。

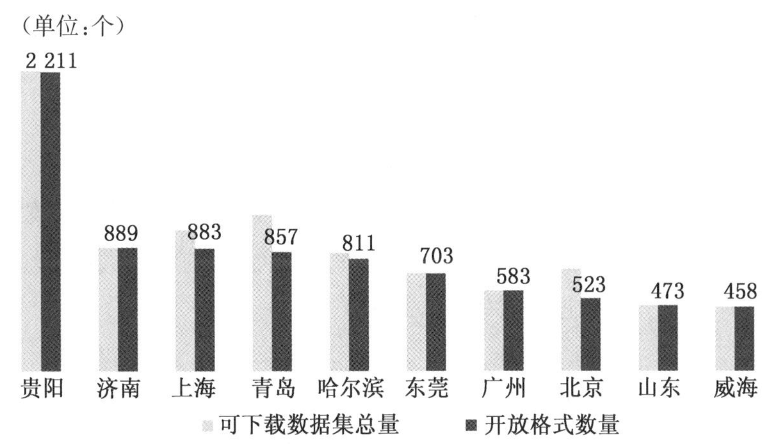

图 4-17　各地平台可下载数据集与开放格式数据集数量（前 10 名）

3. 固定链接

依据开放数据五星标准，该报告新增了对固定链接格式的评估，即四星标准的要求。固定链接是指为数据集设置固定的 URL 链接，有助于数据使用者发现和链接到数据集的具体位置。在 46 个开放平台上，仅有贵阳提供了符合固定链接格式的数据集，还提供 216 个 RDF 格式的数据集。

4. API 接口比例

除了数据直接下载以外，有些地方平台还提供了应用程序编程接口（即 API 接口，Application Programming Interface）。与通过直接下载方式获取数据集相比，API 接口方式使用户可通过参数实时高效地获取所需数据，满足其开发应用程序的需求，适合用于开放实时性强、规模大的数据。目前，北京、深圳、东莞等 16 个地方平台为每个数据集提供了接口。然而，仍有近三分之一的平台没有提供或仅提供了少量的 API 接口，有个别地方平台上的 API 接口处于无法被调用的状态。

（三）元数据完整性

政府数据开放平台为开放数据集提供元数据有助于数据利用者清楚地了解

数据集的内容与背景,从而更好地获取和利用数据。该报告对各地平台上可下载数据集所提供的元数据进行了分析。

1. 基本元数据覆盖率

综合梳理我国《政务信息资源目录编制指南(试行)》中关于核心元数据的定义描述、国际开放数据平台上提供的基本元数据条目以及目前我国半数以上的平台已实际提供的元数据条目,该报告确定了以下12个条目作为开放数据集基本的元数据条目,包括数据名称、摘要简介、标签关键字、数据主题、数据格式、开放属性、提供单位、发布日期、更新日期、更新频率、数据指标、数据量。其中数据指标是指数据集中每一列字段的具体名称,有助于利用者更好地了解数据结构与内容。

图4-18反映出以上12个基本元数据条目在46个地方平台的分布情况。目前,所有46个地方平台都已提供了数据集名称,大多数平台提供了摘要简介、数据提供单位、发布日期、数据主题、数据格式等。然而,目前能提供更新频率、数据量、数据指标的地方平台还相对较少。

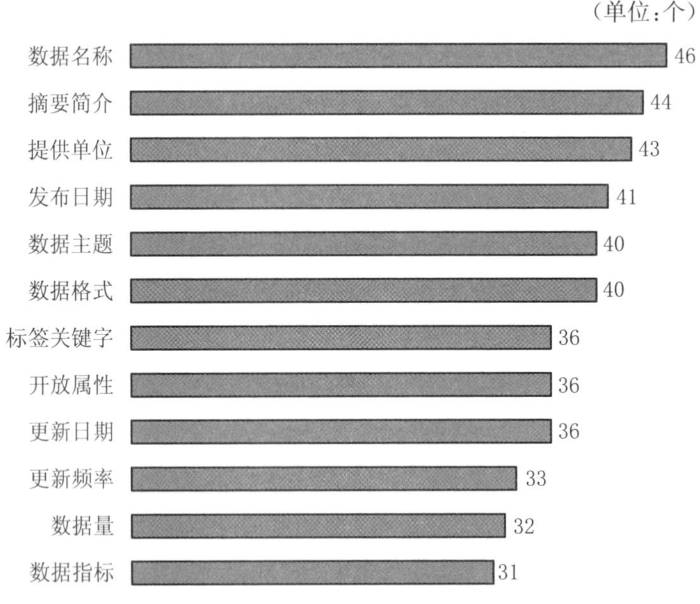

图4-18 基本元数据条目在各地平台的分布数

目前,佛山、哈尔滨、惠州、江门、宁波、宁夏、深圳、乌海、山东省、山东各地市平台等提供了所有的基本元数据,此外还有3个地方平台覆盖了11个基本元数据条目,但仍有个别地方平台基本元数据覆盖较少。各地平台提供的基本元数据条目详情可参见图 4-19,无圆点的空格即为该地方缺少的元数据条目。

地区	数据名称	摘要简介	标签/关键字	数据主题	提供单位	数据格式	类型/属性	更新频率	发布日期	更新日期	数据量	数据指标
佛山	●	●	●	●	●	●	●	●	●	●	●	●
哈尔滨	●	●	●	●	●	●	●	●	●	●	●	●
惠州	●	●	●	●	●	●	●	●	●	●	●	●
江门	●	●	●	●	●	●	●	●	●	●	●	●
宁波	●	●	●	●	●	●	●	●	●	●	●	●
宁夏	●	●	●	●	●	●	●	●	●	●	●	●
深圳	●	●	●	●	●	●	●	●	●	●	●	●
乌海	●	●	●	●	●	●	●	●	●	●	●	●
山东	●	●	●	●	●	●	●	●	●	●	●	●
山东各地市	●	●	●	●	●	●	●	●	●	●	●	●
广东	●	●	●	●	●	●	●	●	●	●		●
上海	●	●	●	●	●	●	●	●	●	●		●
广州	●	●	●	●	●	●	●	●	●		●	●
贵阳	●	●	●	●	●	●	●	●	●	●		
东莞	●	●	●	●	●	●		●		●	●	●
武汉	●	●	●	●	●	●			●	●	●	
中山	●	●		●	●	●	●	●		●	●	
北京	●	●	●	●	●	●	●		●	●		
肇庆	●	●	●	●	●		●	●	●			
湛江	●	●	●	●	●		●		●			
贵州	●	●		●	●	●	●			●		
苏州	●	●		●	●	●	●		●			
长沙	●	●		●	●	●				●	●	●
荆门	●	●	●		●	●			●			
江西	●	●		●	●				●		●	
扬州	●	●			●		●		●			
梅州	●	●			●	●			●	●		
浙江	●	●							●			
阳江	●								●			
无锡	●					●				●		

图 4-19　各地平台基本元数据条目详情列表

2. API 描述规范

API 描述有助于数据利用者清楚地了解 API 的具体信息及获取方式,从而更好地调用接口并获取数据。该报告从数据资源描述和数据调用说明两方面评估 API 描述情况。资源描述是指 API 的基本信息,如名称、简介、提供部门、更新时间等;数据调用说明指的是 API 的调用方式、请求地址等信息。如图 4-20 所示,在提供 API 接口的 36 个地方平台中,33 个地方平台均提供了资源描述和数据调用说明,个别平台仅提供一项,也有平台两项均不提供。

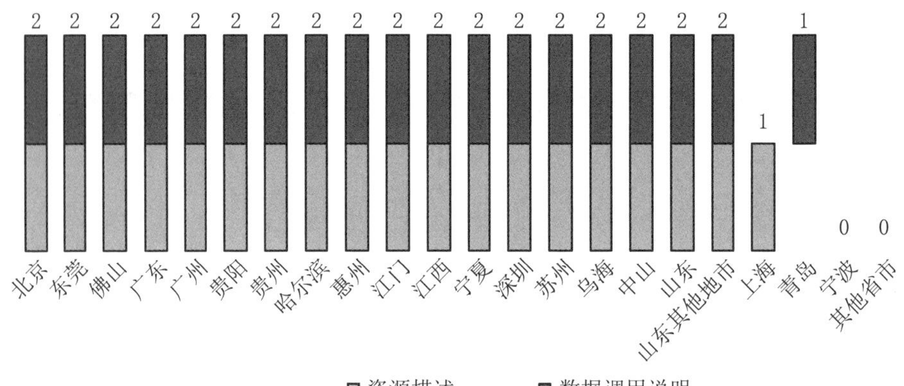

图 4-20　各地平台 API 描述详情

四、数据覆盖面

(一) 主题覆盖率

开放各个主题领域的数据集有利于提高数据开放的广度和覆盖，有利于数据利用者充分获取和整合来自多种领域的数据，并进行深度挖掘利用。2015 年 8 月国务院印发的《促进大数据发展行动纲要》提出要"优先推动信用、交通、医疗、卫生、就业、社保、地理、文化、教育、科技、资源、农业、环境、安监、金融、质量、统计、气象、海洋、企业登记监管等民生保障服务相关领域的政府数据集向社会开放"。2018 年 1 月，中央网信办、国家发改委、工信部联合印发的《公共信息资源开放试点工作方案》要求"重点开放信用服务、医疗卫生、社保就业、公共安全、城建住房、交通运输、教育文化、科技创新、资源能源、生态环境、工业农业、商贸流通、财税金融、安全生产、市场监管、社会救助、法律服务、生活服务、气象服务、地理空间、机构团体等领域的公共信息资源"。

基于以上文件的要求，结合国内外数据开放平台上实际开放的重点数据集主题，该报告将开放数据主题归纳为经贸工商、交通出行、机构团体、文化休闲、卫生健康、教育科技、社会民生、资源环境、城建住房、公共安全、农业农村、社保就业、财税金融、信用服务共 14 个大类。

图 4-21 体现了各地平台在 14 个主题下所开放的数据集个数。其中，社会民生、经贸工商、教育科技等主题的数据集开放数量最多，数据开放相对较少的主题为城建住房、社保就业、信用服务等。

该报告进一步分析了各地方平台开放数据集的主题领域覆盖面，图 4-22 是覆盖主题个数较多的地方平台。在 14 个主题领域中，不同地方平台的主题覆盖情况差异明显。其中,广州和青岛开放的数据集主题覆盖率最高,覆盖了全部的14个主题;其次为贵阳、哈尔滨、深圳、宁夏和宁波等地。

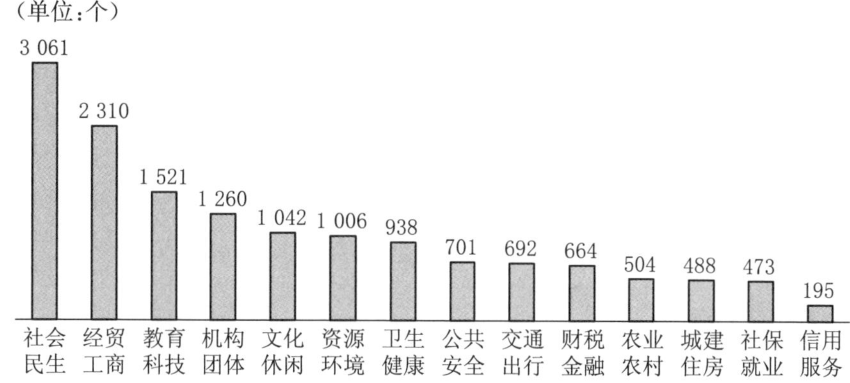

图 4-21　各主题包含的数据集个数

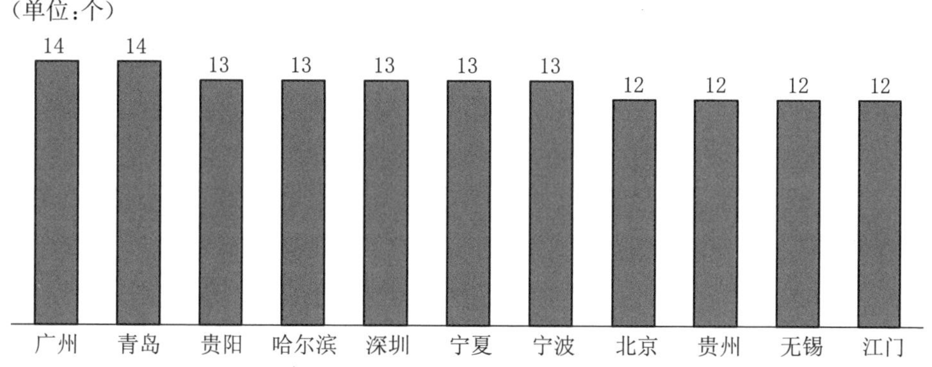

图 4-22　各地平台主题覆盖数(前 10 名)

(二)部门覆盖率

开放数据集的部门覆盖率反映了一个地方政府的各个部门对于数据开放工作的参与程度,也体现了数据集来源的丰富程度。该报告首先梳理了地方平台开放数据集覆盖较多的部门作为"主要数据提供部门",由于不同地方具有相同职能的部门在名称上存在差异,对这些部门的名称做了相应的合并与调整。

图 4-23 为各地平台上主要数据提供部门所开放的数据集数量。总体而言,来自统计局的数据集数量最多,远高于其后的教委、卫计委、交通委、住建委、公安局、人社局等部门。与业务部门开放的数据集相比,统计部门提供的数据多为经过加工归总后的宏观数据,颗粒度较大、数据容量较低,不利于数据被利用和产生价值。如图 4-24 所示,统计局数据所占比例较高的地方数据容量也普遍较低。

目前,提供数据集数量相对较少的是档案局、国资委、审计局等部门。图中不

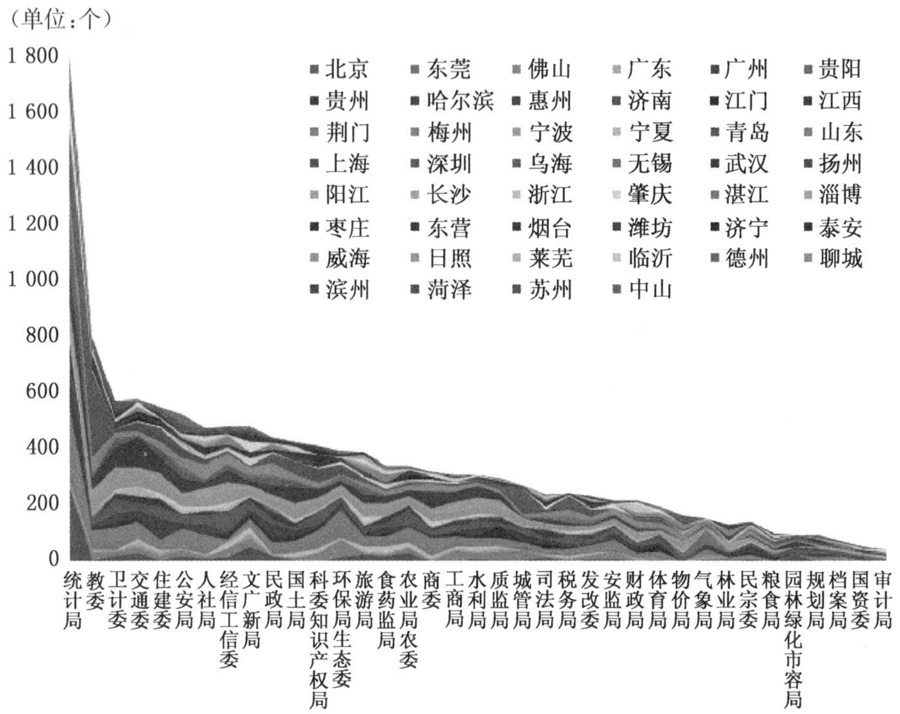

图 4-23 各地平台主要数据提供部门提供的数据集数量分布

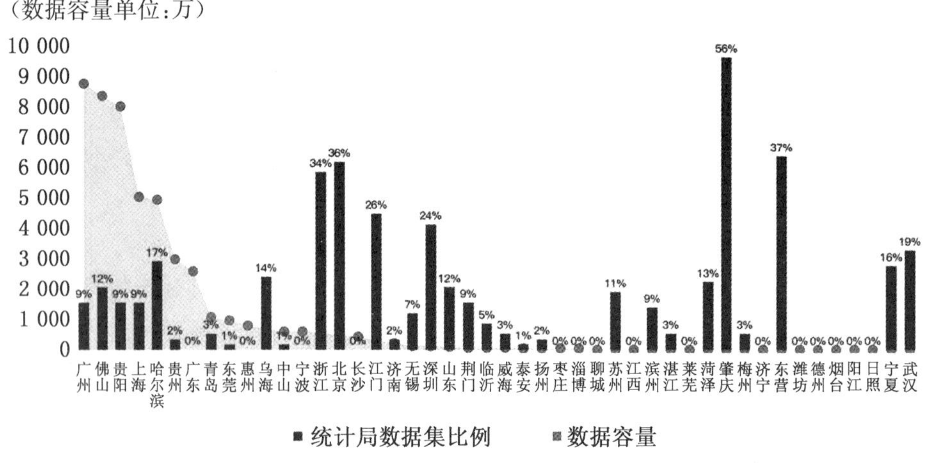

图 4-24 各地数据容量与统计局比例

同色条的纵向宽度反映了各地平台上不同数据提供部门的数据集数量，如北京提供最多数据的部门为统计局，教委与卫计委开放较少。

同时，该报告还分析了各地平台数据提供部门数量占该地方政府行政职能部门总数(数据来自各地政府门户网站)比例的前 10 名，以评估该地方数据开放部门的覆盖面。结果如图 4-25 所示，贵阳、广州、东莞、济南、宁波和山东的部门覆盖率达到了 100%，此后是青岛、哈尔滨、武汉和上海等，部门覆盖率均超过了 90%。但仍有部分地方平台的部门覆盖率不到一半，尚有较大提升空间。

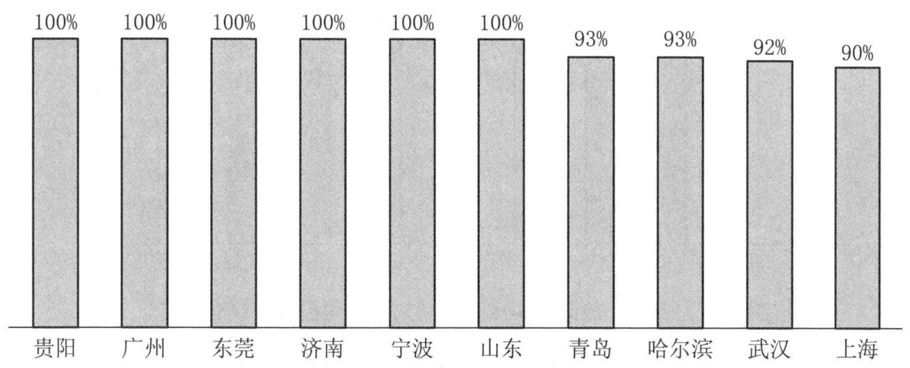

图 4-25　数据提供部门占部门总数的覆盖率(前 10 名)

(三) 高需求关键词覆盖率

该报告对各地平台上可获取、且下载量最高的前 20%的数据集名称进行了文本分析，发现了一批出现频次较高的关键词，这些关键词反映了各地开放的高需求数据集的内容及其分布。图 4-26 为各地高需求数据集名称中高频出现的描述性限定词，反映了高需求数据集的主要领域和内容。由图可见，“企业”、“许可”、“建设”和“生产”出现的频次最高。

图 4-26　各地高需求开放数据集名称中出现频次最高的描述性限定词

该报告将各地开放的高需求数据集名称中高频次出现的 50 个描述性限定词确定为“高需求关键词”，分析各地平台数据集名称在这些高需求关键词上的覆盖率。如图 4-27 所示，覆盖率最高的是贵阳和武汉，达到了 100%的覆盖率；其次是上海、青岛、哈尔滨、北京、济南等地,覆盖率也均达到98%;还有少数城市覆盖率较低,不到三成。

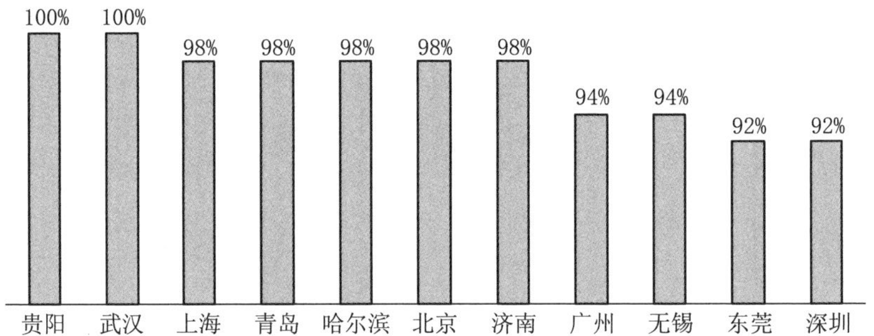

图4-27 各地开放数据集名称高需求关键词覆盖率(前10名)

关键词	贵阳	武汉	上海	青岛	哈尔滨	北京	济南	广州	无锡	东莞	深圳	威海	山东	滨州	广东	江门	临沂	贵州	宁波	菏泽
企业	211	67	107	155	89	95	119	60	108	113	54	40	64	27	49	56	23	59	17	18
许可	74	9	52	33	41	23	41	17	18	127	85	8	38	11	46	47	11	6	1	4
建设	47	29	28	31	44	6	14	14	10	40	15	23	16	19	20	14	5	6	4	5
生产	68	23	39	32	40	52	14	9	21	28	15	20	30	13	14	28	6	7	5	8
行政	58	18	17	16	24	12	27	23	15	56	16	19	10	3	29	22	8	16	5	6
经营	57	20	20	42	22	30	19	13	14	52	28	16	8	13	14	20	10	6	2	6
审批	19	14	34	12	31	3	10	10	8	86	8	5	10	1	7	6	4	3	5	3
医疗	29	27	22	27	13	18	21	21	8	6	6	8	11	4	4	15	5	9	3	7
教育	50	17	19	18	5	8	14	9	27	10	5	7	27	2	2	3	9	2	15	1
旅游	31	8	21	26	9	12	10	9	11	5	3	12	10	5	10	2	3	3	4	1
工业	32	29	19	17	7	20	8	17	12	5	21	6	12	4	1	6	1	44	2	5
经济	38	34	19	7	15	23	1	10	5	3	15	5	7	1	0	3	0	3	5	1
投资	35	21	22	8	14	14	2	1	16	10	31	3	11	3	9	8	1	1	3	5
卫生	52	14	14	15	13	10	9	7	12	3	11	0	11	4	0	0	1	14	5	1
学校	24	14	7	12	19	7	7	8	10	13	19	7	6	2	2	1	5	1	1	2
交通	19	19	12	9	6	10	8	3	3	6	3	1	5	1	2	2	1	3	10	1
零售	30	13	16	9	6	12	6	5	4	13	8	2	3	0	4	4	0	0	0	4
消费	40	16	25	6	11	26	4	2	7	1	5	1	8	0	0	2	0	0	0	2
安全	34	20	14	19	7	2	19	13	24	17	5	9	11	5	3	5	4	8	6	3
道路	21	9	10	13	10	1	14	0	6	7	3	4	1	1	3	0	[illegible]	0	8	0
社区	23	5	9	9	6	24	5	6	8	0	3	2	2	3	0	0	2	0	6	1
资质	20	6	19	10	4	5	13	4	13	21	3	1	11	1	5	11	1	3	1	1
文化	26	11	5	15	4	12	8	5	11	5	4	2	9	5	10	2	5	4	4	4
机动	39	6	5	15	7	12	4	5	3	5	3	0	0	4	4	0	0	2	0	0
运输	21	10	7	10	10	3	10	1	2	12	6	3	6	1	4	8	5	2	2	2
建筑	9	14	16	16	40	6	10	5	8	13	18	0	4	1	2	4	1	1	1	0
药品	17	4	9	10	6	8	5	6	10	2	1	6	8	2	10	4	3	6	1	3
职业	25	6	12	7	10	5	8	13	18	3	4	1	9	3	2	2	2	3	3	1
资源	18	9	7	12	7	7	8	13	8	8	3	2	10	1	2	2	1	7	5	0
市场	28	11	5	13	5	7	6	8	9	5	3	3	1	3	7	2	1	1	3	0
培训	20	4	5	9	6	3	12	4	10	6	1	2	7	2	2	2	2	3	4	2
体育	25	12	4	7	7	8	6	7	8	4	11	13	5	0	0	2	6	12	3	1
食品	13	7	13	17	12	12	2	10	6	4	0	21	3	1	4	9	5	0	3	1
处罚	10	1	8	4	5	5	10	8	1	38	14	4	3	9	4	9	5	0	1	3
用地	17	15	10	4	13	0	1	3	2	12	0	1	1	2	6	4	1	1	0	1
交易	26	7	6	6	2	5	5	2	0	1	8	1	0	2	2	0	0	15	3	0
监测	26	24	7	13	4	2	6	5	4	3	8	1	4	1	3	0	4	5	3	1
农业	9	11	5	8	6	15	19	9	8	5	6	5	1	3	3	0	7	8	1	3
客运	13	4	5	3	8	2	6	2	1	2	1	1	0	0	2	2	2	1	2	0
普查	3	2	15	0	0	1	0	0	0	0	0	0	0	0	0	0	0	6	0	1
农村	37	25	5	3	7	16	7	3	4	0	0	2	4	0	1	1	0	3	0	0
从业	14	6	6	3	4	4	9	0	6	8	6	3	2	1	2	3	1	1	0	0
施工	5	6	8	7	7	7	5	3	2	16	8	0	4	0	0	6	1	0	0	0
信用	15	5	1	9	10	2	9	6	10	16	4	2	2	1	5	6	2	4	1	0
医院	20	6	1	11	4	12	3	8	6	0	12	0	3	1	0	2	1	0	1	5
房地	14	11	10	6	4	4	5	2	3	1	11	1	2	5	1	6	0	0	1	4
就业	12	4	10	3	15	3	2	2	3	1	2	4	2	0	0	2	1	1	1	1
幼儿园	10	2	1	2	4	1	0	4	6	4	4	0	0	0	0	0	2	0	0	1
旅行社	8	2	10	7	3	7	4	4	3	4	2	5	1	4	4	2	5	0	2	0
发证	21	1	0	2	3	0	0	2	0	4	0	0	0	0	1	0	0	0	2	0

图4-28 各地开放数据集名称高需求关键词覆盖详情(前20名)

覆盖率最高的前 20 个地方平台详情如图 4-28 所示，数字所在单元格颜色越深，代表涉及该关键词的数据集越多，颜色越浅则代表该项数据集越少。

五、数据持续性

（一）持续增长

政府数据开放平台管理运维是一项持续性和常态化工作，平台上线后应持续更新和添加数据集，以满足社会对开放数据日益增长的需求。该报告根据各地平台上数据集的创建日期来判断该平台数据集是否持续增长，以季度为时段进行跟踪分析，指标分值取决于该平台数据集保持持续增长的时段的数量。

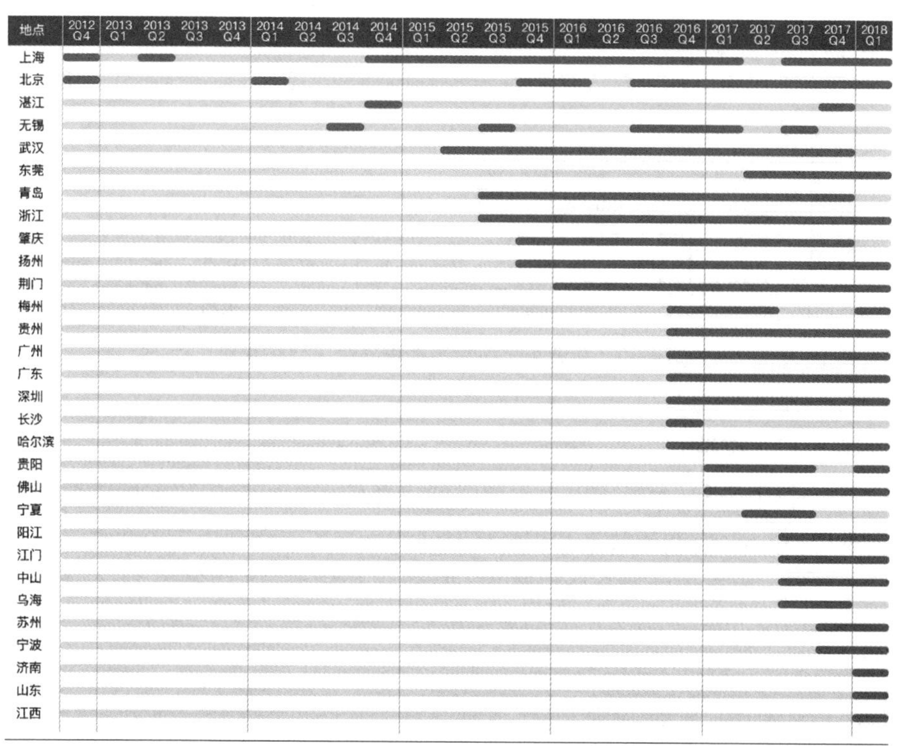

图 4-29　各地平台上线时间与数据集持续增长情况

图 4-29 显示的是从平台上线开始，以季度为观测时段的全国各地平台数据集持续增长情况，颜色区域表示该时段有新增数据集，空白区域则表示该时段无新增数据集。上海市平台从 2012 年第四季度发布数据开始，至今数据已保持了

15 个时段的持续增长，而北京平台持续增长时段为 11 个。2016 年以来，各地密集上线新的平台，这些新上线的平台大都能保持数据集定期增长。

（二）动态更新

该报告跟踪考察地方数据平台在 2018 年 1 月至 2018 年 4 月期间更新的数据集数量。各地方平台动态更新的情况如图 4-30 所示，贵阳平台上该时段内更新的数据集数量最多，超过 1 000 个；其次是威海、贵州、东莞和滨州等，动态更新的数据集超过 200 个；山东省内各地市平台于 2018 年 4 月上线后更新活跃度也较高。然而，在此时间段内，仍有少数地方平台完全没有更新数据。

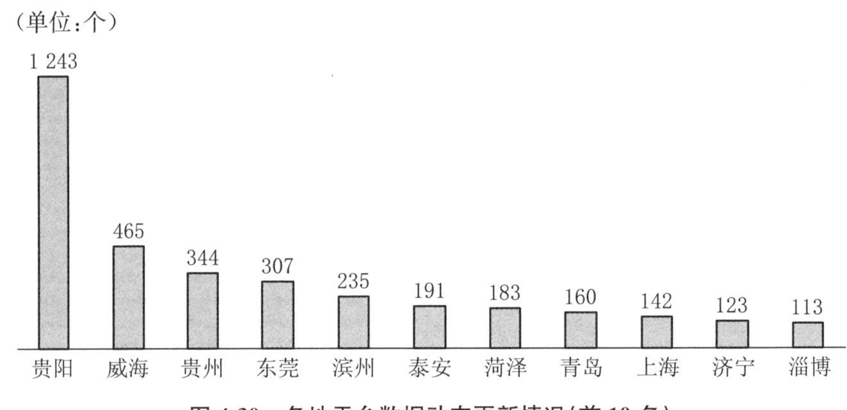

图 4-30　各地平台数据动态更新情况（前 10 名）

（三）历史存档

历史存档是指平台将历史上不同时间更新的多个批次的数据同时留存在平台上供用户下载，有利于数据利用者按时间线索来获取和利用历史数据。图 4-31 反映了数据历史存档的平台分布情况。目前有上海、广东、广州等 15 个地方平台实现了数据历史存档，较上年在数量和比例上都有较大幅度的提升。

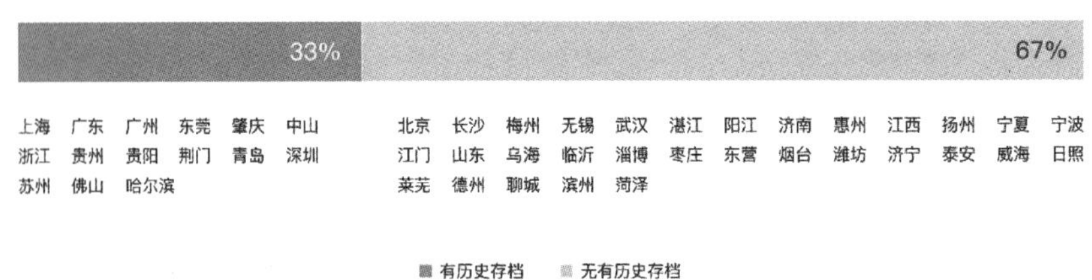

图 4-31　实现数据历史存档的平台分布

第五节　我国地方政府数据开放平台的功能与体验

一、平台概览

政府数据开放平台以醒目方式展示数据统计、数据动态、提供数据开放最新资讯并进行可视化呈现，能够帮助用户了解政府数据开放平台基本概况，为用户进一步发现和获取目标数据集提供方向。

(一) 数据统计

数据统计主要是指政府数据开放平台呈现平台总体、分类和个体层面的数据集统计概况。目前，各地政府数据开放平台上提供的数据统计条目种类各异，青岛、中山、江门等平台提供了较为全面的数据统计条目，其中提供条目数量最多的地方为青岛和中山，达到 11 条。图 4-32 展示了排名前 10 的地方平台的数据统计条目数情况。

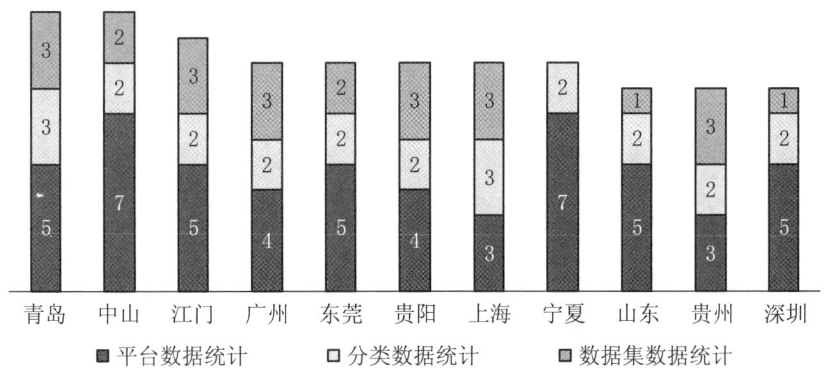

图 4-32　各地平台数据统计条目数(前 10 名)

(二) 动态展示

政府数据开放平台在首页或数据目录页醒目位置展示数据更新和下载动态，可提示用户有关数据集、API 接口和 APP 应用的最新情况。基于国内外政府数据开放平台现状，该报告梳理出了 8 种动态展示条目，包括最新数据集展示、热门数据集展示(如下载最多、浏览最多等)、优评数据集展示、推荐数据集展示、热门 API 展示、最新 API 展示、热门 APP 展示、最新 APP 展示等。

图 4-33 呈现了各地平台在以上 8 个基本动态展示条目方面的详细情况。目前,大多数平台都提供了最新数据集展示、热门数据集展示和热门 APP 展示三项动态展示条目,而优评数据集则无平台提供展示。具体到各省市来看,贵阳提供了最多的动态展示条目 7 条,宁夏、宁波次之,提供了 6 条。

地区	最新数据集展示	热门数据集展示	优评数据集展示	推荐数据集展示	热门API展示	最新API展示	热门APP展示	最新APP展示	总计
贵阳	●	●		●	●	●	●	●	7
宁夏	●	●			●	●	●	●	6
宁波	●	●		●	●	●	●		6
哈尔滨	●	●		●	●		●		5
江门	●	●			●	●		●	5
荆门	●	●		●			●		4
惠州	●	●			●		●		4
东莞	●	●		●	●				4
贵州	●	●		●			●		4
青岛	●	●					●	●	4
山东	●	●					●		3
济南	●	●					●		3
山东其他地市	●	●					●		3
北京	●	●					●		3
佛山		●			●		●		3
广州	●	●					●		3
上海	●					●		●	3
深圳	●	●						●	3
武汉	●	●					●		3
扬州	●	●		●					3
浙江	●	●					●		3
中山	●	●					●		3
广东	●							●	2
江西	●	●							2
苏州	●	●							2
梅州	●	●							2
无锡	●						●		2
乌海	●	●							2
湛江		●							1
肇庆	●								1
阳江									0
长沙									0
总计	28	26	0	7	8	5	18	7	

图 4-33　各地平台动态展示条目详情列表

(三)最新相关资讯

政府数据开放平台提供与数据开放相关的最新资讯,包括数据开放活动信息和数据开放政策两类,例如国家和地方最新的政策文件、工作计划、开放清单、数据创新应用大赛消息等，有利于用户了解该领域的最新活动和政策。目前，有接近半数的省市已在其平台上提供了最新相关资讯；其中，贵阳、贵州、上海、深圳、青岛五省市既提供了数据开放活动信息，也提供了数据开放政策，并进行及时更新。各地平台最新相关资讯功能分布详见图 4-34。

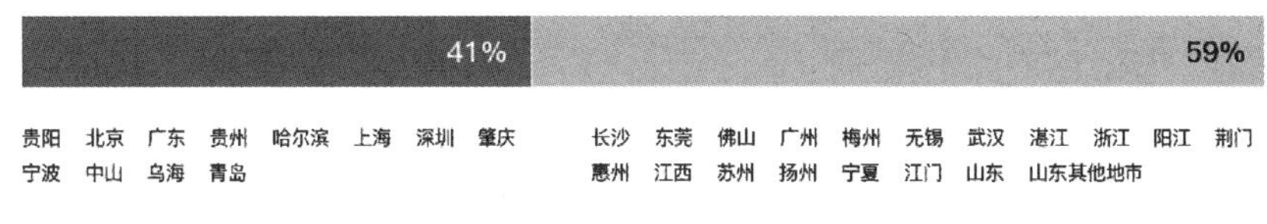

图 4-34　各地平台最新相关资讯功能分布

(四) 可视化展现

对平台数据进行可视化展现，有利于用户更为直观形象地了解平台数据情况。该报告发现，目前国内政府数据开放平台主要提供两种可视化展现的方式：分别为展现平台数据之间关联性的数据图谱和展现平台数据开放和访问情况，如数据开放量最多的部门和主题。

目前，能够展现网站数据关联性的政府数据开放平台较少，仅有佛山、广州、贵阳、哈尔滨、宁夏、江门、乌海的平台提供了展现数据关联性的数据图谱。其中佛山、广州、贵阳、哈尔滨、宁夏、江门这六个城市除了提供可视化展现外，还提供了数据集链接，即可以通过节点直接进入具体的数据集。

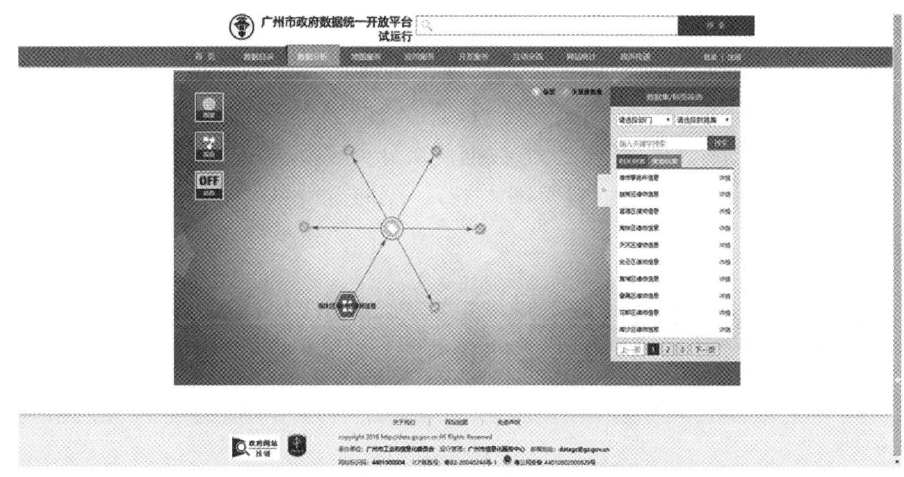

图 4-35　广州市平台的“数据图谱”功能

如图 4-35 所示，广州的“数据图谱”对不同领域、部门、主题的数据集之间的关联进行了展示,将鼠标移至某个节点后,页面上会展现该节点所关联的数据集名称等,并以窗口形式展示在页面右侧,使用户对数据之间的关联性有一个基本、宏观和直观的印象。

贵阳的“全局图谱”则对不同领域、部门、主题的数据集之间的关联性进行了展示,将鼠标移至某个节点后,页面会展现该节点的名称、资源数、所属范围、关联节点数等(见图 4-36)。

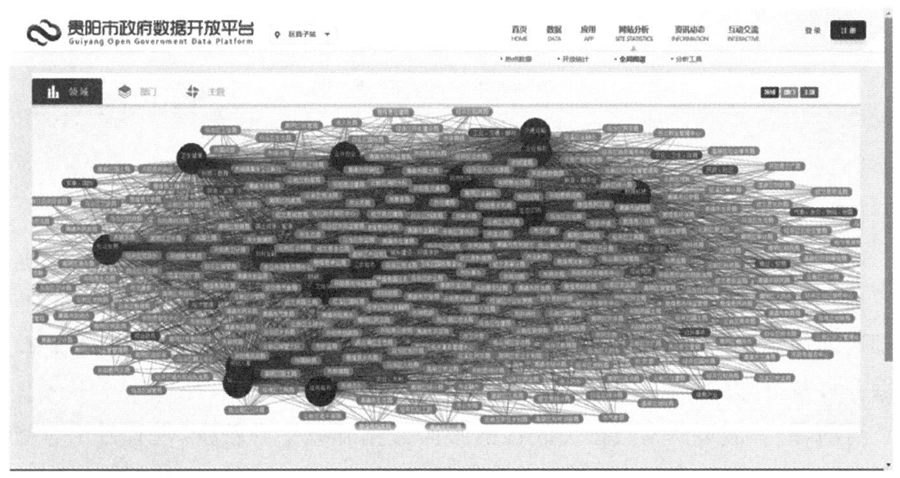

图 4-36　贵阳市平台的“全局图谱”功能

目前,如图 4-37 所示,近一半的地方政府数据开放平台提供了基本的基于平台数据开放和访问情况的可视化,即按部门和主题开放数据的可视化。其中,贵阳、贵州、青岛、上海、深圳提供了更为丰富的可视化内容。例如,贵阳在“开放统计”栏目提供了访问次数、访问来源追溯、平台访问历史、关注热度词云、数据开放统计、数据更新统计、资源格式比例、数据需求分类比例、数据评分统计、数据下载和 API 调用的排名情况等内容(见图 4-38)。深圳市也提供了较为丰富的可视化内容(见图 4-39)。

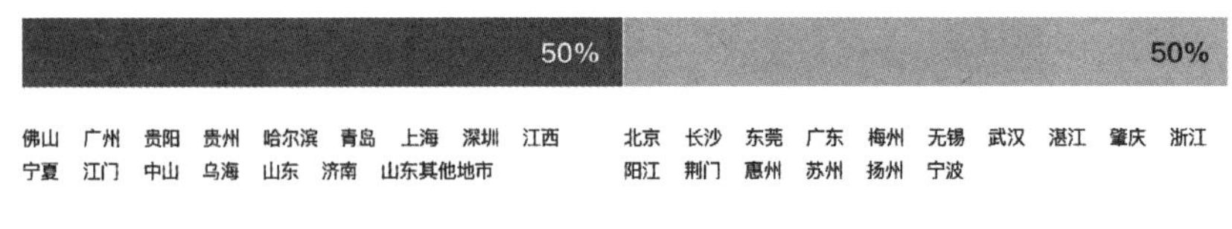

图 4-37　各地平台数据开放情况可视化展现分布

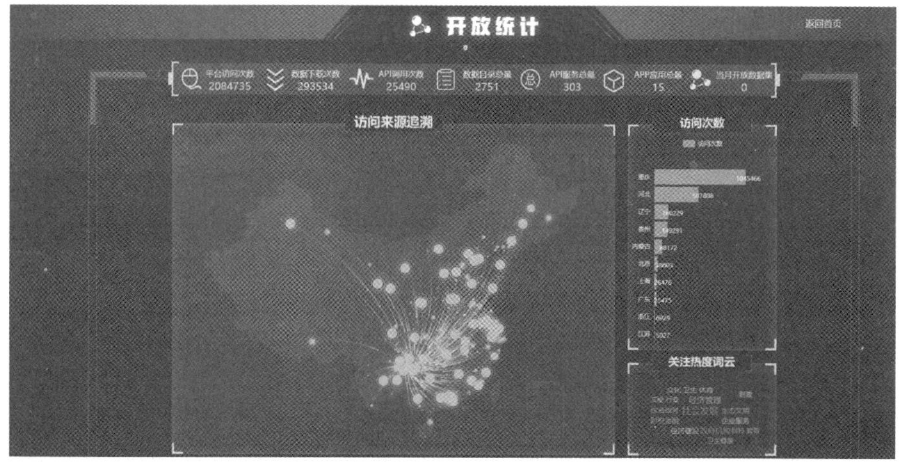

图 4-38　贵阳市平台的“开放指数”栏目

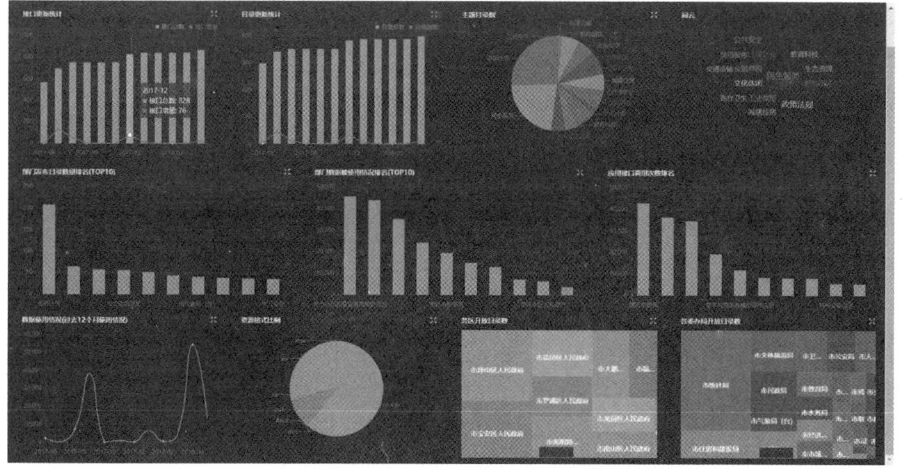

图 4-39　深圳市平台的“开放指数”栏目

二、平台导引

平台导引是指政府数据开放平台提供了便捷的引导功能，以帮助用户发现目标数据，如分类导航功能、搜索功能、排序功能、用户操作指南、智能交互、提供发布者联系方式和平台间链接等。

（一）分类导航功能

大部分地方政府数据开放平台都提供了多种数据分类导航方式，较为常见的是按主题、机构和标签等分类的导航。除了少数地方平台没有数据导航功能外,其余地方平台都提供了按主题分类的导航方式。同时,大多数地方平台还提供了按部门分类的导航。然而,仅有佛山、广州、青岛、宁夏、济南等五市的地方平台提供按标签分类的导航。

大部分地方政府数据开放平台都能提供按主题分类的导航功能,差别在于主题命名的方式不同。有的地方平台主要从部门视角进行命名,但名称过于模糊和宽泛(如经济建设、社会发展等)。这种方式虽有利于政府自身对内容进行分类,但对于用户而言则存在一定的理解和辨别困难。有些名称含义不明确,如“红榜”、“黑榜”等,不利于用户发现和获取数据。同时,有些地方平台则主要从用户视角出发进行主题命名,如上海和贵阳,以用户获取服务的场景为基础来进行主题命名。如图 4-40 所示,上海的场景分类包括社会保险、婚育、学校教育与终身教育、培训与就业、就医与保健、交通出行、社区周边生活服务等。

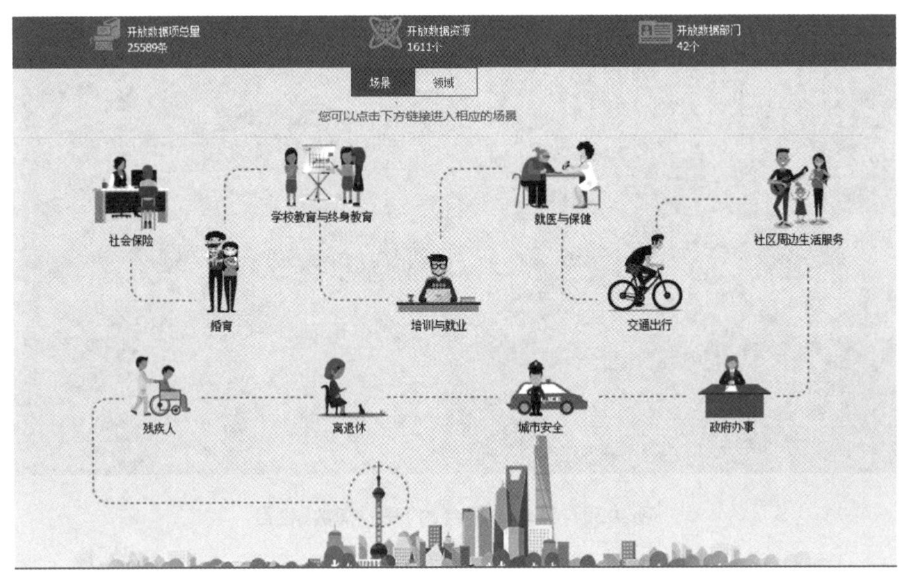

图 4-40　上海市平台的“场景”分类导航

(二) 搜索功能

除个别平台之外,其他地方政府数据开放平台皆提供了搜索功能。但是,少数平台提供的搜索功能无效,即输入了完全匹配的数据集名称后无法搜索到相应的数据集。同时,在提供基本的搜索功能基础上,约有一半的平台提供了高级搜索功能,即可以通过设置多个筛选条件来进行更为精确的搜索。

贵阳市政府数据开放平台提供了较全面的搜索功能,如图 4-41 所示,该平台提供元数据目录查询功能,筛选条件包括资源名称、资源关键字、资源摘要、数据领域、主题分类、行业分类、服务分类、数据格式、更新频率、提供部门、发布日期、更新日期等,为用户提供精准的搜索功能。

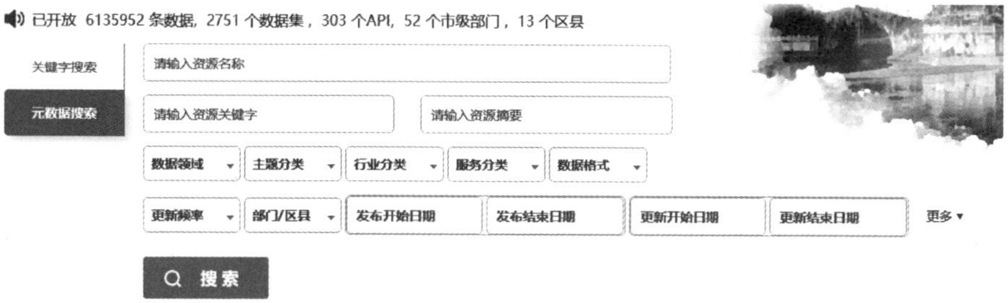

已开放 6135952 条数据, 2751 个数据集, 303 个API, 52 个市级部门, 13 个区县
关键字搜索
元数据搜索
请输入资源名称
请输入资源关键字
请输入资源摘要
数据领域 主题分类 行业分类 服务分类 数据格式
更新频率 部门/区县 发布开始日期 发布结束日期 更新开始日期 更新结束日期 更多
搜索

图 4-41 贵阳市平台的“元数据搜索”功能

(三) 排序功能

排序功能,是指用户根据下载次数、更新时间等具体特征,对数据集或 APP 应用进行排序,以满足自身多样化的查询需求。大部分地方政府数据开放平台设置了按需排序功能,其中尤以上海、山东、广州、贵阳等平台的排序功能为优,可以根据“更新时间”、“数据量”、“访问量”、“下载量”、“评分”等 5 个标准进行升序或者降序排列。

(四) 相关数据推荐

在某个数据集下推荐相关联的数据集,能够帮助用户更好地搜寻、获取数据,促进数据的融合利用。相关数据推荐目前主要有两种方式:一种是只在单个数据集下面使用文字推荐相关数据集;另一种则不仅使用文字推荐相关数据集,还直接提供具体推荐数据集的链接。

目前,部分平台提供了相关数据推荐功能,详情见图 4-42。东莞、佛山、广州等地提供了相关推荐数据的链接,宁夏、宁波等地使用文字罗列了相关的数据集,而还有超过半数的平台未提供该功能。

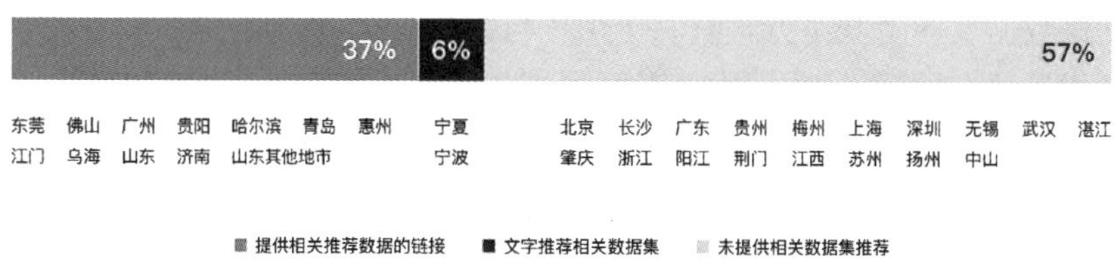

图 4-42 各地平台相关数据集推荐功能分布

(五) 用户操作指南

目前,大部分地方平台提供了新用户操作指南,包括开发者文档和用户操作手册等,为新用户使用平台提供指引。其中,上海、青岛和贵阳等地的用户操作指南较为完善,上海和贵阳提供了用户操作指南的下载,青岛还提供了如何调用API服务的指南,如图4-43所示。然而,多数平台用户操作指南浏览和寻找方式仍旧复杂和困难。

图 4-43　青岛市平台的用户操作指南

(六) 智能服务

智能服务是指以人机对话的方式来为用户提供指引。智能交互可以方便地为用户提供个性化的指引和服务,节省客服的人力投入,提升服务的效率和效果。目前仅有贵阳平台在此方面进行了尝试,见图4-44。

(七) 数据发布者联系方式

提供数据发布者联系方式有利于用户与数据的发布方直接联系,获得更好的服务和指导。在国际上,数据发布者联系方式的通行标准是数据发布者提供详细的联系方式,包括姓名、电话、电子邮件、地址等,而国内目前尚未有平台提供这些完整的信息,只有少数平台提供了数据发布者的地址,如浙江、贵阳、武汉、湛江等地。图4-45展示了贵阳提供的数据发布者联系地址。

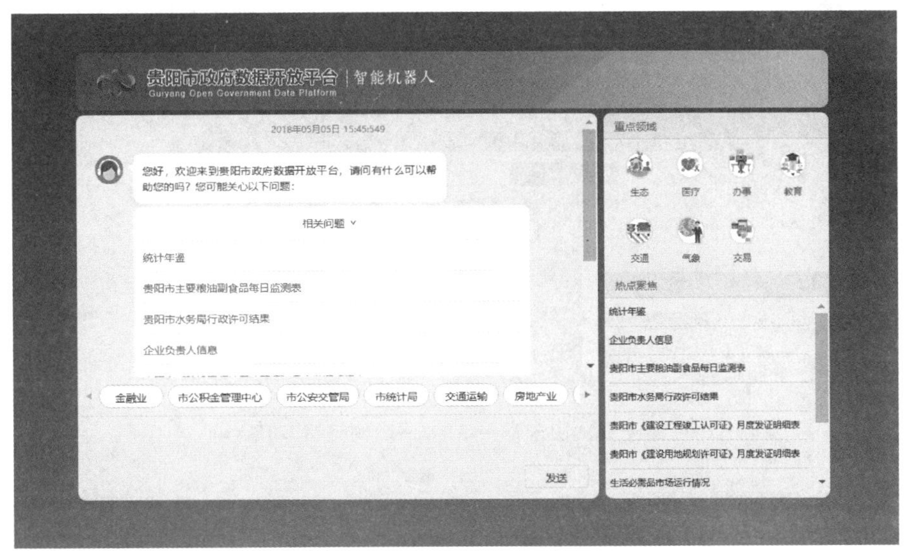

图 4-44　贵阳市平台的“智能机器人”

元数据　关联信息　数据图谱

标识符	520100/0000328	名称	定期定额核定公告清册		
摘要	定期定额核定公告清册				
关键字	税收,核定			数据领域	财税金融
主题分类	财政	行业分类	公共管理、社会保障和社会组织	服务分类	政府资源管理
开放方式	主动开放	更新频率	按年	发布日期	2017-03-24
更新日期	2017-04-10	资源格式	CSV,XLS ,其他	所属行政区域	市辖区
数据提供方	市国税局	提供方地址	贵阳市乌当区高新区八音路	数据维护方	市国税局
所属行政事项	暂无	资源状态	激活	语种	中文
文件大小	92.49M	文件数量	36	浏览量	5396
下载量	899	时间范围		空间（地域）范围	市辖区
来源系统	暂无	在线资源链接	暂无地址		

图 4-45　贵阳市平台的数据发布者联系方式

（八）平台间链接

平台间链接是指不同的平台之间可以相互链接，有利于用户便利地寻找相关的其他平台。目前，山东作为省级平台与其市级平台相链接（如图 4-46），贵阳作为市级平台与其区县级平台相链接（如图 4-47），中山作为市级平台提供了省级平台的链接（如图 4-48）。

图 4-46　山东省平台的"平台间链接"功能

图 4-47　贵阳市平台的"平台间链接"功能

图 4-48　中山市平台的"平台间链接"功能

三、数据获取

数据获取主要是指政府数据开放平台提供相关功能便于用户浏览和获取目标数据,如提供数据预览、开放数据目录、本地获取、便利的注册方式、分级分类获取,数据集订阅或收藏等功能,这是政府数据开放平台的核心功能模块。

(一) 数据预览

数据预览是指用户在下载数据集之前,能够对数据集的内容进行预览。如图4-49所示,北京、东莞、广东等平台提供了基本的数据集预览功能,其中宁波平台要求用户登录后才可以预览数据集;还有部分平台未提供数据集预览功能。

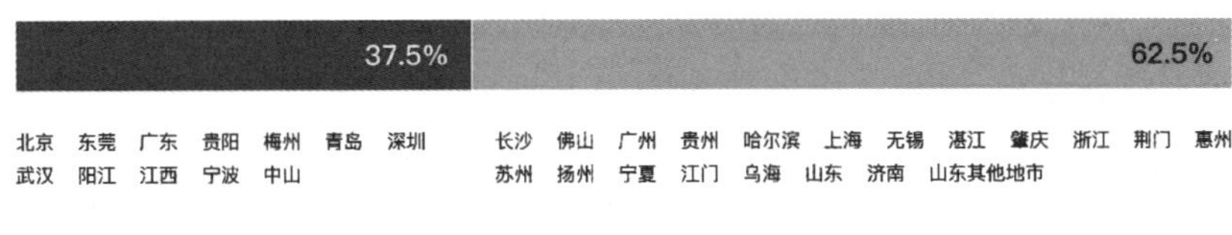

图 4-49　各地平台数据集预览功能分布

(二) 数据目录

数据目录是指在平台上提供了开放数据资源目录,帮助用户了解开放数据全貌。目前,只有贵阳提供了能够下载的可机读格式的开放数据目录(如图4-50)。

部门名称	标识符	资源名称	资源类别	关键字	资源摘要	一级主题分类	开放类型	更新频率	数据领域	开放方式	发布日期
市金融办	580000/3900575	市金融业运行分析	Excel	金融,运行分析,运行,分析	由市金融办每月提供更新数据	财政	完全开放	按季	财税金融	主动开放	2017-01-10
	580000/3900563	贵阳市上市公司名录	Excel	上市,上市公司,名录	上市公司名录	财政	完全开放	按季	企业服务	主动开放	2017-01-10
	520100/0000392	贵阳市30家"新三板"挂牌企业信息	Excel	新三板,挂牌企业	贵阳市30家"新三板"挂牌企业信息	商业、贸易	完全开放	按年	财税金融	主动开放	2017-01-10
	580000/3900569	贵阳市上市企业信息	Excel	金融,上市,企业信息	该数据由市金融办提供,包含名称、组织机构代码、地址、区镇等属性字段。	财政	完全开放	按年	财税金融	主动开放	2017-01-10
	580000/3900561	贵阳市交易场所名录	Excel	交易场所,交易,场所,名录	交易场所名录	财政	完全开放	按年	财税金融	主动开放	2017-01-10
	580000/3900564	贵阳市小额贷款公司名录	Excel	贷款,小额贷款,名录	小额贷款公司名录	财政	完全开放	按年	企业服务 财税金融	主动开放	2017-01-10
	580000/3900565	贵阳市融资性担保机构名录	Excel	融资,担保,名录	融资性担保机构名录	财政	完全开放	按年	财税金融 企业服务	主动开放	2017-01-10
	580000/3900567	贵阳市金融机构信息	Excel	金融,金融机构	该数据由市金融办提供,包含名称、地址等属性字段。	财政	完全开放	按年	财税金融	主动开放	2017-01-10
市商务局	480000/3900538	贵阳市外商合同投资情况	Excel	外商,合同,投资	贵阳市外商合同投资情况数据产品主要发布了贵阳市外商投资合同金额、同比增长等数据信息。	经济管理	完全开放	按月	经济建设 企业服务	主动开放	2017-01-10
	480000/3900539	贵阳市外商实际投资情况	Excel	金融,外商,投资	贵阳市外商实际投资情况数据产品主要发布了贵阳市外商实际投资金额、同比增长	经济管理	完全开放	按月	经济建设 企业服务	主动开放	2017-01-10

图 4-50　贵阳市平台的"数据目录"

(三)本地获取

本地获取是指可下载数据集都能够在平台上直接获取,而无需跳转到其他平台才能下载。目前,大多数地方实现了数据的本地获取,包括北京、长沙、东莞等地;然而,仍有部分平台出现数据需要跳转到外部链接后才能获取的情况(如图 4-51)。

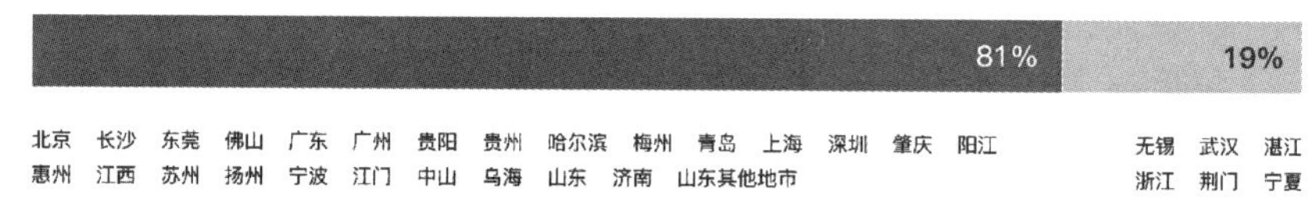

图 4-51 各地平台数据集本地获取情况分布

(四)数据分级分类

对开放数据进行分级分类管理有助于推进数据开放的广度和深度,在保障数据安全的前提下开放更具价值的数据资源。

该报告对国内地方政府的数据开放属性进行了梳理分析,发现主要存在以下三种类别:(1)普遍开放:用户无需注册或经过简单注册便可获取数据;(2)依申请开放:用户需要向平台提出申请,提供相关信息和理由,经平台审核通过后才可获取数据;(3)有限开放:主要采用数据沙箱模式,可以使用数据获得分析结果但不能获取原始数据,是一种半开放的形式。

目前,大部分平台采取普遍开放的方式,只有上海、贵州、深圳和贵阳等平台上既有普遍开放的数据,也有依申请开放或有限开放的数据。其中上海平台上开放的数据分为普遍公开、特定公开和依申请开放三种属性。用户获取普遍公开的数据只需凭手机号进行简单注册,获取特定公开的数据集则需要填写身份证信息进行实名认证,而获取依申请公开的数据集则要经过特定的申请审核程序才能获得。贵州的开放数据分为完全开放和依申请开放两种属性,贵州还对具体数据集的内容进行了细分,一个数据集中有些字段是完全开放的,有些字段的数据则需要申请,例如证件号码类的信息就需要申请才能开放。贵阳将平台上的数据分为完全开放和条件开放两类。同时,贵阳还在探索一种如何在有效保障数据安全的前提下开放敏感类数据的方式。这类数据通过"数据孵化平台"有限制地进行开放,构建封闭的数据利用环境,提供相应的数据分析和开发工具,用户可以在平台上分析和利用这类数据,但是不能获取和带走数据(如图 4-52 所示)。

优势 —— 海量交通数据免费使用

图 4-52　贵阳市平台的“交通大数据孵化平台”

(五) 注册登录

出于数据安全和跟踪数据利用情况的考量，即使对于普遍开放类的数据，目前大部分地方平台仍然要求用户进行注册登录方可获取数据。

该报告经过梳理发现，目前各地平台从易到难主要存在以下四种注册登录方式：(1)无需注册便能下载全部数据；(2)注册时要求提供电子邮箱等非实名信息；(3)注册时要求提供手机号码；(4)注册时要求提供身份证号码等证件信息。此外，还出现了分级分类的注册登录形式，对于获取不同类别的数据有不同程度的注册要求，探索通过精细化管理的方式来实现数据保护和数据开放之间的平衡，然而不同平台对分级分类注册的要求也存在一定差异。

目前，浙江、广东、长沙等地平台无需用户注册登录便能下载全部的数据；青岛、惠州、乌海等地方平台要求用户通过提供电子邮箱等用户非实名信息完成注册；贵阳、苏州、山东等地平台需要用户提供手机号码后完成注册；北京、宁夏的平台要求用户提供身份证号码等信息后才能完成注册。

上海、深圳、宁波已初步实现了分级分类的注册要求，但在获取数据的最低门槛上要求各不相同。例如，深圳设置了简单注册、实名注册和特定审核三种注册级别，第一种需要用户提供手机号等信息方可下载，第二种需要用户实名认证，第三种不仅需要实名认证，还必须通过平台审核后才可下载。宁波将数据公开属性分为完全公开和对注册用户公开，第一类数据无需注册便可下载，第二类数据则需要用户提交手机号等信息进行注册后才可下载。

此外,便捷的第三方登录方式能为用户免去重复繁杂的注册程序。目前浙江、青岛、惠州等九个平台提供了第三方登录方式,可以通过支付宝、微信、微博等第三方账号进行登录,为用户提供了更多选择和便利。

图 4-53 展示了各地平台数据下载的具体注册要求和第三方登录情况。

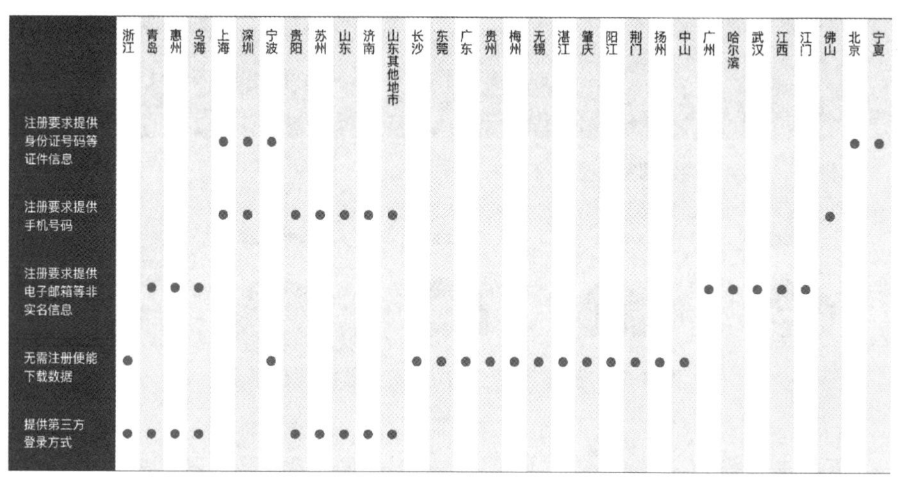

图 4-53　各地平台注册登录方式详情列表

(六) 数据集订阅或收藏

数据集订阅或收藏是指用户可以对数据集进行订阅或收藏,之后便可在个人中心直接发现该数据集而无需另行查找。目前,北京、佛山、广东等地在具体数据集页面提供了数据集的订阅或收藏功能,但仍有逾四成地区未提供该功能(如图 4-54 所示)。

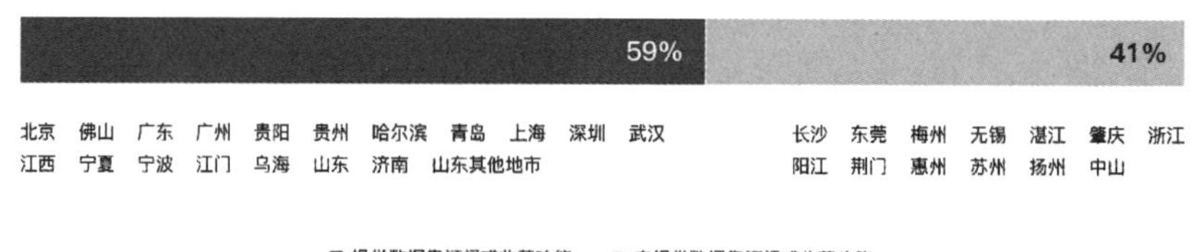

图 4-54　各地平台数据集订阅收藏功能分布

四、工具提供

工具提供是指政府数据开放平台提供基本工具,以帮助用户对数据集进行分析和开发。政府数据开放平台除了要向用户提供原始数据外，还要提供基本工具帮助用户对数据进行分析和开发。目前国内政府数据开放平台提供的工具主要包括三类，分别是可视化与分析工具、开发工具和地理空间工具。

（一）可视化与分析工具

可视化与分析工具是指平台提供了实现数据集可视化或统计分析的工具。用户可以在数据集页面通过设置不同条件，对数据进行初步的统计分析，还可以对统计结果进行可视化呈现，如饼状图、柱状图和曲线图。

图 4-55、4-56 分别展示了广州市政府数据统一开放平台的数据统计与可视化工具。平台提供这些工具方便用户在下载数据前对数据集有基本的了解，还可帮助非专业的初级数据利用者直接获取所需要的数据分析结果，而无需下载原始数据。

图 4-55　广州市平台的数据统计工具

目前，超过三成政府数据开放平台提供了可视化与分析工具，其中大部分实现了分析工具与数据集的联通或嵌入，用户可直接、便捷地调用。图 4-57 展示了

图 4-56 广州市平台的数据可视化工具

各地平台数据分析工具提供情况，少部分平台虽然提供了数据分析工具，却未能与平台内数据集联通，例如贵阳政府数据开放平台提供了功能较为高级的数据分析工具，但需要用户自行上传数据，未能实现与平台内数据集的直接关联。

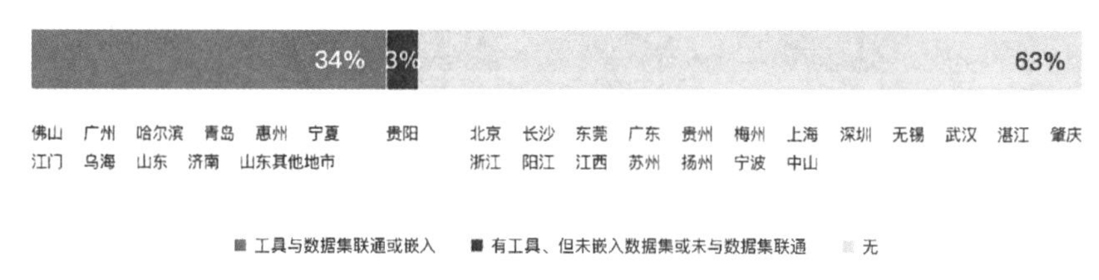

图 4-57 各地平台可视化与分析工具提供情况分布

（二）开发工具

平台提供开发工具可为用户对数据进行深入开发利用提供便利。目前，佛山、广州、贵阳等地均提供了开发工具和服务（见图 4-58）。

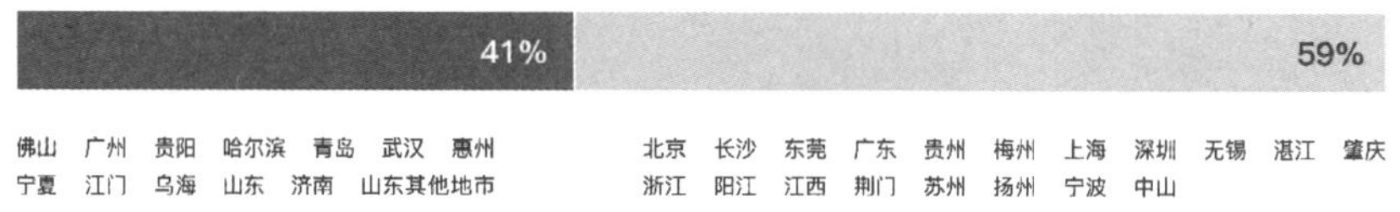

图 4-58 各地开发工具提供情况分布

其中，青岛市平台建立了“开发者中心”栏目，建立了“创建应用-申请服务-开发应用-审核发布-管理应用”的全流程管理（见图 4-59）；贵阳市平台则在“开发向导”栏目中形成了“资源提供-分析工具提供-开发工具提供-推广渠道提供”的多维度管理（见图 4-60）。

图 4-59　青岛市平台“开发者中心”

图 4-60　贵阳市平台“开发向导”

开发工具的提供应以便利开发者为目的，但部分地区仅提供了付费下载的跳转链接或止步于对工具的文字介绍，性质更接近于开发工具的推荐者，而不是开发工具的提供者。

（三）地理空间工具

地理空间工具是指平台提供了将政府开放数据和地理信息进行融合应用的功能。目前，长沙、东莞、佛山等平台提供了地理空间工具，这类地图工具多与高德、百度等企业合作，提供导航功能，或将一些公共部门的位置叠加在地图上提供服务（见图4-61）。图4-62展示了山东公共数据开放网上的地图服务功能，用户可在页面上自行检索或根据主题分类查找地理数据集，然后叠加在地图上显示。

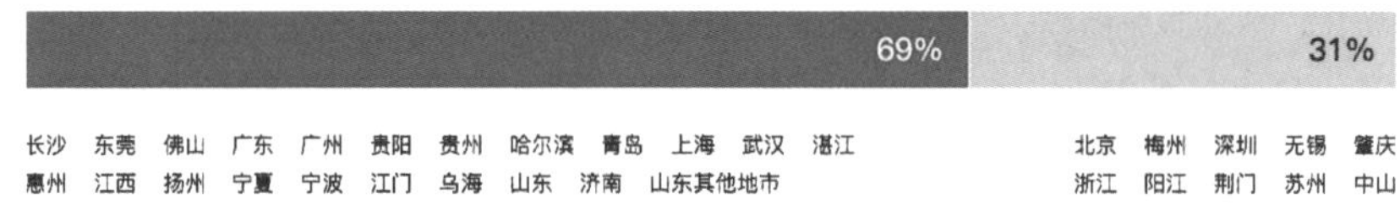

图4-61　各地平台地理空间工具提供情况分布

图4-62　山东省平台的开放网地图服务

五、利用成果展示

数据利用成果展示是指政府数据开放平台向社会集中展现用户利用平台上

开放的数据后产生的各类数据利用成果,例如APP应用、研究报告、传播产品等,从而形成从数据开放、被利用到产生价值的闭环。展现这些数据利用成果一方面有利于对其进行推广,便于社会公众集中检索和获取,促进数据开放价值的实现;另一方面也可进一步激励数据开发者更好地利用政府开放数据为社会服务,推动开放数据生态体系的可持续发展。

(一)利用成果类型

基于开放的政府数据所产生的利用成果可分为以下三种主要类型:(1)APP应用,即企事业单位利用开放数据开发的各种服务应用;(2)传播产品,指对开放数据经过分析和可视化处理后,以数据新闻、自媒体推送等方式向社会传播,用易于公众解读的方式展现数据分析结果;(3)研究成果,即高校、研究机构、社会团体等主体利用开放数据形成的研究报告或论文。

目前,大部分地方政府都开设了数据利用频道集中展示数据利用成果。现阶段各地平台展示的主要是APP应用,只有贵阳开设了“数据无限”栏目面向普通公众展示数据传播产品(图4-63),而研究报告部分目前还没有平台进行展示,但贵阳已开设了研究报告的提交功能。

图4-63 贵阳市平台的“数据无限”栏目

(二)标明数据来源

数据来源是指政府数据开放平台注明了其展示的数据利用成果所使用的政

府开放数据。目前,大部分地方未标明数据来源,只有北京在具体的数据利用成果下用文字标明了所用到的开放数据来源。贵阳在数据利用成果页面,不仅标明了所用的数据来源,还设置了直接进入来源开放数据集的链接(如图 4-64 所示)。

图 4-64 贵阳市平台上提供的应用来源数据集链接

(三) 利用者来源

政府开放数据的目的在于推动社会对政府数据进行开发利用。然而,目前超过半数的地方平台上展现的数据利用成果(主要是 APP 应用)基本是由政府部门自身开发,而非数据开放后由市场所开发。目前,佛山、广东、广州等 17 个地方平台上的数据利用由政府和市场共同开发,只有北京平台上的数据利用基本由市场开发(见图 4-65)。

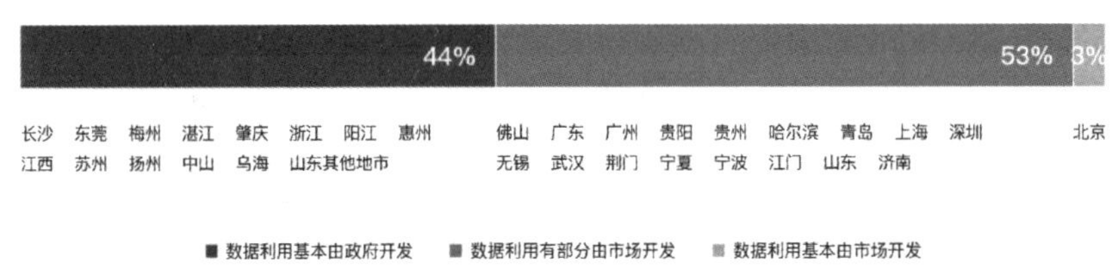

图 4-65 各地平台数据利用者来源分布

(四) 利用成果提交

政府数据开放平台还应当为开发者开设提交数据利用成果的功能,这既可使开发者主动上报、上传他们利用政府数据所产生的数据利用成果，也有助于政府了解追踪其开放数据的利用情况。

北京、佛山、广东等地方平台为开发者提供了提交数据应用的功能(如图 4-66)，主要包括:在数据应用频道中设置提交数据应用的通道，在用户的个人中心开设应用提交功能，在平台的互动交流频道中设置专栏或在开发者中心栏目中设置提交功能等。其中，贵阳平台还开设了研究报告的提交功能，为日后用户提交利用数据开放产生的研究成果提供了渠道(如图 4-67)。

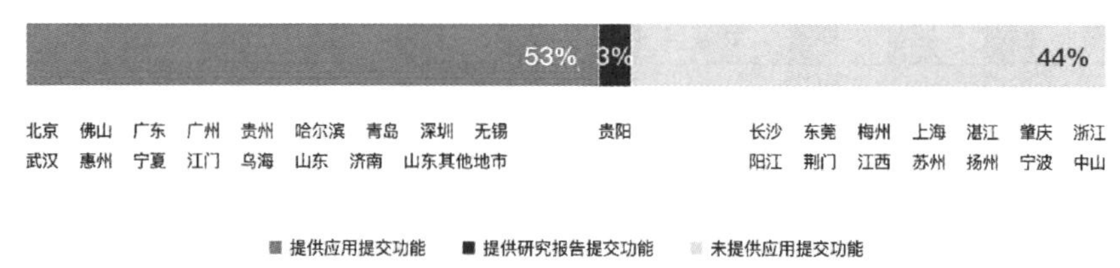

图 4-66　各地平台数据利用成果提交功能分布

图 4-67　贵阳市平台上的研究报告提交功能

六、互动交流

互动交流是指政府数据开放平台提供的功能便于用户与数据提供方进行双向沟通，例如针对具体数据集提交评价，提出数据请求和向平台提供建议反馈等。

(一) 数据集评价功能

目前，上海、荆门、佛山等平台为用户提供了对单个数据集进行评价的功能，图 4-68 展示了各地平台数据集评价功能得分的前 10 名。

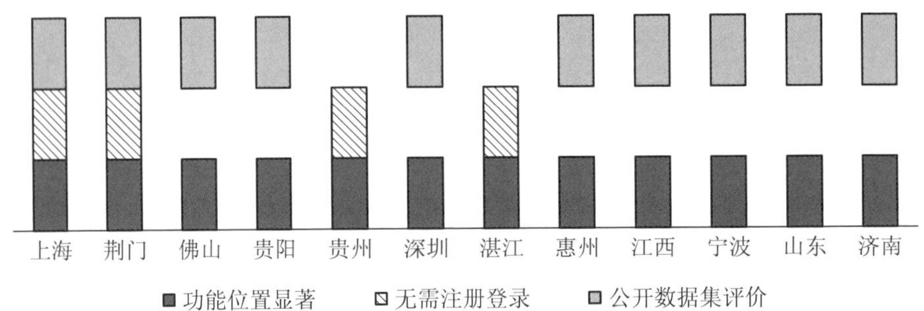

图 4-68　各地平台数据集评价功能分布(前 10 名)

数据集评价的主要方式是星级评价和文字评价，上海、贵阳、山东等地同时采用了星级评价和文字评价两种途径，较为具体地展现了用户对于数据集的评分与具体意见。值得注意的是，宁波(如图 4-69 所示)对星级评价进行了进一步细分，引导用户在评价时从完整性、实时性、准确性三个维度进行考量，而上海(如图 4-70 所示)则从准确性、及时性、满意度与可用性四个维度对星级评价进行细化。

图 4-69　宁波市平台数据集评价

此外，只有上海、荆门、贵州、湛江等平台允许用户无需注册便可对数据集直接进行评价，大部分平台只对注册登录的用户开放数据集评价功能。上海、荆门、佛山等 10 个平台在平台上公开了全部或部分用户对单个数据集的评价。图 4-71 展示了山东公共数据开放网的数据集评价情况，用户的评论能够被展示，并被其他用户评论与点赞，增强了平台与用户、用户与用户之间的互动性。

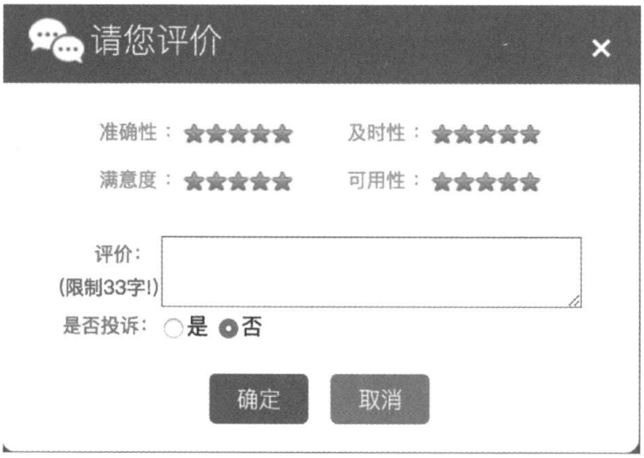

图 4-70　上海市平台数据集评价功能

图 4-71　山东省平台交流互动

(二) 数据请求功能

数据请求功能使用户可以在平台上提出其希望开放的数据，开设这一功能有助于数据提供方获知社会的数据需求。目前，青岛、贵阳、深圳等 16 个地方平台为用户提供了数据请求功能，但有些地方还需要用户注册登录后才能请求数据。

此外，该报告还考察了数据请求功能的回复时效和质量。图 4-72 展现了排名前 9 的地方平台数据请求功能的详细情况。

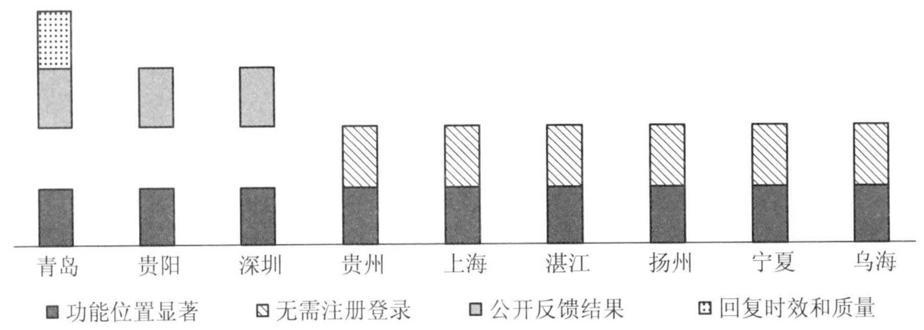

图 4-72　各地平台数据请求功能分布(前 9 名)

青岛对用户的数据请求做出了反馈并予以公开。图 4-73 展现了青岛政府的“建议数据”情况。用户能够看到曾经提交的数据请求的反馈状态，包括“已经开放”、“不予开放”、“暂不开放”三种状态，并能够根据状态进行筛选查看。

图 4-73　青岛市平台建议反馈

(三) 建议反馈功能

目前，七成以上的政府数据开放平台都开设了建议反馈功能向用户采集建议，包括问卷调查和填写文字性的咨询建议等方式。图 4-74 展现了排名前 10 的地方平台建议反馈功能的详细情况。北京、贵阳、江西等地向用户公开全部或部分的建议反馈;贵州、上海、湛江等地允许用户无需注册登录就可对平台建设提出建议。此外,北京、贵阳、江西的回复建议时效性较强、质量较高。以北京市政务数据资源网为例,平台针对网友的问题及时回应,且回复详尽(如图 4-75)。

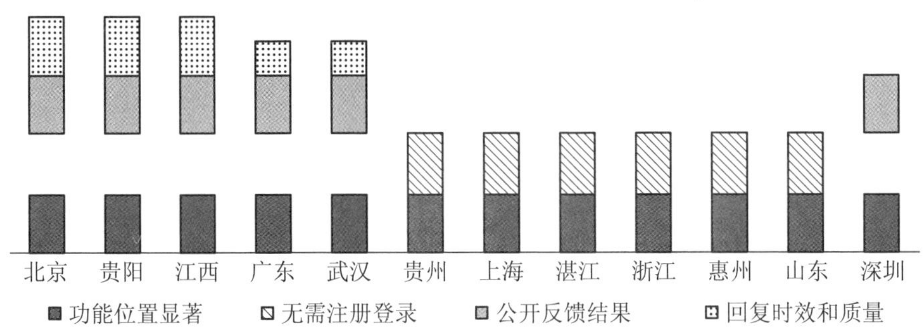

图 4-74　各地平台建议反馈功能分布(前 10 名)

互动交流

问卷调查

历届活动

咨询建议

常见问题

提交APP应用

建议增加的数据类型

咨询建议

问题标题 null 搜索 我要提问

编号	问题	时间	浏览次数
1	有没有行政区划地图(区县级;街道、办事处(乡/镇)级;社区(村)级)	2015-03-25	787
2	这点点数据不能算是资源	2015-03-29	544
3	为什么APP应用这么少呢?	2015-04-11	391

描述:北京在中国大陆,在开放数据这一领域是先锋,这个网站上也已经发布了很多数据集。但APP却只有个位数,想问这些是北京开放数据应用程序的全部吗?若不是,能否提供一些其他应用程序的链接;若不是,能请教据供的源不少而应用却很少的原因吗?非常感谢!

回复:感谢您对北京市政务数据资源网的关注!北京市政务数据资源网欢迎广大用户提交基于本站数据资源开发的APP应用程序,但APP应用的开发和上传完全是出于用户自愿的个人行为,本站并没有强制要求。

北京市政务数据资源网　2015/04/11 13:55:57

图 4-75　北京平台的“咨询建议”

(四) 数据纠错功能

数据纠错功能是指用户可以向平台提出其发现的特定数据集存在的错误,有助于数据提供方提高开放数据的准确性。图 4-76 展现了排名前 10 的地方平台数据纠错功能的情况。目前,贵阳、贵州、浙江等地开设了数据纠错功能。贵州和浙江用户无需进行注册登录就能够进行纠错,其中贵阳还公开了数据纠错情况与回复。如图 4-77 所示,贵阳的数据纠错公开服务位于“互动交流”栏目内,提供纠错内容、用户名称、发布时间、状态、回复时间、回复内容,清晰地向其他数据使用者展示用户数据纠错的内容以及平台的处理情况。

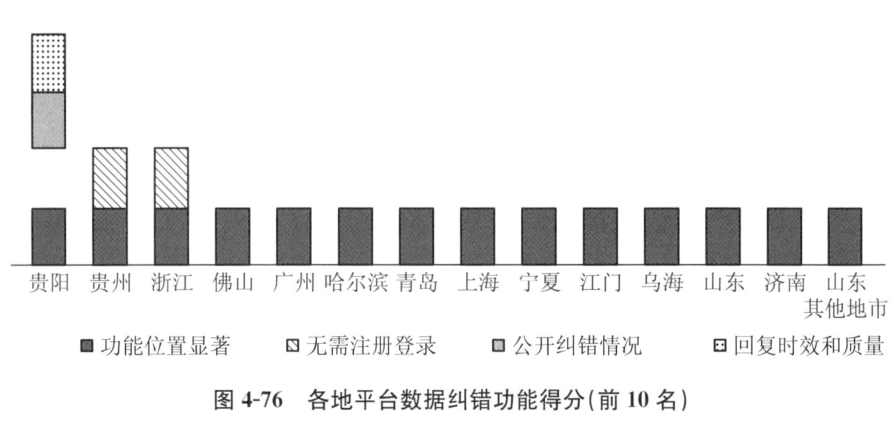

图 4-76　各地平台数据纠错功能得分(前 10 名)

图 4-77　贵阳市平台数据纠错结果公开

(五) 分享传播功能

在平台上提供分享传播功能，用户可将平台上的信息在微博、微信和 QQ 等社交媒体平台传播，有助于提升政府数据开放平台的热度和影响力，吸引更多的政府、企业、社会团体和公众参与其中。目前，半数的地方平台提供了分享传播功能(如图 4-78 所示)，其中北京、佛山、广州等地方平台在数据集、数据接口与数据应用等页面上，提供了一键分享至微信、微博、QQ 的功能。图 4-79 展现了广州的分享传播功能。

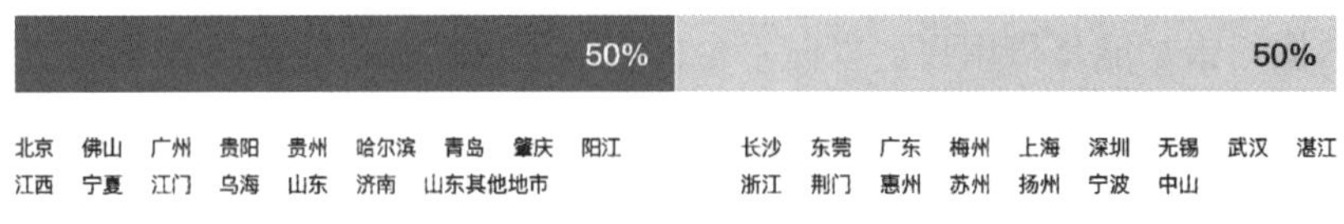

图 4-78　各地平台分享传播功能分布

图 4-79　广州市平台的分享功能

(六) 社交媒体账号开设

社交媒体账号开设是指政府数据开放主管部门设立了专门的社交媒体账号(如微博、微信等),向社会宣传推广本地的数据开放工作,并与社会公众通过社交媒体进行直接互动。目前,仅有贵阳市开设了微信公众号“贵阳政府数据开放”和官方微博账号“贵阳大数据委”,推送与政府数据开放相关的新闻资讯、最新政策、数据更新情况和数据传播产品等。

七、个性化整合

个性化整合是指平台为用户提供个人中心,使用户可以根据自己的个性化需求,集中使用数据获取、工具使用、成果展示、互动反馈等功能。目前,北京、佛山、广东等地均开通了用户个人中心,提供个性化服务(如图 4-80 所示)。

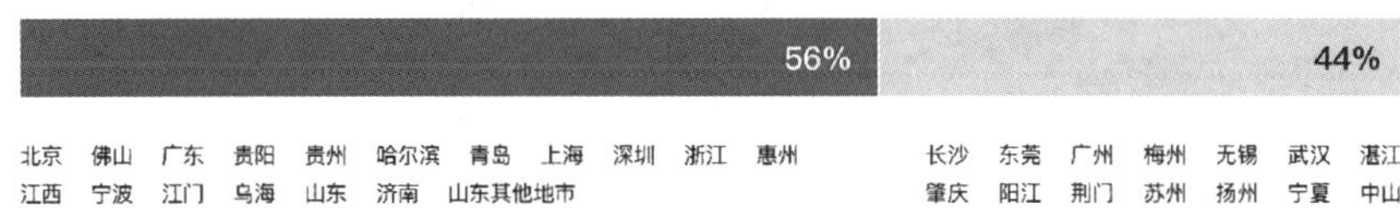

图 4-80　各地平台个性化整合分布

如图 4-81 所示,山东的“个人中心”为用户提供了收藏数据和应用、提交建议、参与调查等功能，还可注册成为开发者，与平台的开发应用栏目对接，查看申请的数据接口等信息。

图 4-81　山东省平台的“个人中心”

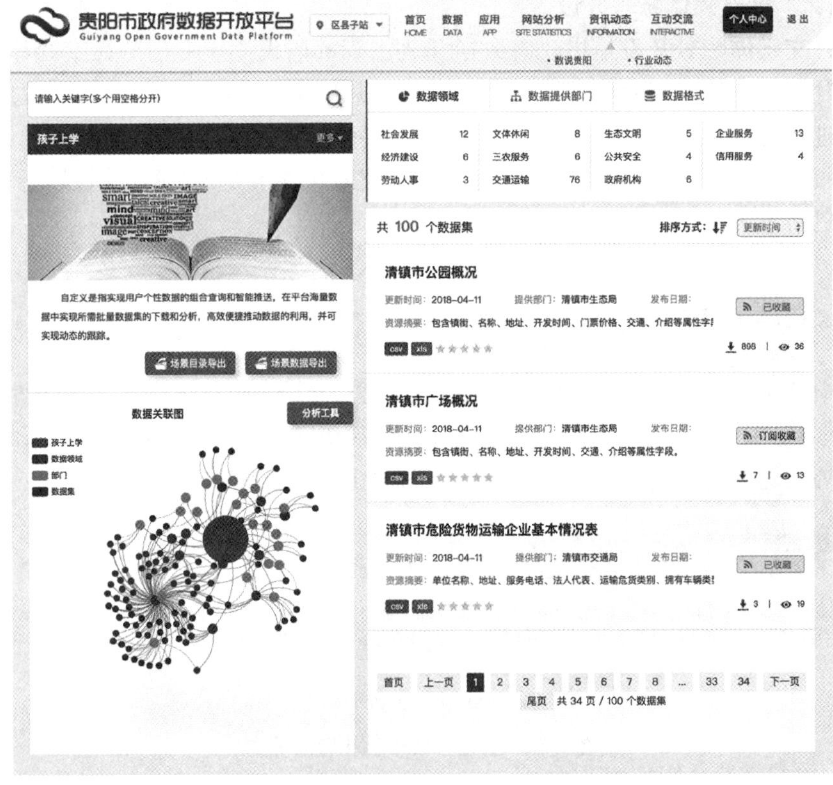

图 4-82　贵阳市平台的自定义场景功能

贵阳市政府数据开放平台开设了自定义场景功能(如图 4-82 所示)。用户可根据自身需求定义场景名称,并在该场景下搜索和组合所需要的数据,同时支持数据下载与可视化分析。然而,多数平台的"个人中心"还只是实现了功能"整合",而未提供足够多的个性化服务。

第六节　我国地方政府数据开放的基础与准备

一、法规与政策

该报告中的法规与政策是指对政府数据开放相关环节(如数据治理、数据开放、数据利用、安全保护等)作出规范性要求的法律法规和政策文件,是推进政府数据开放的法治基础和重要依据。

该报告对全国 46 个地方政府共计 120 项法规及政策的名称进行了文本分析。如词云分析图 4-83 所示,目前我国各地对数据开放的规定主要出现在政务公开、大数据、互联网+、信息化、智慧城市、信息共享等相关领域的法规和政策中,多以发展规划、实施意见、实施方案、行动计划、管理办法等形式发布。

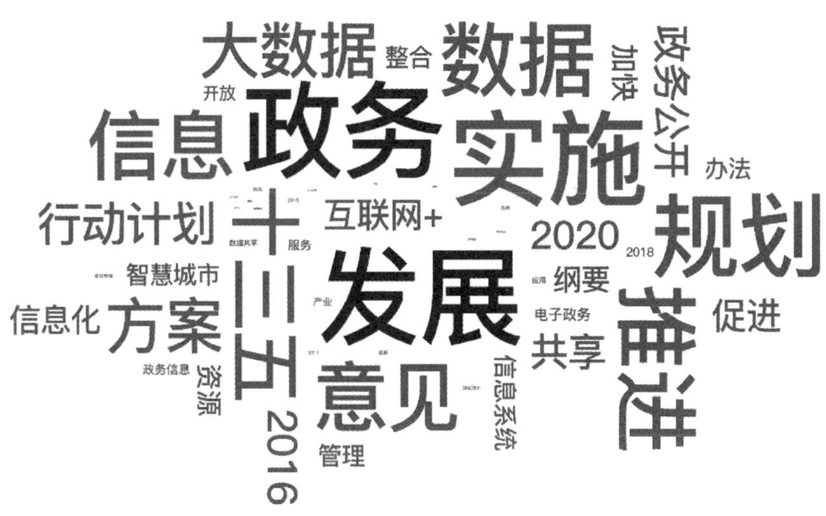

图 4-83　法规与政策名称关键词词云图

(一) 数据治理

良好的数据治理是数据开放的基础和保障。政府数据治理是将数据视为政府的重要资产,对数据相关事务进行决策和行使权力。当前,全国已有多个地方在相关法规及政策中对政府数据治理提出了明确要求,这对于推进当地政府数据开放起到了重要的支撑作用。

在政府数据治理的多个维度中,与数据开放较为相关的有数据编目、数据标准和数据质量等。数据编目是一项基础性工作,要求在编制过程中对数据的开放属性进行标注,从而提升数据开放的标准化和规范化。这不仅能推动政府数据的开放和利用,也能改善数据质量从而提升政府自身的数据资源管理水平。

如图 4-84 所示,上海、贵州、山东等 6 个地方在数据治理方面表现较为突出,各项指标均被纳入其政策规定范畴。

地点	数据编目	数据标准管理	数据质量管理
上海	●	●	●
贵州	●	●	●
山东	●	●	●
广州	●	●	●
武汉	●	●	●
贵阳	●	●	●
北京	●	○	●
广东	○	●	●
江西	○	●	●
哈尔滨	○	●	●
梅州	○	●	●
淄博	○	●	●
枣庄	○	●	●
威海	○	●	●
莱芜	○	●	●
滨州	○	●	●
深圳	○	●	●
潍坊	○	●	●

● 表示政策规定较为全　○ 表示政策规定不充分

图 4-84　各地政府数据治理政策详情列表

1. 数据编目

对数据资源按照一定的规则和标准进行编目,是数据治理的重要组成部分,也是数据开放工作有序进行的重要基础。如图 4-85 所示,在该报告覆盖的 46 个地方中,有超过 80%的地方提出要建立或完善政府数据目录体系。其中,只有上海、贵州、山东等9个地方规定要求明确数据的开放属性。如北京市规定,"政务部门负责编制、维护和管理本部门信息资源目录,明确目录中信息资源的采集途径、更新时限、数据格式以及共享开放属性等","根据信息资源的共享开放属性,明确共享信息资源和开放信息资源,作为开展政务信息资源共享开放工作的依据"。[15]

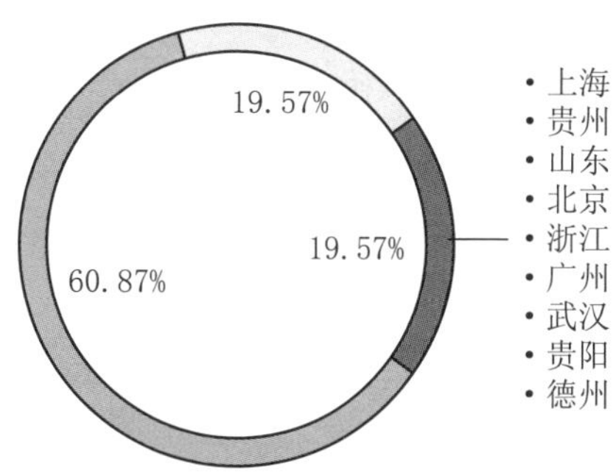

图 4-85 各地数据编目政策情况分布

2. 数据标准

数据的采集、存储、共享、开放等各个环节都需要制定明确的标准作为指导,科学的数据标准是数据资源管理的重要依据。如图4-86所示,上海、贵州、广东等大部分地方都明确规定要建立或健全包括采集、存储、共享、开放、利用等关键环节在内的标准规范体系。如浙江省提出,"建立标准规范体系。研究制订数据采集标准及分级分类标准、政府数据共享标准、数据交换标准、政府及公共数据开放标准、统计标准,对共享开放的方式、内容、对象、条件等进行规范"。[16]而有些地方只是笼统地提出要制定数据标准规范,或提出要依照国家或省级标准进行数据资源管理。

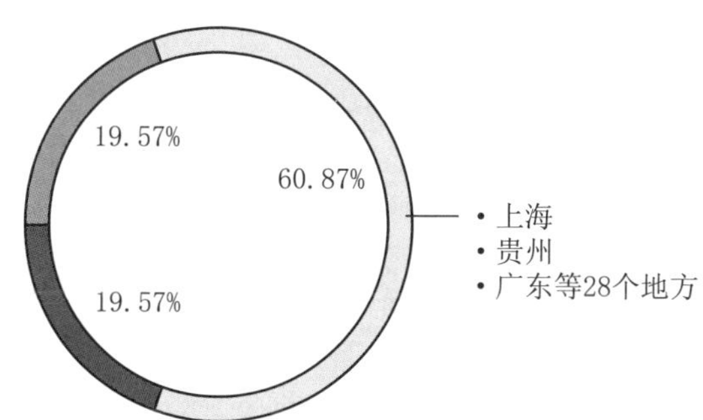

图 4-86 各地数据标准政策情况分布

3. 数据质量

数据质量管理是指在数据采集、加工处理等环节要确保数据的完整性、真实性、准确性、有效性、时效性和有用性等。如图 4-87 所示,在该报告覆盖的 46 个地方中,有一半以上的地方都对数据质量提出了要求。其中,北京、上海、广东等 23 个地方的政策规定中对数据质量的要求较为全面和具体,其余地方则是相关政策要求不完整或未对此作出明确要求。

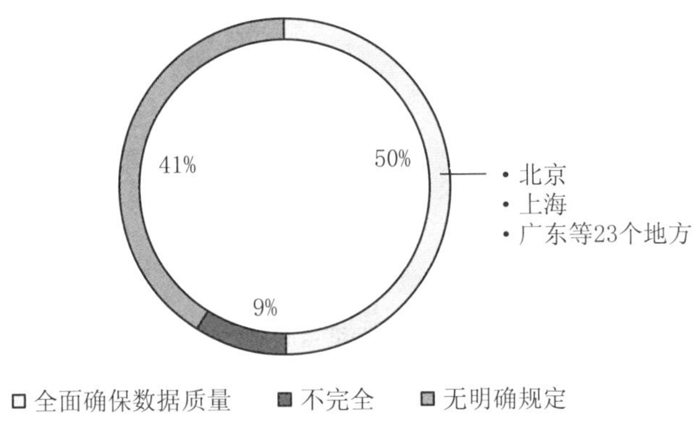

图 4-87　各地数据质量政策情况分布

(二) 数据开放

在各地的法规政策中,对开放平台建设、开放数据资源管理和开放方式与过程等数据开放的各个方面提出明确要求,是推进数据开放工作的关键要素。

1. 开放平台建设

政府数据开放平台是开放和获取数据的载体,是展示应用的中心,也是连接开放数据供给侧和用户端的桥梁。如图 4-88 所示,除个别地方外,大部分地方的

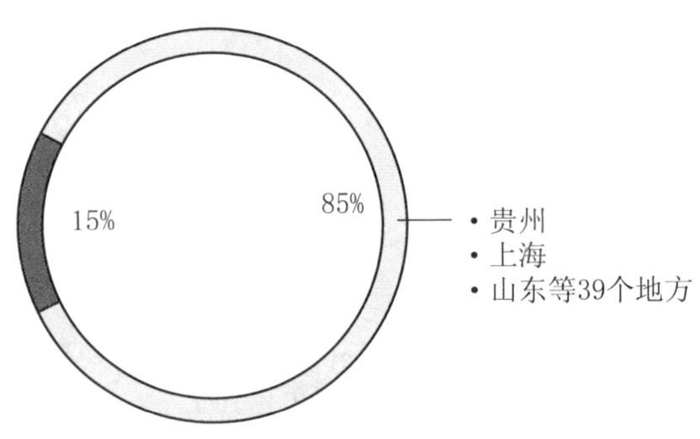

图 4-88　各地开放平台建设政策情况分布

法规政策都要求建设或完善数据开放平台,集中统一向社会开放政务或公共数据资源。有些地方还提到了平台的功能、运维等具体内容。如上海市规定,“建立上海市政府数据服务网,由第三方专业服务机构负责运行维护,统一政府信息资源开放渠道,汇聚各区县、各部门开放的政府信息资源,提供上传、浏览、查询、下载、统计等服务,并强化数据应用,实现应用汇聚、管理等相关功能,为公众和企业提供各类数据服务”。[17]

2. 开放数据资源管理

开放数据资源管理包括开放数据的范围、目录与清单编制、标准制定以及质量管理等方面,目前贵州、哈尔滨和贵阳等地对上述四项内容都作出了政策规定。

就开放数据的范围而言,目前只有贵州、哈尔滨、武汉等5个地方明确了其数据开放的范围,如哈尔滨规定,“凡不涉及国家秘密、商业秘密和个人隐私以及法律法规明确规定不予开放的政府数据资源,原则上均应以公众可获取、易加工的方式,原始、整体地向社会开放”。[18]其余地方或只提出要确定开放范围的政策要求,或仅确定了重点开放领域,还有少部分地方未对开放范围作出明确政策规定。

在开放数据目录与清单编制方面,目前已有过半数的地方提出要编制政府数据资源开放目录,实行动态清单管理。对于开放数据的标准,大部分地方提到要制定并组织实施开放的标准,确保标准统一。目前只有北京、广东、贵州等7个地方对开放数据的质量作出相对完整的要求,提出要确保开放数据资源的完整性、准确性、有效性、时效性和可用性;还有少数地方只对“数据质量”的某些方面作出了规定。

3. 开放方式与机制

数据开放的方式与过程包括开放方式、沟通机制、纠错机制、人财物保障和监督考核机制等方面。目前各地在这方面的法规政策建设明显不足,只有贵阳对上述五项内容都作出了政策规定。

根据数据资源的体量、实时性、安全要求等特点并结合实际技术条件,明确数据开放的方式是推动政府数据开放的必然要求。在该报告覆盖的46个地方中,目前只有贵州、江西、贵阳等3个地方对数据开放方式作出了清晰的界定。如《贵州省政务数据资源管理暂行办法》中规定,“政务数据开放应按照无条件开放、依申请开放和依法不予开放三类进行管理:依法不予开放和需要特定相对人申请开放的政务数据,数据目录和限制开放依据应当向社会公布;非涉密但涉及敏感信息的政务数据,经过脱敏清洗后可根据使用条件和适用范围面向社会无条件或依申请开放”。[19]还有部分地方只是明确了数据资源要按照重要性和敏感程度分级分类进行开放,但没有明确具体的开放方式。

沟通机制是指政府要通过各种方式和渠道主动收集并及时回应数据利用主体的需求,体现"以需求为导向"的数据开放原则。目前只有贵州、北京、贵阳、苏州等4个地方对此作出了完整规定。浙江虽提出公共数据开放应当采取听证会、座谈会、征求意见等方式公开听取所涉及公众的意见、建议,但未对政府部门的回应与反馈提出要求。

纠错机制是指当数据利用者对开放数据有疑义或者发现错误时,应当及时反馈政府部门,相关部门也应及时校核并予以反馈。目前,只有贵州和贵阳对此提出了政策要求,如《贵阳市政府数据共享开放实施办法》规定,"政府数据使用方对政府数据目录和获取的政府数据有疑义或者发现有错误的,应当及时通过共享平台或者开放平台反馈给政府数据提供机关予以校核。政府数据提供机关应当自收到校核信息之日起5个工作日内完成校核,进行相应处理,并反馈政府数据使用方。校核期间,有关行政机关办理业务涉及公民、法人或者其他组织已提供合法有效证明材料的,应当照常办理,不得拒绝、推诿或者要求当事人办理数据更正手续"。[20]

人财物保障是指对政府数据开放工作给予必要的机构、人员、资金等方面的支持,是数据开放顺利推进所需的物质基础。在机构与人员方面,各部门应指定专门机构和专人负责本部门公共数据资源开放工作,数据开放主管部门应定期开展公共数据资源开放工作业务培训。如贵阳市规定,"市大数据行政主管部门应当定期组织行政机关工作人员开展政府数据共享开放更新维护、安全管理、操作流程、规范使用等专题培训,提高政府数据共享开放工作的业务能力和服务水平"。[21]在资金方面,要为公共信息资源开放工作提供有力经费保障,如上海市提出,"保障资金投入。市和区县有关部门要加大投入力度,将政府信息资源开放工作涉及的信息系统建设改造、信息资源汇集、加工、处理等费用纳入行政机关年度预算,坚持量力而行,尽力而为,按照工作计划,合理安排财政资金,保障相关工作正常进行"。[22]

监督考核是指对数据开放工作的效果进行公开考核,并对相关机构与工作人员的工作行为进行监督。在考核评估方面,上海、贵州、哈尔滨等地都提出要对数据开放工作的情况进行绩效考核,如贵阳市规定,"市人民政府应当制定考核办法,将政府数据共享开放工作纳入年度目标绩效考核,考核结果向社会公布"。[23]就效能监督而言,目前浙江、贵州、贵阳等地提出由上级主管部门或其他监察部门对相关机关及工作人员一系列不符合规定的行为进行批评和处分。如贵阳市规定,"违反本条例规定,行政机关及其工作人员有下列行为之一的,由其上级机关或者监察机关责令限期改正,通报批评;逾期不改正的,对直接负责的主管人员和其他直接责任人员依法给予处分：（一）不按照规定建设共享平台、开放平台的；（二）不按照规定采集、更新政府数据的；（三）不按照规定编制、更新目录的；（四）不按照规定汇总、上报目录的；（五）提供不真实、不准确、不完整政府数据的；（六）不按照规定受理、答复、复核或者反馈政府数据共享或者开放需求申请的；（七）要求申请人重复提交能够通过共享平台获取政府数据的；（八）无故不受理或者处理公民、法人和其他组织投诉举报的；（九）违反本条例规定的其他行为”。[24]

（三）数据利用

数据的增值开发与利用是数据开放的目的，在政策法规中要求政府部门采取各种措施推动开放数据的有效利用十分必要。

1. 宣传推广

宣传推广是指政府部门通过加强宣传引导，营造数据利用的良好氛围。如图4-89所示，在该报告覆盖的46个地方中，有约三成的地方（如上海、浙江、广东等）提出要引导企业利用政府数据开展示范应用，积极营造社会广泛参与和利用开放数据的良好氛围。其余地方或仅笼统提出要引导社会主体利用政府数据，或未对此作出明确规定。

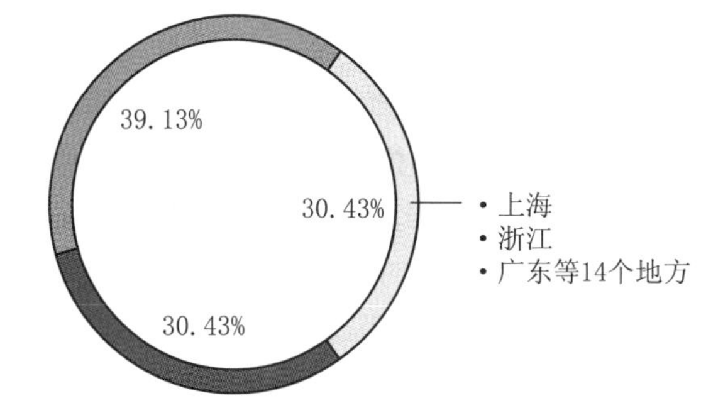

图4-89　各地宣传推广政策情况分布

2. 推动利用

通过支持数据应用竞赛、提供创业孵化、设立创新基金、减免税收等手段鼓励和支持政府数据的社会化利用有利于提高开放数据的利用效率与效果。如图4-90所示，目前有70％的地方提出支持企业利用政府开放的数据开发创新应用，其中上海、浙江、广东等地明确了推动创新利用的具体手段。如上海市规定，“鼓励和支持企业和公众挖掘利用政府和社会的开放数据资源，创新商业模式，开发互联网创新产品。组织开展大数据创业创新开发竞赛，支持大数据创新创业项目,激发创新创业活力。支持传统企业运用大数据推进互联网转型”。[25]

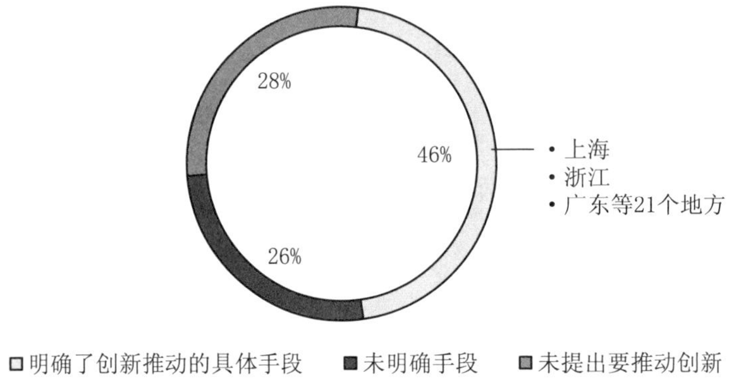

图 4-90　各地推动利用政策情况分布

(四) 安全保护

安全保护是数据开放的重要保障,保护是为了更好更可持续的开放。平台是数据开放的主要渠道,平台是否安全可靠直接关系数据安全;数据在开放前进行安全审查为确保数据安全提供了屏障;对数据开放后利用情况进行追踪和管控则有利于降低安全风险。

1. 平台安全

平台安全管理是指开放平台运营主体根据国家信息安全等级保护的相关要求,通过完善身份认证、访问控制等技术防控措施,定期开展开放平台的系统安全检查,保障平台安全可靠运行。如图 4-91 所示,目前只有贵州、浙江、贵阳等 3 个地方对加强开放数据平台的安全和防御作出了明确规定,如贵州提出要构建平台的安全防护体系和认证体系;[26]贵阳提出要建立平台政府数据存储和备份机制,防止数据丢失和毁损。[27]

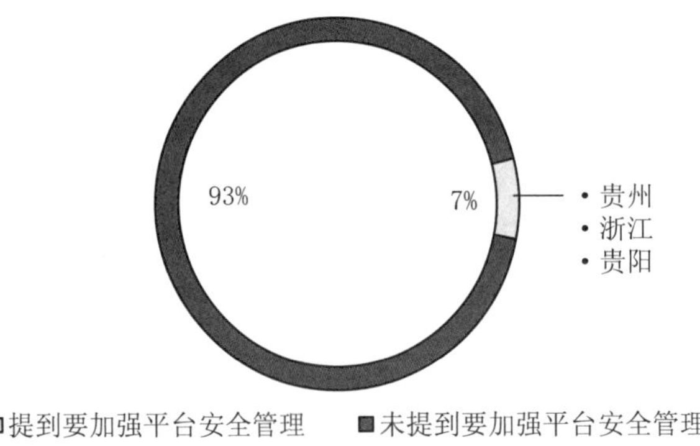

图 4-91　各地平台安全政策情况分布

2. 数据审查

数据资源在开放前要依照相关法律法规进行严格审查，未经安全审查的数据资源不予对外开放。如图 4-92 所示，目前只有上海、浙江、贵州等 9 个地方对此作出了明确的政策要求，如浙江省规定，“公共数据和电子政务主管部门审核公共数据开放时，要对涉及的国家安全、信息风险、社会效益等进行审核”。[28]

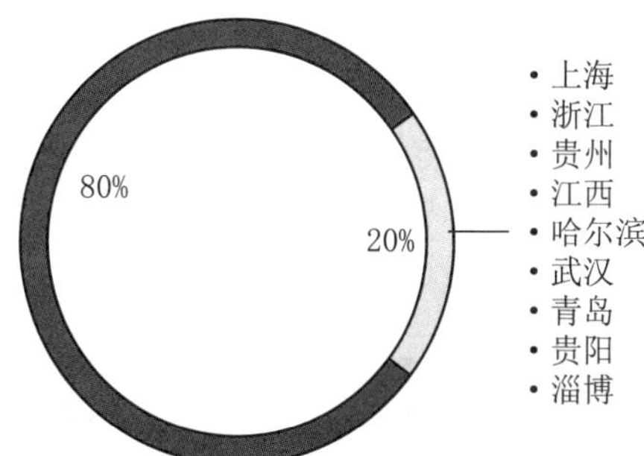

图 4-92　各地数据审查政策情况分布

3. 风险管理

风险管理是指要定期对数据开放后的利用情况与多源数据融合利用后的风险进行评估和管理，以确保数据安全。例如，贵州省规定，“实行公共数据共享开放风险评估制度，对通过平台开放的公共数据进行风险审核，发现可能存在风险时，应当及时告知提供单位，提供单位应当及时处理并予以反馈”。[29] 如图 4-93 所示，除贵州、江西、武汉、贵阳外，绝大多数地方都未对此作出明确规定。

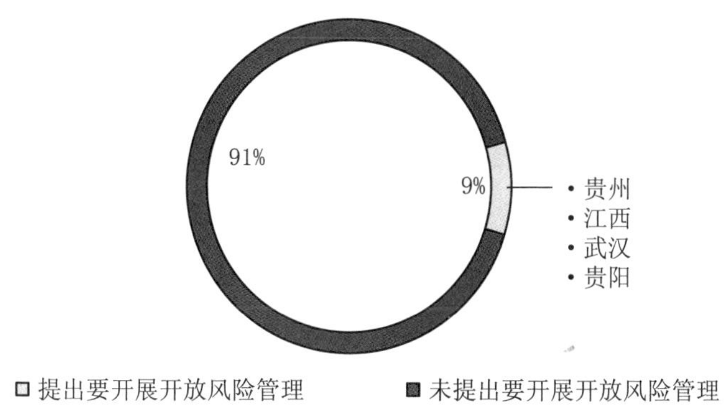

图 4-93　各地风险管理政策情况分布

（五）法规政策效力

法规政策效力是指法规和政策所具有的约束力，主要表现在效力等级和专门性两方面。本部分的评估范围只包括提及政府数据开放的法规与政策。

1. 等级

法规与政策的效力等级直接决定了其约束力的强弱。该报告将各地提及政府数据开放的法规与政策的效力从高到低划分为地方性法规、地方政府规章、规范性文件与其他普通政策四个等级。图 4-94 展示了各地制定政策与法规的效力等级,目前只有贵州和贵阳通过地方性法规为当地政府数据开放提供了强有力的立法保障,其中《贵州省大数据发展应用促进条例》是中国首部大数据地方法规。同时,个别地方(如贵阳和浙江)制定了地方政府规章;贵州、北京、江西等 7 个地方制定了规范性文件;除个别地方无任何政策外,其余地方均以各种实施意见、发展规划、实施方案等形式的普通政策为政府数据开放进行引导和规范。

地区	地方性法规	地方政府规章	规范性文件	其他普通政策
贵州	●		●	●
贵阳	●	●		●
浙江		●		●
北京			●	●
江西			●	●
山东			●	●
长沙			●	●
威海			●	●
滨州			●	●
其他				●

● 表示该地制定了该效力等级的政策。

图 4-94 各地法规政策效力等级详情列表

2. 专门性

法规和政策是否专门为政府数据开放而制定也是决定其效力的重要因素。该报告以法规或政策标题中是否同时具有"数据/信息资源"与"开放"为标准,来评估某法规或政策是否专门针对政府数据开放。对于不是专门针对数据开放的政策,又根据内容的丰富程度划分为两类情况。

如图 4-95 和表 4-12 所示,目前只有贵阳、上海、青岛、威海、哈尔滨 5 个地方制定了专门性的法规或政策。特别是贵阳出台了三项专门性法规或政策,其中

《贵阳市政府数据共享开放条例》是我国首部也是唯一一部专门针对数据开放的地方性法规。同时,大多数地方出台的政策虽然没有专门针对数据开放,但是提及了数据开放、数据利用、安全保护等多方面内容,内容较为丰富的有北京、浙江、广东等地。此外,还有一些地方出台的政策中只涉及了政府数据开放的某些方面,内容较为单薄。

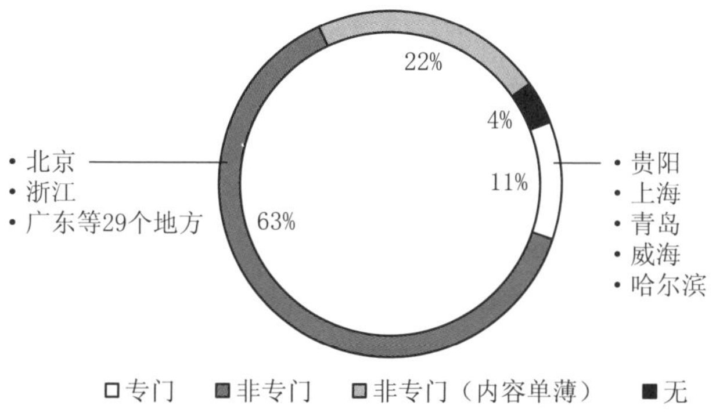

图 4-95　各地法规政策专门性详情列表

表 4-12　各地专门性政策详情列表

地　区	法　规　政　策
贵　阳	《贵阳市政府数据共享开放条例》
	《贵阳市政府数据共享开放实施办法》
	《贵阳市人民政府关于贵阳市加快推进政府数据共享开放的实施意见》
上　海	《关于推进政府信息资源向社会开放利用工作的实施意见》
青　岛	《青岛市人民政府办公厅关于加快推进公共信息资源向社会开放的通知》
威　海	《威海市人民政府办公室关于推进政府数据资源向社会开放利用工作的实施意见》
哈尔滨	《哈尔滨市推进政府数据向社会开放工作实施方案》

二、领导力

领导力指领导层对政府数据开放的支持与推动。该报告通过公开报道的地方高层领导和部门最高领导对数据开放的表态支持情况来衡量地方政府数据开放的领导力。

(一) 地方高层领导的公开支持

政府数据开放的顺利推进离不开强有力的领导推动,地方高层领导更是发挥着巨大的作用。该报告将地方高层领导限定于政府(正副)行政首长,包括(正副)省长、直辖市市长、自治区主席、地级市市长等。如图4-96所示,上海、浙江、贵州、山东等12个地方得到了当地政府最高行政首长在公开场合的发声支持,如在“2015杭州·云栖大会”上,时任浙江省省长李强曾强调了开放数据的巨大价值,并作出了进一步加快政府数据开放的承诺。

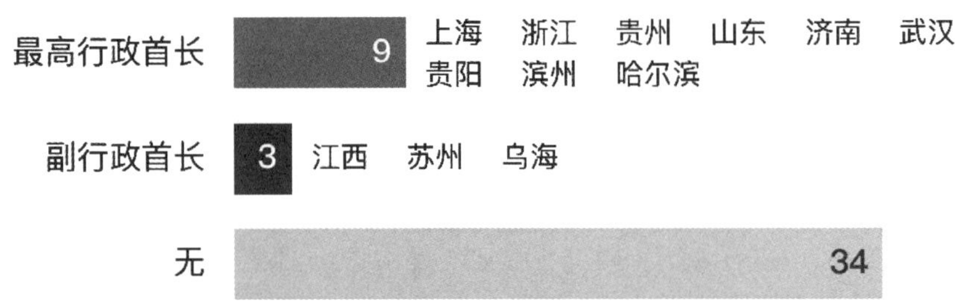

图4-96 各地地方高层领导支持情况分布(单位:个)

(二) 部门负责人的公开支持

各地数据开放的主管部门是具体的推动者、执行者与协调者,部门负责人的意愿与态度直接影响着政府数据开放工作的效率与效果。如图4-97所示,目前只有贵阳、北京、东营3个地方主管部门的负责人公开表态支持政府数据开放,如2016年8月,时任北京市经信委主任张伯旭分析了数据开放的价值,承诺到2020年北京市公共数据开放单位将超过90%,并且这些数据都将向社会免费开放,数据开放率将超过60%。

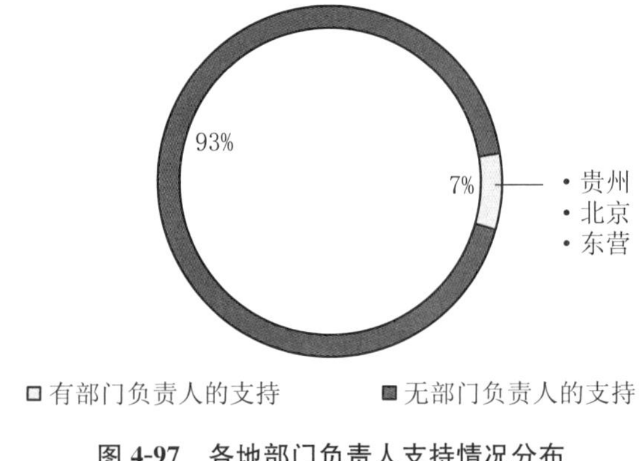

图4-97 各地部门负责人支持情况分布

三、组织保障

健全的组织保障体系是数据开放长期可持续推进的保障。主管部门是主要的推动者与实施者，是政府数据开放重要的组织基础；公开具体的计划既有助于政府自身厘清阶段性的目标与职责，也能给予有数据需求的组织和个人以明确的预期，并接受社会公众的监督；数据生态体系的培育有助于提高开放数据的利用效率，发挥数据的真正价值。

(一) 主管部门层级

负责推进数据开放工作的主管部门所处的相对行政层级及其与数据提供部门之间的关系决定着该部门推动政府数据开放的力度。该报告将当前各地开放数据主管部门相对层级分为了一级委办局、委办局下属二级局、政府办公厅或委办局内设处室、事业单位四种情况，其协调力度依次递减。

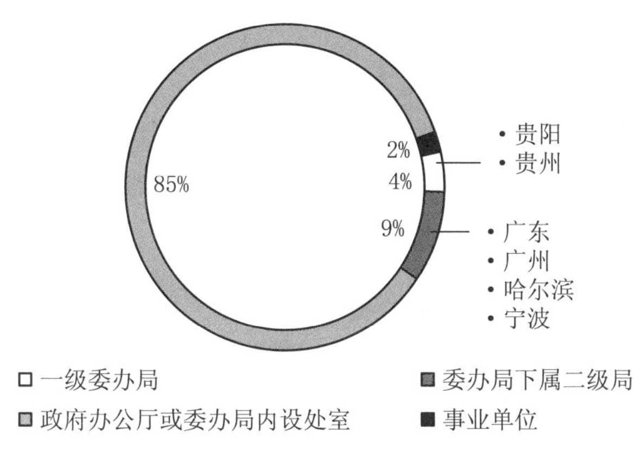

图 4-98　各地主管部门层级情况分布

如图 4-98 所示，(1)目前只有贵阳市专门成立了一级委办局“贵阳大数据发展管理委员会”来统筹数据开放，为当地政府数据开放工作的有效推进奠定了坚实的组织基础。此外，贵州省成立的大数据发展管理局虽为省政府直属事业单位，但实际上履行的是行政职能，据公开资料显示，其职能包括研究拟订并组织实施战略、规划和政策措施等，促进政府数据资源开放等，[30]而且该局局长同时担任省政府秘书长，[31]具有较强的行政协调能力，因此该报告也将贵州省大数据发展管理局将归为这一类别；(2)广东、广州、哈尔滨、宁波 4 个地方则在经(工)信委下成立了名为“大数据管理局”的二级局；(3)目前，大多数地方是将主管政府数据开放的职能交由政府办公厅、经（工）信委（局）或网信办的某个内设处室，比如浙江省政府办公厅电子政务处、上海市经信委信息化推进处（大数据发展处）、武汉市网信办信息化发展处等。

（二）公开工作计划

工作计划是主管部门制定的、对一定时期的工作预先作出安排和打算的一种公文形式。制定有针对性的、切实可行的开放数据工作计划并向社会公开是推进政府数据开放工作的重要内容。

目前各地政府数据开放的工作计划主要表现为各种工作方案、实施方案、年度工作计划等。如图4-99所示，根据工作计划的专项性和内容的丰富性，该报告将各地公开的工作计划分为专项工作计划、非专项工作计划（内容丰富）、非专项工作计划（内容单薄）三类情况。该报告发现，目前只有少部分地方公开了其数据开放工作计划。其中，只有上海制定并公开了专项工作计划。事实上，自2014年起，上海已经连续五年制定《政府数据资源向社会开放年度工作计划及重点领域》，明确了该市政府数据开放的总体思路、重点工作任务、工作要求以及具体分工等，并公开了详细的数据资源开放清单，可操作性强，为当地政府数据开放奠定了有效的管理基础。同时，部分地方将数据开放作为政务公开、政务信息系统整合共享等相关领域工作的一项重要任务，制定了非专项工作计划。其中，广东、山东、青岛等17个地方的工作计划内容较为丰富，如明确了年度开放目标和主管单位、提出要制定专项行动计划和数据资源开放目录、规范政务数据开放流程、建设或完善开放平台等。此外，个别地方也制定了相关的工作计划，但内容相对单薄。

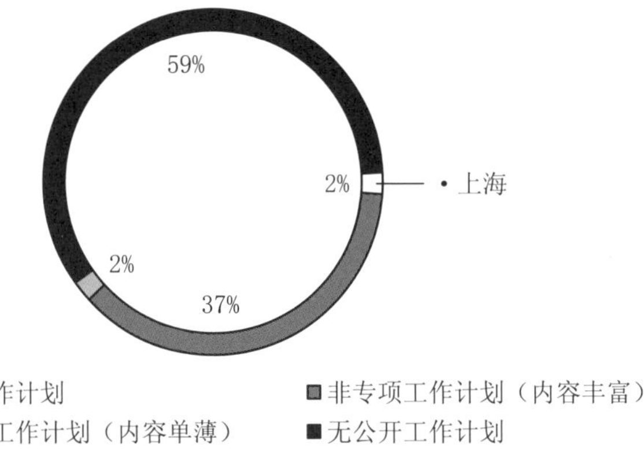

图4-99　各地公开工作计划情况分布

（三）培育生态体系

培育生态体系是指政府部门开展了实际工作来营造社会各界广泛参与和利

用开放数据的良好氛围，培育良性互动的开放数据生态体系，以有效发挥开放数据的经济、政治和社会价值。该报告重点考察了各地政府部门指导或牵头举办的一系列数据应用宣传交流和创新活动。

1. 公开报道的数据应用宣传教育交流活动

据网上公开报道，目前各地的数据应用宣传交流活动主要以数据应用大会（峰会）和中小型展会为主要形式。如图 4-100 所示，目前有 17 个地方举办并公开报道过相关活动，如贵州、上海、山东等地都举办了大数据高峰论坛。此外，贵阳还通过举办数据开放平台展会的形式加强对政府数据开放的宣传教育和交流。

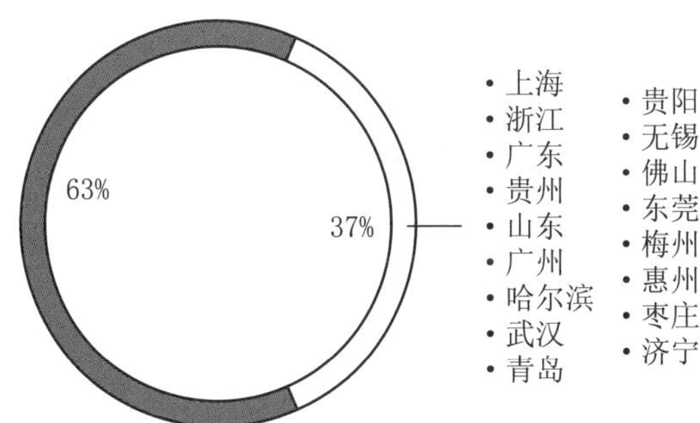

图 4-100　各地数据应用宣传教育活动举办情况分布

各种形式的宣传交流活动，多围绕数据创新应用的主题，汇聚来自政府、学界、企业、国内外大数据组织等的相关人士广泛参与，通过政府政策指导、学界理论支撑、企业经验分享与应用展示等，提供了一个良好的宣传交流与应用推广平台，有利于引导和鼓励全社会挖掘数据价值、开发数据应用等。

2. 公开报道的数据创新应用活动

据网上公开报道，目前各地的数据创新应用活动主要以聚焦数据开放和利用的数据应用大赛为主要形式。大赛以数据开放为切入口，通过政府搭台、政企合作等，发动公众参与和协作来共同解决公共问题。这有助于吸引和集聚数据利用人才，培育数据开放利用生态系统，从而激发创新活力、促进产业发展、提升城市服务水平和管理能力等。

据网上公开报道，如表 4-13 所示，目前只有北京、上海、广东等 9 个地方举办过数据开放创新应用大赛。其中，上海市开放数据创新应用大赛（SODA）[32] 在国内可谓首创，从 2015 年至 2017 年已经连续举办了 3 年，政府开放高质量的数据，吸引了众多参赛者提供大量有特色的创意方案。

表 4-13　各地数据创新应用活动举办情况列表

省/市	活动时间	活　动　名　称
上　海	2015、2016、2017	上海市开放数据创新应用大赛(SODA)
北　京	2014	2014 年北京市政务数据资源应用创意大赛
广　东	2017	2017 年广东政务数据创新大赛
贵　州	2017	2017 数博会最佳大数据挖掘分析(工具)大赛
	2017	2017 中国"云上贵州智慧交通大数据应用创新大赛"
哈尔滨	2017	2017 哈尔滨"浪潮杯"大数据应用创新大赛
深　圳	2017	2017 深圳"中国电科杯"城市数据创新大赛
无　锡	2016	2016 无锡大数据应用创新大赛
	2018	国土资源大数据应用创新大赛
威　海	2015	2015 威海互联网＋数据开放创业创新大赛
贵　阳	2016	贵阳交通大数据系列竞赛

第七节　我国地方政府数据开放的现状与问题

一、指数分值与排名

（一）省级

省级开放数林指数分值与排名如表 4-14 所示，上海排名第一，贵州和山东分列第二、第三位。从指数得分来看，上海与贵州处于第一梯队，山东、广东、北京三地位于第二梯队，江西、浙江、宁夏等属于第三梯队。

（二）地市级（含副省级）

地市级（含副省级）开放数林指数分值与排名如表 4-15 所示，贵阳排名第一，遥遥领先，处于第一梯队，哈尔滨、青岛、广州、济南处于第二梯队，佛山、滨州、深圳、东营、潍坊等处于第三梯队。进入前 10 的城市中山东共占据 5 席，广东占据 3 席。

表 4-14　2018 中国开放数林指数与排名（省级政府）

地方	数据层指数	数据层排名	平台层指数	平台层排名	准备度指数	准备度排名	开放数林指数	总排名
上海	59.50	1	54.30	2	69.76	1	60.76	1
贵州	55.35	2	54.30	2	68.86	2	58.47	2
山东	40.10	5	58.90	1	59.20	3	49.57	3
广东	44.26	3	42.60	6	45.50	6	44.16	4
北京	41.56	4	43.90	5	43.88	7	42.73	5
江西	28.71	6	39.40	7	47.00	5	35.95	6
浙江	27.57	7	23.80	8	57.44	4	34.09	7
宁夏	22.89	8	44.10	4	25.00	8	28.72	8

表 4-15　2018 中国开放数林指数与排名（地市级政府，含副省级）

地方	数据层指数	数据层排名	平台层指数	平台层排名	准备度指数	准备度排名	开放数林指数	总排名
贵阳	85.96	1	89.90	1	89.80	1	87.90	1
哈尔滨	52.34	3	55.30	6	61.38	2	55.34	2
青岛	47.77	5	65.10	2	44.08	5	51.18	3
广州	56.12	2	48.10	24	35.50	11	48.96	4
济南	41.18	8	60.50	3	41.80	7	46.17	5
佛山	51.80	4	55.20	7	21.40	34	45.05	6
滨州	32.69	18	54.60	8	52.96	3	43.23	7
深圳	43.93	7	51.80	23	29.84	18	42.37	8
东营	34.11	15	54.60	8	41.60	8	41.10	9
潍坊	35.23	12	54.60	8	30.60	15	38.92	10
泰安	36.37	9	54.60	8	26.40	24	38.43	11
东莞	44.69	6	28.00	28	36.28	9	38.42	12
淄博	29.80	25	54.60	8	35.72	10	37.48	13
宁波	35.56	11	46.80	26	31.90	14	37.45	14
德州	33.98	16	54.60	8	24.20	30	36.69	15
威海	24.15	35	54.60	8	43.68	6	36.65	16
乌海	29.58	26	56.20	5	30.40	16	36.44	17

（续表）

地方	数据层指数	数据层排名	平台层指数	平台层排名	准备度指数	准备度排名	开放数林指数	总排名
江门	29.89	24	57.10	4	26.60	23	35.87	18
枣庄	31.42	20	54.60	8	26.00	25	35.86	19
临沂	33.37	17	54.60	8	21.80	32	35.79	20
莱芜	31.34	21	54.60	8	23.88	31	35.29	21
菏泽	36.24	10	54.60	8	13.80	35	35.22	22
济宁	29.92	23	54.60	8	25.60	26	35.01	23
烟台	30.06	22	54.60	8	24.60	28	34.83	24
日照	34.70	14	54.60	8	13.20	36	34.30	25
惠州	28.85	27	48.10	24	29.20	19	33.75	26
武汉	23.54	36	36.10	27	45.00	4	32.05	27
中山	34.72	13	26.90	29	30.40	16	31.68	28
聊城	27.84	29	54.60	8	13.20	36	30.87	29
苏州	31.69	19	13.10	34	35.48	12	27.99	30
无锡	28.14	28	14.80	32	33.60	13	26.17	31
梅州	26.08	31	13.70	33	28.40	21	23.57	32
长沙	27.27	30	10.70	37	24.60	28	22.46	33
扬州	22.94	37	18.50	30	25.40	27	22.45	34
荆门	24.85	33	11.80	36	27.44	22	22.23	35
湛江	24.64	34	17.80	31	21.80	32	22.22	36
肇庆	24.88	32	9.40	38	29.16	20	22.08	37
阳江	19.27	38	12.70	35	7.80	38	14.76	38

二、综合分析

（一）空间分析

省级开放数林指数得分的空间分布状况如图 4-101 所示，图 4-102 则反映了当前地市级（含副省级）开放数林指数的空间分布情况。

从省级开放数林指数空间分布来看(图4-101),整体表现较好的省份多位于我国东部、西南和华南地区。贵州和广东进步明显,山东虽最新上线,但表现抢眼。

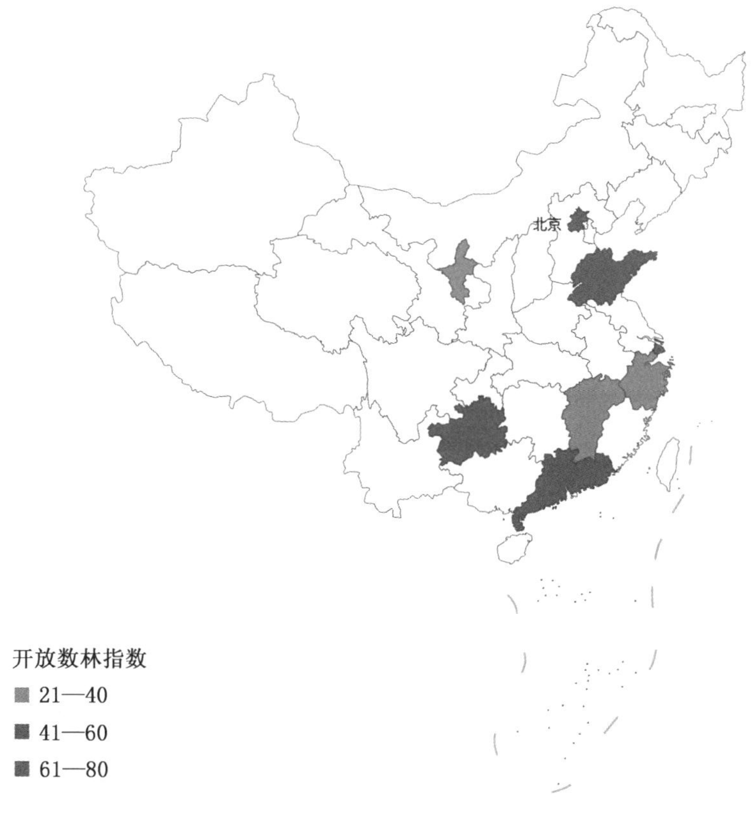

图4-101　开放数林指数空间分布(省级)

从地市级(含副省级)的空间分布来看(图4-102),山东省和广东省内的地市已成为两片较为集中的省域“数林”。佛山市南海区在广东省内最早上线数据开放平台,之后省内各地市陆续跟进,主要集中在珠三角地区和南部沿海。同时,广东各地市的数据开放模式较为多元,呈现出一片自由生长的“自然林”。这一模式有利于地方创新,但也同时出现地市间发展不均衡、参差不齐的问题。

山东省则表现为另一种不同的模式。山东省是首个省内各地市全面推出数据开放平台的省份。除青岛市平台较早上线外,山东省省级平台与下属各地市平台采用统一标准,集中建设,同时上线。各地市数据开放水平普遍较高,省级与地市级平台之间互相连接,形成“群落”。山东省内各地市整体呈现为一片整齐划一的“人工林”。这种模式有利于提升省内各地市政府数据开放的整体水平,推动基

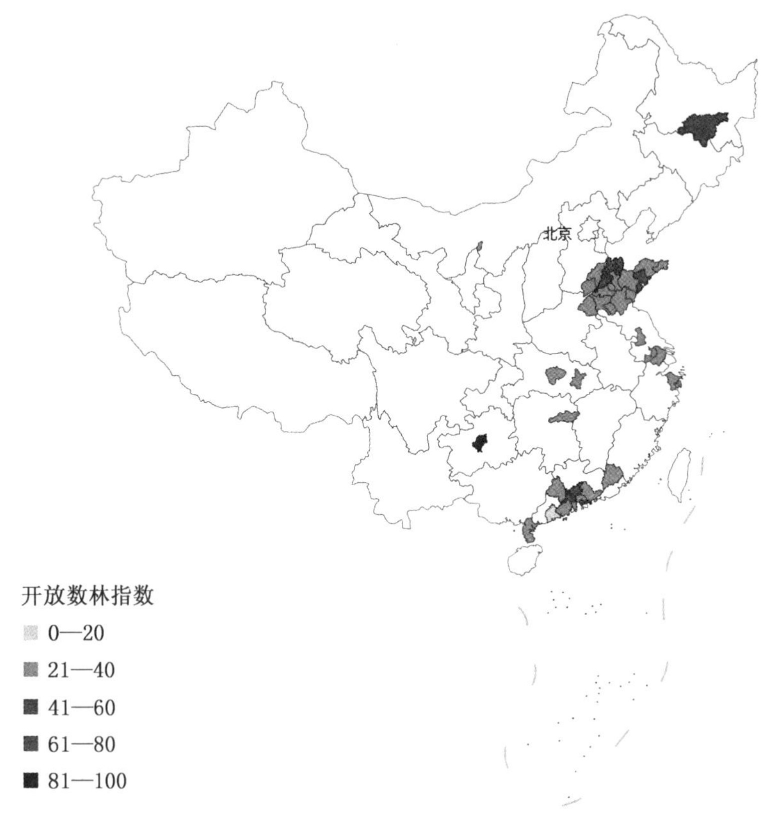

图 4-102　开放数林指数空间分布(地市级含副省级)

础薄弱的地市同步开放,节省各地市建设成本,但也容易出现各地"千城一面"、特色不足、抑制创新等问题。

(二) 长势分析

数据层是整体评估框架中权重最高的维度,已连续两年开展评估。该报告对2017年下半年评估报告中的20个[33]地方平台自2017年评估以来数据层指数的排名变化情况进行了跟踪分析。图4-103中的横坐标代表这20个地方2018年下半年数据层指数分值,纵坐标代表这些地市数据层自2017年下半年评估以来的排名变化。数据显示,2017年下半年以来,排名上升幅度最大的地方是贵州,其次为哈尔滨、广东、广州、深圳、佛山和贵阳等地,其余地方的排名均有不同程度的下降。

图中用排名不变(即为0)与指数得分均值作为两条分界线,将各地分为三种类型。位于第一象限(右上方)的地方为"竹林型",表现为指数较高且上升迅速,

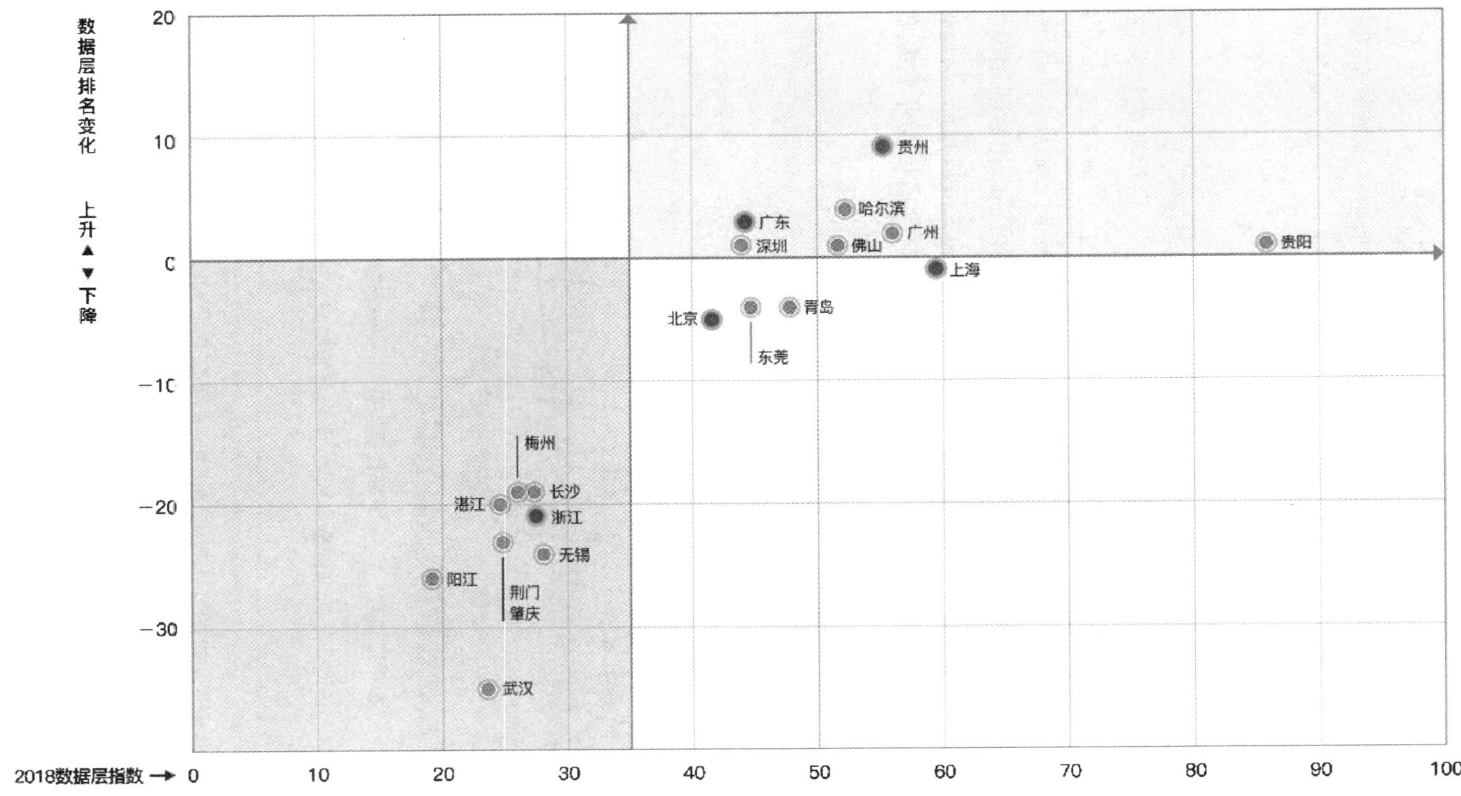

图 4-103 20 个地方数据层指数分值与排名变化分析

包括贵阳、广州、贵州、哈尔滨、佛山、广东、深圳等地；位于第四象限（右下方）的地方为“树林型”，虽排名稳定或小幅下降，但指数仍维持在较高水平，主要包括上海、青岛、东莞、北京等地；而位于第三象限（左下方）的地方则表现为排名下滑且指数处于中下水平，为“灌木丛型”。

（三）形态分析

1. 维度关系

该报告发现数据层、平台层和准备度三个维度之间存在一定程度的相关性。如图 4-104 所示，数据层指数与平台层指数曲线如藤蔓一样上下“缠绕”着准备度曲线，其中数据层指数曲线与准备度指数曲线的关系尤为紧密。经统计学检验，数据层指数与准备度指数的相关系数为 0.66，平台层与准备度两个指数的相关系数为0.33，都在 0.01 水平上显著，也就是说，一个地方的准备度指数越高，其数据层和平台层也很有可能表现得更好，准备度的高低会影响数据层与平台层的表现。

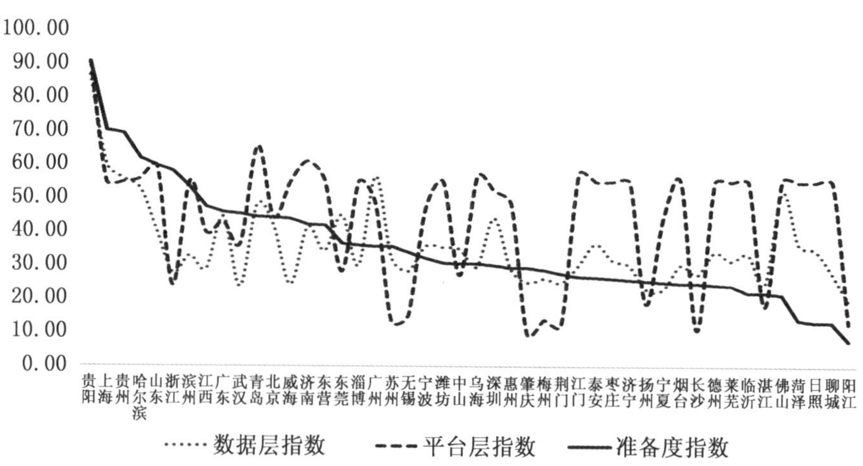

图 4-104　各地开放数据数据层指数、平台层指数与准备度指数曲线

2. 形态特征

以上综合分析表明，如图 4-105 所示，准备度是数据层与平台层的基础，准备度犹如树木的根系，根系发达才能有粗壮的枝干与茂密的枝叶。平台层与数据层则相互依赖，平台是树木的枝干，数据是枝干上长出的树叶，没有枝干树叶则无法附着与生长，没有树叶枝干也将成为枯枝。报告根据各地在三个维度上的不同表现，发现了七种“数木”形态。

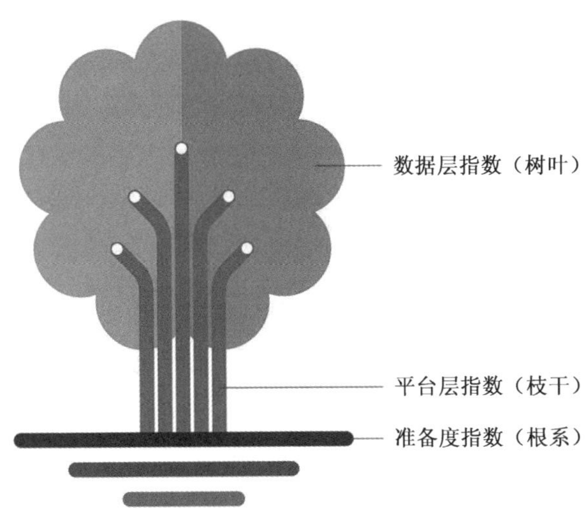

图 4-105 三个维度的生长形态及关系

（1）“乔木”型

乔木根系发达、躯干粗壮，枝叶茂密葱茏，该类地方在三个维度上均表现优异，呈现出均衡发展的态势。乔木型地方的代表为贵阳、上海和贵州等地。

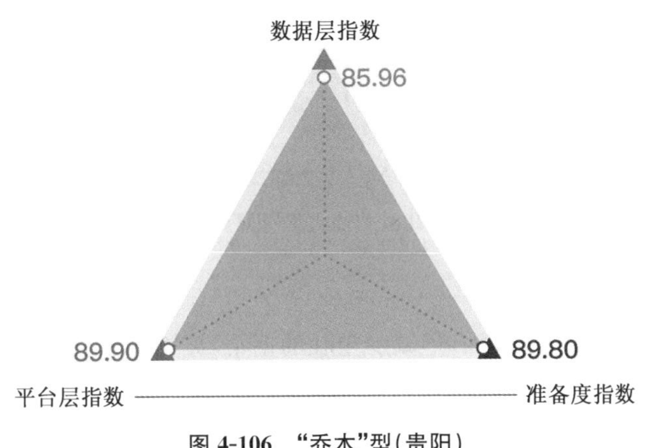

图 4-106 “乔木”型(贵阳)

（2）“水培”型

水培植物枝叶繁茂，但缺乏发达的根系。该类地方数据层和平台层表现较好，而准备度一般，有可能会影响发展后劲(图 4-107)。

（3）“仙人掌”型

仙人掌根系发达、枝干粗壮，却缺少茂密的树叶。该类地方准备度与平台表现俱佳，但数据层表现平平，有待发力拿出干货(图 4-108)。

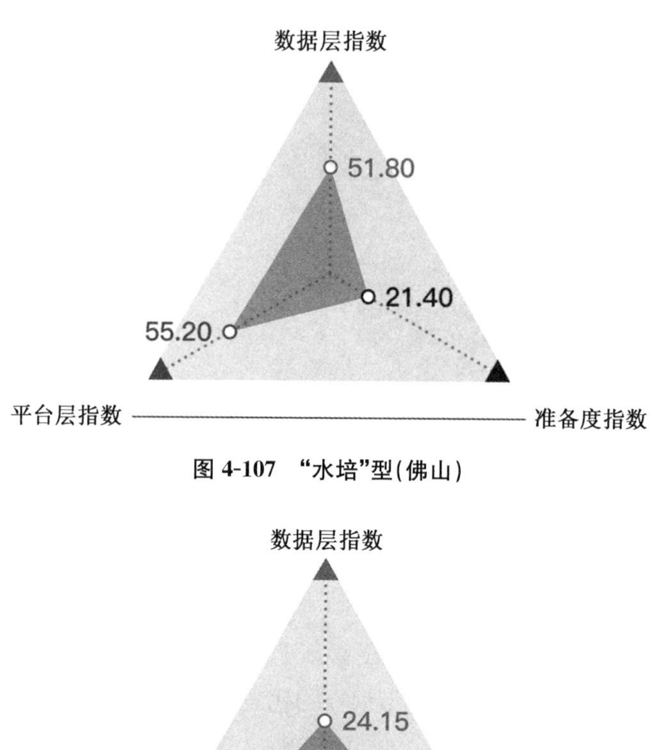

图 4-107　“水培”型(佛山)

图 4-108　“仙人掌”型(威海)

(4)“绿萝”型

绿萝叶片繁密,根基较深,但缺少粗壮的茎干,该类地方数据层和准备度表现良好,但在平台层方面尚表现一般,可能影响用户获取和利用数据的体验和效果(图 4-109)。

(5)“盆景”型

盆景虽有躯干,但还缺乏发达的根系与枝叶。该类地方新建了数据开放平台,但在准备度与数据层方面还没有较好表现,还有待夯实基础,做实数据开放(图 4-110)。

(6)“树根”型

树根具有发达根系,还未成长出枝叶。此类地方准备度不错,但数据层与平台层比较薄弱,期待早日枝繁叶茂,开花结果(图 4-111)。

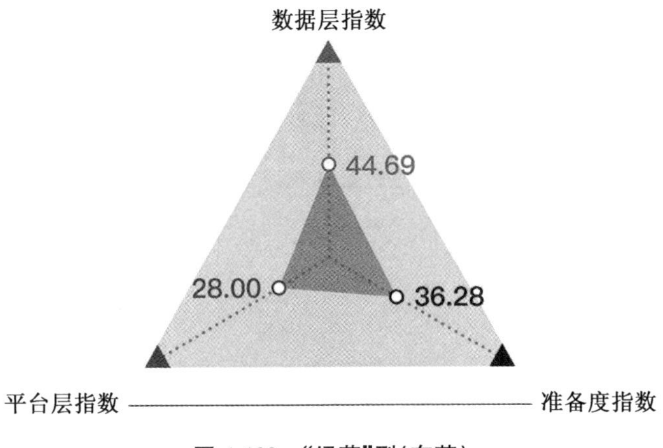

图 4-109　“绿萝”型(东莞)

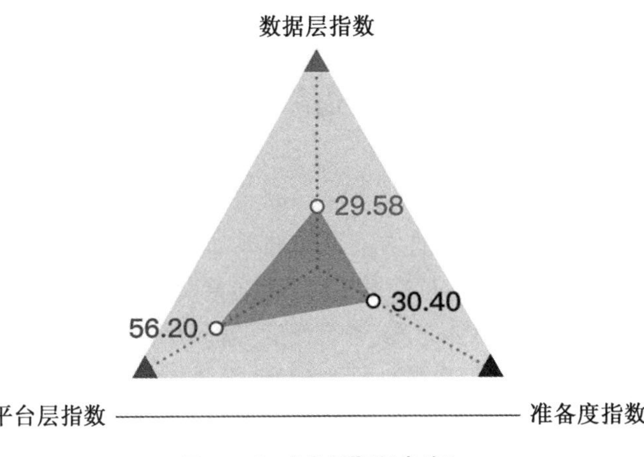

图 4-110　“盆景”型(乌海)

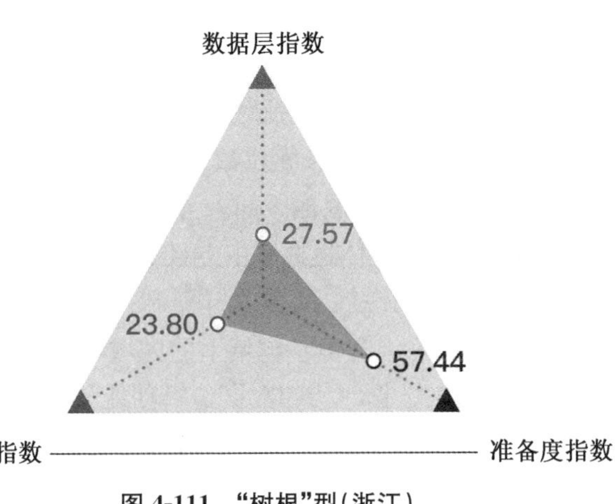

图 4-111　“树根”型(浙江)

（7）“柳条”型

柳条树叶繁密，但还缺少发达的根系和坚实的茎干，该类地方数据层表现较好，但在平台层与准备度方面尚表现平平，可能影响发展后劲和用户体验（图 4-112）。

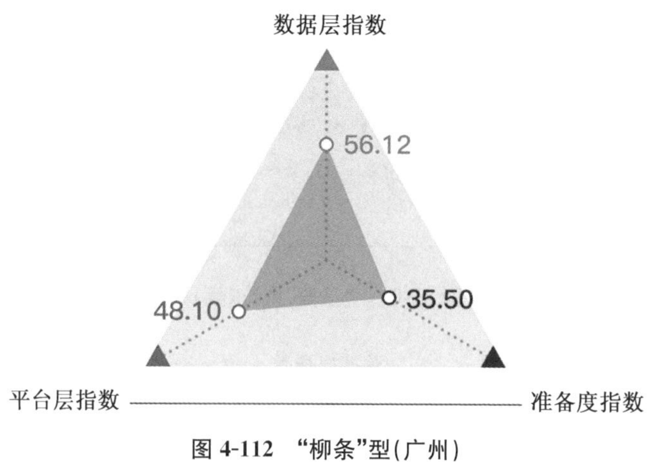

图 4-112 “柳条”型（广州）

（四）叶脉分析

各地在数据层指标中得分的均值与标准差如图 4-112 所示。均值得分高低代表各地在该项指标上平均达标率的高低，标准差大小则反映了各地在该项指标上表现的差异程度大小。总体上看，各个维度上都缺少达标率高且地区间差异小的指标，数据层中有不少指标整体达标率较高，但是地区间差异显著；平台层和准备度中大部分指标整体达标率不高，且地区间差异明显。

从图 4-113 可见，数据层中整体达标率较高且地区间差异适中的指标主要集中在图中右侧偏上的位置，包括无低容量数据和无碎片化数据，说明各地数据中低质量数据的整体比例不高；此外还包括基本元数据覆盖率和部门覆盖率等指标。达标率较低且地区间差异不大的指标主要集中在图中的左上角，包括固定链接、动态更新、开放格式、可机读格式、优质数据和数据集容量等。散落在图中右下角的指标整体达标率虽然较高，但地区间差异较大。

如图 4-114 所示，平台层中整体达标率中上且地方间差异较小的指标主要集中在图中右侧偏上的区域，包括动态展示、分类导航和搜索功能等。整体达标率低且地区间差异不大的指标主要位于图中左侧偏上的区域，包括开放数据目录、智能服务、社交媒体、标明数据来源、数据纠错和数据请求功能等。达标率低且地区间差异较大的指标则位于图中左侧偏下的区域，具体有分级分类获取、提供数据发布者联系方式、平台间关联三项。达标率高且地方差异较大的指标集中出现在右下角，包括数据本地获取、提供地理空间工具、订阅收藏、用户个性化功能整合和排序功能等指标。

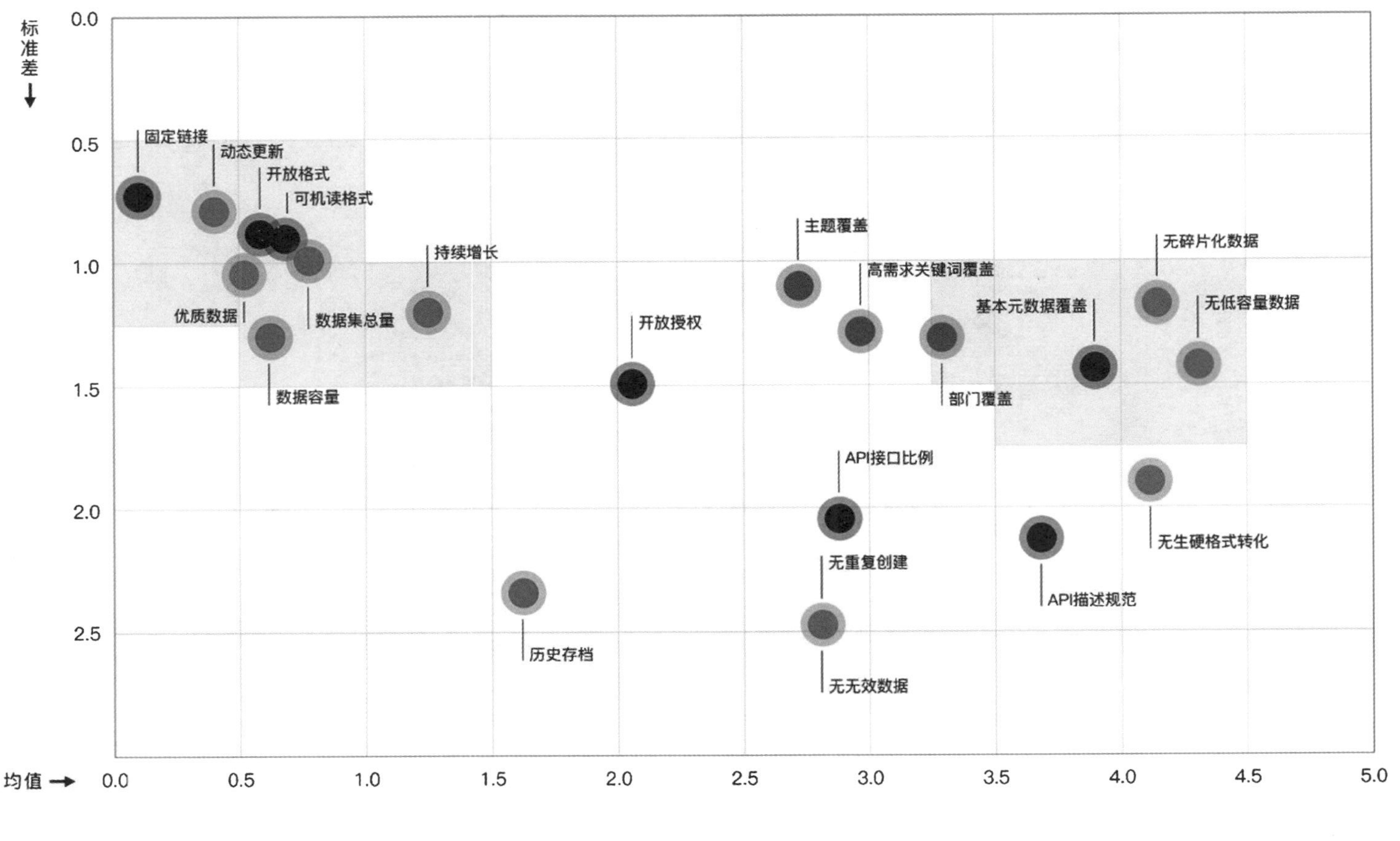

图 4-113 数据层各项指标得分均值与标准差

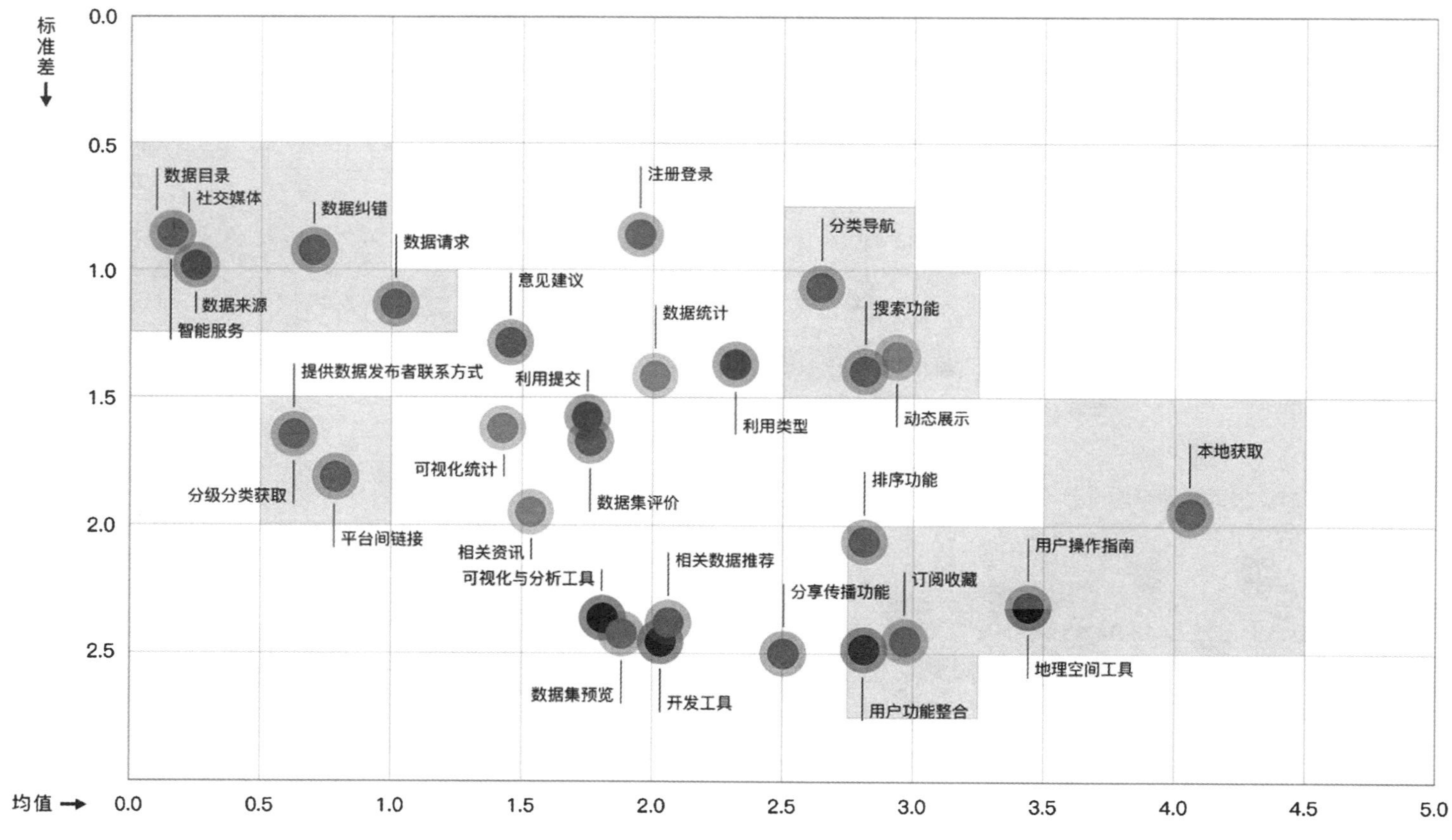

图 4-114　平台层各项指标得分均值与标准差

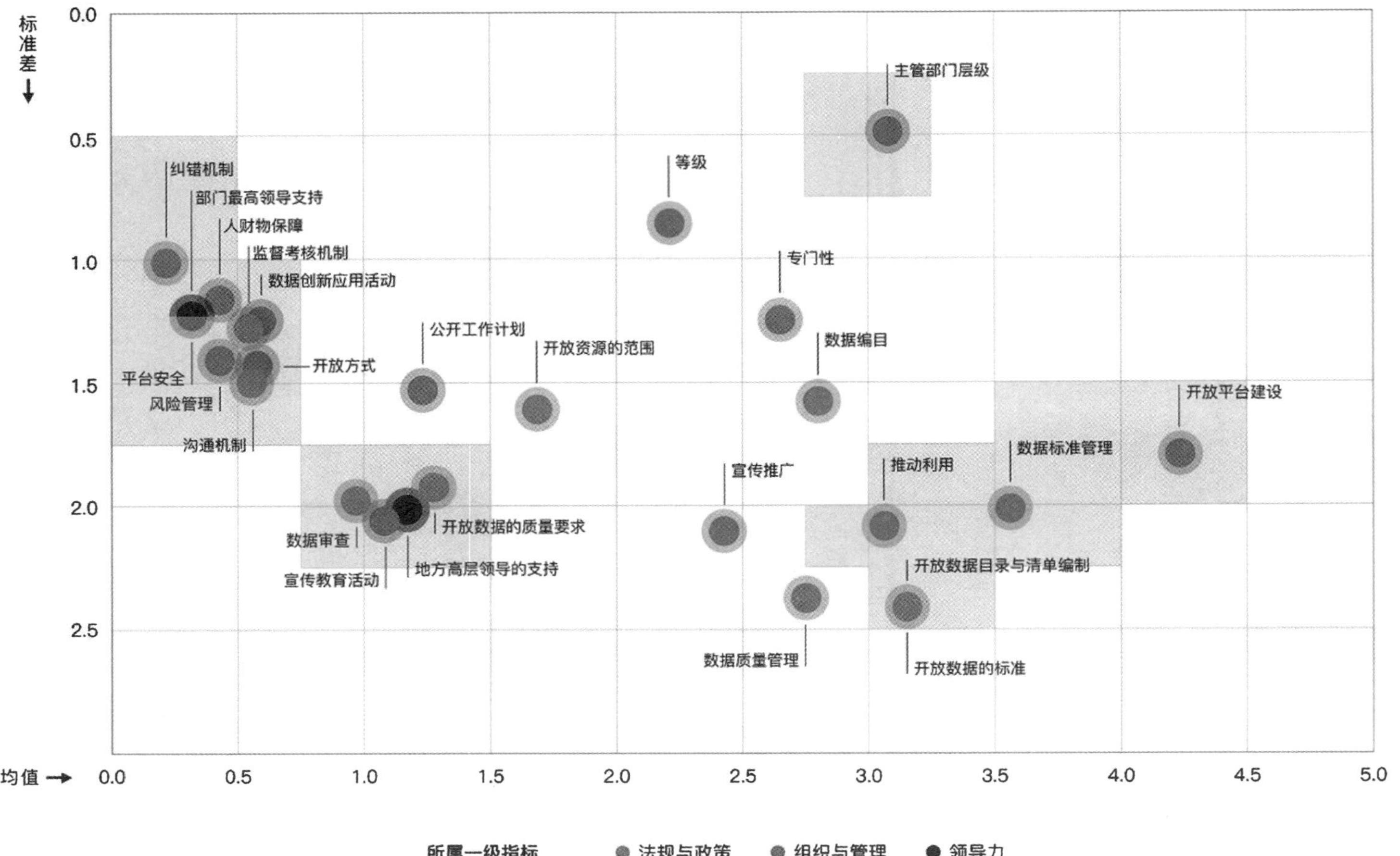

图 4-115　准备度各项指标均值与标准差

从图 4-115 可见，准备度中达标率中上且地区间差异较小的指标主要是主管部门层级。整体达标率低且地区间差异不大的指标主要位于图中左侧偏中上的区域，包括法规政策中对纠错机制、平台安全、人财物保障等方面的要求和部门领导支持。整体达标率低且地区间差异较大的指标位于图中左下角，包括宣传教育活动、地方高层领导的支持和法规政策中对数据审查和开放数据质量的要求。散落在图中右下角的指标整体达标率虽然较高但地区间差异较大，包括法规政策中对开放平台建设、数据标准管理、开放数据的目录与清单编制、开放数据标准和推动利用等方面的要求。

三、数据层分析

（一）数据数量

数据集总量稳步增长，但数据容量整体偏低。目前各地平台开放的数据集数量已成规模，贵阳、上海、青岛、武汉等地的数据集总数已突破 1 000 个，其他地区的开放数据集数量也在稳步增长。然而，与此同时，仍有 20 多个地方的开放数据集总数偏少，不足 200 个。同时，需要引起关注的是，各地开放的数据集数据容量整体偏低，只有广州、佛山、贵阳等地开放的数据集数据容量较大，利用价值较高，多数地方开放的数据集行数与列数过少，数据容量过低，无法被有效利用。

（二）数据质量

优质数据初现萌芽，但是数据质量良莠不齐。各地上线了一批高容量、高需求的优质数据集，尤以贵阳、贵州、哈尔滨、上海等地为代表。然而，大多数地方的数据集质量偏低，体现在多为数据量稀少或大颗粒度的低容量数据、人为分割的碎片化数据等方面。真正符合完整的、原始的、可机读的、非专属的、以接口形式提供等开放数据标准的数据集仍然不多。此外，各地普遍还存在重复创建、生硬格式转化和无效的问题数据等现象。这些低质量数据和问题数据很难被再次利用并产生相应价值，将会使数据开放最终流于形式。

（三）数据标准

数据标准逐步规范，但是元数据的完整性参差不齐。在数据的法律性开放上，北京、上海、贵州、广州、贵阳 5 个地方平台的授权协议中明确授予了用户免费获取、不受歧视、自由利用、自由传播和分享数据的权利，但许多地方的政府数据开放平台仍未提供明确充分的数据开放授权。

在数据的技术性开放上，各地平台上可机读、非专属、以接口形式提供的数据集比例稳步增长。贵阳市在全国率先提供了 RDF 格式的数据集，为开放数据集设置了固定的 URL 链接，便于使用者发现和链接到数据集的具体位置。然而，全国各地仍然存在很多不符合开放数据格式标准的数据集，如 PDF 或 DOC 格式的不可机读数据、XLS 格式的非开放格式数据等。

在元数据完整性上，目前大多数地方平台都能提供基本的元数据，这有助于用户理解和应用数据。然而，各地情况参差不齐，在提供发布时间、更新时间、数据指标和数据量等条目上仍有待进一步完善。

（四）数据覆盖面

数据覆盖面尚不均衡，统计数据数量最多但价值偏低。在主题覆盖率上，目前各地平台上提供最多的数据集主题是社会民生和经贸工商，提供较少的主题是城建住房、社保就业和信用服务。不同地方平台的主题覆盖情况不一，广州和青岛的开放数据集主题覆盖率最高。

在部门覆盖率上，各地平台上开放数据集最多的部门是统计局，远高于其后的教委、卫计委、交通委等业务部门。来自统计部门的数据多为二手的、经过加工归总的数据集，其再利用价值低于来自业务部门的、一手的、原始的数据集，各地对于开放数据的理解仍存在偏差。贵阳、广州、东莞、济南、宁波和山东等地的政府部门对数据开放的参与程度最高，几乎所有的部门都开放了数据，但全国仍有接近半数的地方政府其部门参与度不到一半。

在关键词覆盖率上，各地开放的高需求数据集名称中出现“许可”、“建设”和“生产”的频次最高，高需求关键词覆盖率最高的地方是贵阳和武汉，实现了全部覆盖，然而还有少数城市的覆盖率不到三成。

（五）数据可持续性

数据可持续性略有进步，后续运维仍然是短板。一些地方能基本保持新增数据集持续增长与存量数据集动态更新，但仍有不少地方平台出现数据集增长间歇或停滞，而真正实现存量数据动态更新的比例仍然偏低。此外，仅有不到一半的地方将历史上多个批次的数据留存在平台上供用户获取。总体而言，多数地方平台在上线之后对后续运维与持续更新的重视程度不够。

四、平台层分析

（一）平台概览

在平台概览方面，各地平台“开门见数”差异悬殊，动态与可视化尤为薄弱。总体来说,平台概览整体上有了较大进步,多数已能向用户展现平台上的数据概况和相关资讯,但地区间仍存在显著差异。青岛和中山的平台已覆盖了所有评测的数据统计条目,但仍有地方只提供了很少的或未能提供数据统计条目。贵阳已提供了七项动态展示条目,但多数平台的动态展示内容还比较单一。接近半数的省市已在其平台上提供了最新相关资讯,但半数平台仍未实现。佛山、广州、贵阳等少数地方平台已能提供较为丰富的可视化功能,但多数地方仍未提供或提供形式较为初级。

(二) 平台引导

总体而言,各地方的平台引导功能有较大提升,实现了从无到有的突破。佛山、广州、青岛、宁夏和济南等地能够提供按标签分类的导航方式,东莞、哈尔滨、山东等地提供了相关数据推荐功能,浙江、贵阳、武汉、湛江等地提供了数据发布方的地址,山东和贵阳的平台分别与下级市级和区县级平台建立了链接,贵阳已尝试通过智能交互方式提供服务。

然而,各地仍存在一些普遍问题,包括分类导航缺乏用户视角,搜索功能不够精确完整,排序方法简单初级,推荐相关数据却不提供链接,操作指南有而不全,联系数据发布者困难,平台之间缺乏互联互通等。在各地平台上,找到数据仍是难题,平台引导的路径虽然多,但效果仍然存疑。

(三) 数据获取

在数据获取方面,获得数据门槛高、体验差,“一刀切”多于分级分类。总体上,地方平台在数据获取方面出现不少亮点,贵阳率先开放了数据目录,上海、贵阳、深圳和贵州开始探索数据分级分类开放,上海、深圳、宁波也已开始实行分级分类的注册要求。

但不少问题仍然存在:多数地方未提供数据目录和数据集预览,少数平台仍需要用户通过链接跳转到外部平台后才能获取数据,还有部分平台未提供数据订阅或收藏功能。在绝大多数平台上,用户获取数据的方式缺乏便捷性和灵活性,很多地方不分数据类型和用户类型而“一刀切”地采用同样严格的注册登录方式,影响了用户获取和利用数据的体验感和获得感。

(四) 工具提供

工具虽有却不好用,用户体验因人而异。越来越多的平台开始向用户提供可视化与分析工具、开发工具和地理空间工具。然而,用户的利用能力高低不一,提供的工具还未能充分考虑不同用户群体的需求差异和使用体验。有三成的地方平台已提供了数据分析工具,但操作难度较高,不便于初级用户使用;许多平台还未提供可视化功能帮助用户解读数据;还有少数平台未能将分析工具与平台内的数据联通,分析工具形同虚设;有些平台上的开发工具实际上只是工具介绍或下载链接;还有部分平台未实现地理空间工具与数据集的叠加应用。

(五) 利用成果展示

有些平台虽然开设了数据应用频道,但是平台上现存的“应用”并非都是可下载、可使用的数据应用,有些仅仅是一些公告信息的链接;有些平台虽然提供了可下载、可使用的数据应用,但大多并未利用本站数据,或仅仅浅层次地运用了一些基础数据,或即使利用了本站数据也并未对具体使用了哪个数据进行说明;有些平台提供的“数据应用”名不副实,实际上是地方政府部门的政务业务处理系统,是开放数据的来源,而非数据开放后的实际应用。

整体而言,各地在数据利用成果展示方面已取得一定进展。贵阳开设了“数据无限”栏目向普通公众展示数据传播产品。北京在数据利用成果下标明了开放数据来源,贵阳还进一步提供了来源数据集的链接。北京平台上的数据利用已基本来自市场开发。超过半数的地方为用户提供了提交利用成果的功能,贵阳还开设了提交研究成果的功能。

然而,利用成果展示普遍缺乏广度和深度,尚未充分体现开放数据的价值,对真正的数据利用少,各地展现的数据利用成果大多是由政府自身而非市场所开发,这并非政府开放数据供社会开发利用的初心。绝大部分地方的数据利用频道还不够丰富全面,主要展现应用程序,而缺少对数据传播产品和科学研究成果的展现。对于已展现的应用程序多数未标明所使用的开放数据来源,许多地方也未开设通道供数据利用者提交各类利用成果,提交利用成果通道不通畅。

(六) 互动交流

在互动交流方面,多数地方政府的开放数据平台都提供了对单个数据集的评价功能、对平台整体的意见建议功能以及数据请求功能,建立了用户和政府之间的对话机制。由此,用户得以发表自身意见,从而在一定程度上提升了参与度和积极性;政府也得以获取一些有用的意见和建议,从而不断改进、完善平台的建设,为用户提供更高品质的平台服务。

大部分平台都开设了互动交流功能连接开放数据的供给侧与需求端,并在功能上不断优化细化。上海和宁波允许用户从多个维度对数据集进行星级评价。十个地方平台已公开了用户对单个数据集的评价,青岛、贵阳和深圳对用户的数据请求进行了反馈并予以公开。北京、贵阳、江西等地向用户公开了对用户建议的反馈,且回复建议的时效性较强、质量较高。贵阳、贵州、浙江等地开设了数据纠错功能,其中贵阳还公开了数据纠错情况与回复内容。北京、佛山、广州等地方平台提供了将平台信息一键分享至微信、微博、QQ 的功能。贵阳市开设的社交媒体账号定期推送与政府数据开放相关的资讯与传播产品。

然而,多数平台在互动交流的功能设置和实际效果上仍存在问题。互动交流"门难进",大多数平台仍要求用户注册登录后才能进行反馈,且注册程序繁琐,增加了公众提出建议和需求的难度。大多数平台回复的时效性差,回复质量低,且未公开用户的数据请求、纠错、评价与意见反馈。

(七) 个性化整合

目前,已有近六成的平台通过"个人中心"实现各项服务功能的个性化整合。贵阳开设的自定义场景功能可为用户提供个性化的数据搜索、下载和分析功能。然而,多数平台的个人中心只是实现了"整合",而缺少个性化服务。

五、准备度分析

(一) 法规与政策

总体而言,绝大多数地方都已出台了与政府数据开放相关的法规和政策,为数据开放工作奠定了法治基础,提供了政策依据,涉及数据治理、数据开放、数据利用、安全保护等各个环节。然而,这些法规政策还存在一些普遍问题。

1. "散"。目前只有贵阳、上海、哈尔滨、青岛、威海五个地方出台了专门针对政府数据开放的政策,其余各地政策过于分散,普遍缺乏专门性的政策对数据开放的各个方面进行统一规范和引导。

2. "弱"。目前只有贵州、贵阳和浙江将政府数据开放纳入具有较高法律效力的地方性法规或地方政府规章规范中,少部分地方制定了规范性文件,其余多数地方政策的效力等级较低,约束力不足。

3. "空"。当前多数地方的数据开放法规政策多以原则性内容为主,政策规定缺乏指导性与可操作性。

4. "同"。目前各地开放数据领域的政策内容存在同质化的现象。尽管后发地区借鉴先发地区的政策文件有利于迅速学习追赶,但不考虑本地实际直接照搬其他地方的政策内容,可能会使本地的数据开放工作缺乏针对性与适用性,甚至流于形式。

(二) 领导力

强有力的领导重视和支持有利于政府数据开放工作的顺利开展与可持续推

进。尽管已有北京、上海、浙江等十多个地方的高层领导和部门负责人公开表态支持政府数据的开放与社会化利用,但更多地方仍缺乏高层领导和部门负责人公开、明确的支持和推动。

(三) 组织保障

目前,虽有个别地方在组织保障方面整体表现较为突出,但大部分地方存在不少问题。

1. 主管部门职能模糊,协调能力弱。一方面,部分地方未在其政府门户网站或政府数据开放平台上明确其主管部门的数据开放职能。另一方面,除极少数地方(贵州和贵阳)专门成立了协调力较强的委办局来主管数据开放和开发利用工作,绝大多数地方只是将数据开放职能交由当地政府办公厅、经(工)信委或网信办内主管信息化、电子政务的二级处室,其行政级别与其他数据提供部门相同,大都面临协调困难、工作难以推进等问题。

2. 缺乏专项工作计划。政府数据开放需要分步骤、有计划地专项推进。目前虽然有 19 个地方制订了公开的数据开放工作计划,但只有上海的工作计划专门针对政府数据开放,其余地方的工作计划均为非专项。

3. 忽视生态体系培育。培育数据利用生态体系,营造良好的社会氛围是数据开放准备度的重要方面,但目前只有少部分地方政府对培育数据开放生态体系有一定程度的重视,大部分地方的相关意识仍较为薄弱。

注释

1 Opengovdata. The annotated eight principles of open government data[EB/OL]. [2017-08-15]. www.opengovdata.org.

2 United Nations. UN E-Government Survey[EB/OL]. [2017-08-15]. https://publicadministration.un.org/egovkb/en-us/reports/un-e-government-survey-2016.

3 The World Bank. Open Data Essentials[EB/OL]. [2017-08-15]. http://opendatatoolkit.worldbank.org/en/essentials.html.

4 Open Data Chatrter. Principles[EB/OL]. [2018-05-04]. http://opendatacharter.net/.

5 The Gov Lab. Open Data Definitions—What's in a Name? [EB/OL]. [2018-05-04]. http://odimpact.org/resources.html.

6 DAVIES T, SHARIF R, ALONSO J. Open data barometer, global report second edition[R]. World Wide Web Foundation, 2015.

7 Open Knowledge. Open data index[EB/OL]. [2016-01-10]. http://index.okfn.org.

8 Division for public administration and development management (DPADM), UN department of economic and social affairs (UNDESA). How can we benchmark open government/open government data? [EB/OL]. [2016-01-10]. http://unpan1.un.org/intradoc/groups/public/documents/un-dpadm/unpan050405.pdf.

9 OECD. Government at a glance 2015 Paris: OECD Publishing[EB/OL]. [2016-01-10]. http://www.oecd-ilibrary.org/governance/government-at-a-glance-2015_gov_glance-2015-en.

10 ePSIplatform. The PSI scoreboard [EB/OL]. [2016-01-10]. https://ec.europa.eu/digital-single-market/implementation-public-sector-information-directive-200398ec-member-states.

11 Open Data Monitor. Methodology of open data monitor[EB/OL]. [2016-01-10]. http://opendatamonitor.eu/frontend/web/index.php?r=site%2Fmethodology.

12 Web Foundation. Open government data feasibility studies[EB/OL]. [2016-01-10]. http://webfoundation.org/our-work/projects/open-government-data-feasibility-studies/.

13 The World Bank's Open Government Data Working Group. Open data readiness assessment users. Part B: methodology[EB/OL]. [2016-01-10]. http://opendatatoolkit.worldbank.org/en/odra.html.

14 Open Data Institute. Open data maturity model[EB/OL]. [2016-01-10]. https://theodi.org/guides/maturity-model.

15 《北京市政务信息资源管理办法（试行）》[EB/OL]. [2017-12-27]. http://zhengce.beijing.gov.cn/library/192/33/50/438650/1534700/index.html.

16 《浙江省促进大数据发展实施计划》[EB/OL]. [2016-02-18]. http://www.zhejiang.gov.cn/art/2016/3/1/art_12460_263726.html.

17 上海市《关于推进政府信息资源向社会开放利用工作的实施意见》[EB/OL]. [2014-05-05]. http://www.sheitc.gov.cn/bsxxgk/668391.htm.

18 《哈尔滨市推进政府数据向社会开放工作实施方案》[EB/OL]. [2017-03-10]. http://www.harbin.gov.cn/art/2017/3/24/art_13791_2106.html.

19 《贵州省政务数据资源管理暂行办法》[EB/OL]. [2016-11-01]. http://www.gzgov.gov.cn/xxgk/zfxxgkpt/szfxxgkml/aztfl/zhzw/201709/t20170919_793971.html.

20 《贵阳市政府数据共享开放实施办法》[EB/OL]. [2018-01-12]. http://www.gygov.gov.cn/c9681/20180123/i1459759.html.

21 《贵阳市政府数据共享开放实施办法》[EB/OL]. [2018-01-12]. http://www.gygov.gov.cn/c9681/20180123/i1459759.html.

22 上海市《关于推进政府信息资源向社会开放利用工作的实施意见》[EB/OL]. [2014-05-05]. http://www.sheitc.gov.cn/bsxxgk/668391.htm.

23 《贵阳市政府数据共享开放条例》[EB/OL]. [2018-01-12]. http://www.gysrd.gov.cn/News_show.aspx?xid=146&lmid=147&nid=7081.

24 《贵阳市政府数据共享开放条例》[EB/OL]. [2018-01-12]. http://www.gysrd.gov.cn/News_show.aspx?xid=146&lmid=147&nid=7081.

25 《上海市大数据发展实施意见》[EB/OL]. [2019-09-15]. http://www.shanghai.gov.cn/nw2/nw2314/nw2319/nw12344/u26aw50056.html.

26 《贵州省政务数据资源管理暂行办法》[EB/OL]. [2016-11-01]. http://www.gztyw.gov.cn/zhxw/szfwj/201611/t20161114_1358738.html.

27 《贵阳市政府数据资源管理办法》[EB/OL]. [2017-11-23]. http://www.gygov.gov.cn/c1251/20171205/i1415800.html.

28 《浙江省公共数据和电子政务管理办法》[EB/OL]. [2018-02-01]. http://zfxxgk.zj.gov.cn/xxgk/jcms_files/jcms1/web14/site/art/2018/2/1/art_1082_1987774.html。

29 《贵州省大数据发展应用促进条例》[EB/OL]. [2016-03-01]. http://www.gzrd.gov.cn/dffg/sgdfxfg/23501.shtml.

30 《贵州省大数据发展管理局主要职责内设机构和人员编制规定》[EB/OL]. [2017-01-25]. http://www.gzgov.gov.cn/xxgk/jbxxgk/fgwj/szfwj_8191/qfbf_8196/201709/t20170925_823950.html.

31 来自 http://www.gzgov.gov.cn/xxgk/zfxxgkpt/szfxxgkml/ajcfl/gk/ldjjfg/201709/t20170928_1051079.html.

32 更多内容可关注微信公众号“SODA 上海开放数据创新应用大赛”(SODA Challenge)。

33 2017 年下半年评估对象共 21 个，其中佛山南海区为区县级政府，本次未做跟踪，故为 20 个。

第五章 我国政府数据开放的先行者们都进行了哪些探索?

早在2004年,上海市还在推行政府信息公开的时候,就发现在收到申请中有一部分是关于“数据”的申请,政府工作人员依稀感觉到了“数据开放”与“信息公开”的不同,并由此拉开了探索“数据开放”的序幕。上一章我们介绍了我国地方政府数据开放的整体发展情况,接下来,将解剖一个个具体的案例,深入地讲述我国地方政府和国家行业主管部门在数据开放领域进行的尝试与探索。

第一节 先行先试,打造数据开放生态体系:上海市

作为改革开放排头兵和创新发展先行者,上海市先行先试推动政府数据开放工作,于2012年6月上线试运行我国内地首个地方政府数据开放平台,为中国地方政府数据开放探索出了一套可推广、可借鉴的经验。

一、率先开放:四大举措启动数据开放工作

上海市政府最初着手数据开放工作,来自本地需求和国际趋势的双重推动。2004年1月19日,《上海市政府信息公开规定》正式发布,并于2004年5月1日起施行,这是我国首个省级地方政府出台的政府信息公开规定。在实施过程中,政府部门发现在收到的信息公开申请中有一部分是关于“数据”的申请。如何回应这些公众对数据公开的申请?上海市政府开始研究起“信息”和“数据”的关系,由此开始了如何把“数据”像信息那样公开出去的探索。

2011年,时任上海市委书记俞正声看到了一份关于数据开放的调研报告,随即责成上海市信息中心和上海市经济与信息化委员会(以下简称市经信委)对此问题开展专门研究,一项名为《加快政府部门公共信息资源向社会开放,促进信息

服务业发展》的课题开始推进。该课题被列为2011年度上海市委重大专项调研之一,研究了大量美英等发达国家政府数据开放的案例,为上海市政府数据开放工作提供了参考,并明确了推进上海市政府数据开放的四项重点工作——建设网站、推进试点、编制数据资源目录、出台实施意见。该课题正式启动了上海市开放政府数据的工作,其研究成果也为后续工作提供了支撑。

首先是网站建设,2012年,由上海市政府办公厅和市经信委牵头,市公安局、市工商局、市交通委等9家试点单位参与,建设了我国内地首个地方政府数据开放平台——"上海政府数据服务网"。网站上线后引起了不小的反响,运行首月访问量就达到35万人次。网站的名称"上海政府数据服务网"也体现了其"服务"的理念。当时在市经信委推进数据开放工作的张柏军解释道:"我们认为开放只是一种手段,关键还是促进信息服务业的发展。所以我们还是从数据服务的角度去命名网站的名称"。

网站建成之后要有数据,于是上海市确定了九个试点部门,包括交通委、商务委、卫计委、公安局、工商局、住房保障局、国土资源局、交通港口局和统计局。"这些部门的选择是比较讲究的,它们跟城市建设、交通出行、民生服务以及市场监管比较有关系,而且这些数据不太涉及商业秘密、个人隐私等,是一些比较宏观的部门,关键是可以通过试点探索可以推广的经验",市经信委的工作人员回忆道。平台上首批提供的可供用户下载的数据集有212个,涵盖地理信息、道路交通、公共服务、经济统计、资格资质、行政管理6大领域。

市经信委信息化推进处具体负责统筹推进上海市的政府数据开放工作,并在该处加挂了大数据发展处的牌子。为了进一步为数据开放工作提供制度保障,2014年,上海市出台了《关于推进政府信息资源向社会开放利用工作的实施意见》(沪府办[2014]37号),提出了四个主要任务,梳理政府信息资源、确定政府信息资源开放范围、完善政府信息资源开放渠道、支持政府信息资源增值利用,并从组织领导、资金投入、考核机制等方面制定了保障措施。

当时"数据开放"的概念才刚刚出现,国家层面对此也没有明确要求。对于这样一个新生事物,各部门顾虑很多。要进行数据开放,必须基于一个全面的数据资源目录,为此市经信委建立了一套行之有效的方法。首先,建立了信息化建设与政府数据开放的联动机制,将信息化项目的数据资源规划、目录编制注册、目录更新等作为信息化项目立项、项目验收、运维资金申请的重要依据。要求各试点部门在对数据资源目录进行梳理后,分别确认目录中可以开放的数据集。同时,上海市政府办公厅和市经信委还编制了一整套数据资源目录编制的规范作为地方标准，在参考国家标准的基础上加入了具有上海特色的内容，为政府数据开放提供了标准依据。此外，上海市还建立了数据开放工作的评估考核机制，委托第三方机构持续对上海市各委办局的政府数据资源开放工作开展评估，从资源共享、数据开放和管理支撑三大方面，对上海市政府数据资源开放工作的运行管理和应用效益进行全面评价和监督，并将评价结果纳入上海市政府信息公开工作年度考核范围。

在此过程中，“上海政府数据服务网”也在不断迭代完善，从1.0版升级到2.0版，平台体验更强调用户视角，开放数据的数量和范围也得到了扩展。截至2015年10月，上海累计开放了521项数据集，涵盖了经济建设、资源环境、教育科技等11个重点领域，网站的访问量超过55万人次。

二、持续推进：制定数据开放规划和工作计划

上述四项重点工作为上海市政府数据开放工作奠定了基础，但该项工作总体上仍处于起步和探索阶段，面临一系列亟待解决的问题，数据开放的范围和质量还有待提升，而解决这些问题需要科学有效的顶层设计与规划。

2015年，上海市又启动了政府数据开放规划工作，按照国务院印发的《关于促进大数据发展行动纲要》的要求，围绕上海市四个中心的建设目标和本地发展需求，借鉴国外重点国家和城市的成功经验，确定了交通出行、城市安全、商业金融、医疗卫生、资源环境、文化休闲、城市建设、人才就业、教育就学、社会保障、安居住房、民生服务、商贸物流、科技创新、食品健康、农林牧副渔16大数据开放主题领域，并梳理了每个主题下应当重点开放的数据清单。

上海市又进一步分析了这16个主题下相关数据集的需求度和成熟度，需求度主要从国家政策要求、市民民生需求、利用者需求出发进行分析，成熟度则对政府数据资源的准备程度和开放条件进行了评估。最终，基于以上分析结果制定了2016—2018年推进政府数据开放的阶段性要求：2016年的数据开放重点主题为医疗卫生、城市安全和交通出行，2017年重点主题为商业金融、资源环境、城市建设、人才就业、食品健康和教育就学，2018年重点主题为社会保障、安居住房、农林牧副渔、文化休闲、民生服务、商贸物流和科技创新。

上海还是国内首个制定数据开放的年度工作计划并向社会公开的地方，其发布的《上海市政务数据资源共享和开放年度工作计划》详细制定了当年的总体思路、重点工作任务和工作要求。

经过多年努力,上海市政府数据开放取得了显著成绩。截至 2018 年 5 月,上海市已累计开放 1 000 多项数据集和 425 个数据接口,网站访问量超过 170 万。在“2018 中国开放数林指数”的省级平台排名中,“上海市政府数据服务网”名列第一,在数据层、平台层和准备度层三个维度上均有出色表现,呈现出均衡发展的态势,图 5-1 为该平台的首页截图。

图 5-1　“上海市政府数据服务网”首页

图片来源:上海市政府数据服务网,http://www.datashanghai.gov.cn/home! toHomePage.action。

“上海市政府数据服务网”所开放的数据集基本满足可机读格式的要求,开放数据的部门覆盖率达到了 90%,并注重平台管理运维的持续性和常态化,平台上线后持续更新和添加数据集,从 2012 年第四季度发布数据开始,已保持了 15 个季度上线新增数据集。平台上的开放授权协议也明确授予了用户免费获取、不受歧视、自由利用、自由传播与分享“开放数据”的权利。平台上还提供了数据开放相关资讯和丰富的可视化内容,在“数据图谱”中,提供了数据领域、数据类型的饼状图,下载量 Top10 和访问量 Top10 的柱状图等内容(见图 5-2)。

同时,上海市的数据开放平台还以用户的服务场景来对数据集进行归类,并设置了按需排序功能,用户可以根据“下载次数”、“综合得分”、“更新时间”、“浏览次数”和“名称”五个标准对数据进行升序或者降序排列。此外,上海平台还开始探索数据分级分类开放,将开放数据分为普遍公开、特定公开和依申请开放三种属性,初步形成了分级分类的用户注册要求。用户还可对平台上的数据集进行评价,并对平台功能提出建议。

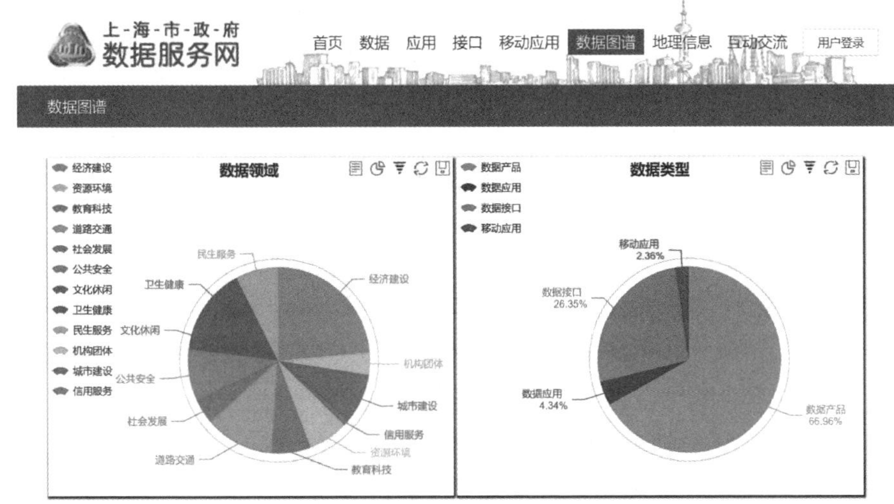

图 5-2　"上海市政府数据服务网"数据图谱

图片来源：上海市政府数据服务网，http://www.datashanghai.gov.cn/home!toDataOverview.action。

三、培育生态：组织数据创新大赛推动应用

政府数据开放的根本目的在于推动数据利用，上海市在建设和优化数据开放平台的同时，大力推进开放数据的社会化利用，培育政府数据开放的生态系统。为此，上海开放数据创新应用大赛应运而生（见图 5-3）。大赛的简称 SODA（Shanghai Open Data Apps）刚好与苏打水的英文拼写不谋而合，复旦大学数字与移动治理实验室主任郑磊解释道，"政府和公共部门手中蕴藏着大量与城市生活息息相关的数据，这些数据就像封装在玻璃瓶里的苏打水，看上去安静平稳，悄无声息，但只要一打开瓶盖，就能瞬间迸发出无穷的能量"！

SODA 大赛由上海市经信委牵头主办，中国工业设计研究院（CIDI）承办，从 2015 年起连续举办。大赛以政府数据开放集聚社会智慧，释放开放数据能量。在历届 SODA 大赛上，政府多部门联合开放了大量高质量的数据，吸引了众多参赛者提交创意方案，取得了很好的效果和影响。

2015 年的 SODA 大赛由上海市经信委和交通委主办，以"城市交通"为主题，开放了城市道路交通指数、地铁运行数据、一卡通乘客刷卡数据、浦东公交车实时数据、强生出租车行车数据、空气质量状况、气象数据、道路事故数据、高架匝道数据、新浪微博数据 10 类数据集。数据以可机读格式开放，数据总量共约 100 万兆（1 TB），其中大部分数据集在国内属首次开放。

图 5-3　上海开放数据创新应用大赛(SODA)

图片来源：上海开放数据创新应用大赛，http://shanghai.sodachallenges.com/。

大赛面向全球征集改善城市交通、便利市民出行、创新商业模式的解决方案，吸引了 2 000 余人参赛，选手们提交了涉及交通综合分析、公交优化、出行规划、绿色出行、交通金融(保险)模型等主题的总计 505 个创意方案，例如出行计划、出租车合乘、地铁运营优化、智能抑尘、骑行生活等应用。最终，来自上海交通大学复杂网络与控制实验室的五名同学所组团队开发的"基于动态网络与社会激励的新能源汽车租赁系统"摘得大奖。该系统针对解决新能源汽车租赁点布局冷热不均、运营成本偏高等问题而设计，在分析了智能一卡通、停车场、道路指数以及自行抓取的地理信息数据基础上，重新设计了新能源汽车租赁的动态分配系统。赛后，主办方和承办方还对优秀项目提供投资对接和孵化落地支持，通过开放数据推动创新创业。

2016 年的 SODA 大赛以"城市安全"为主题，开放了来自 18 个政府部门与相关企事业单位的业务数据，具体包括交通安全、食品安全、社会治安、环境治理、生产安全等方面的 29 个高价值数据集，通过开放数据为上海征集针对城市安全问题的解决方案、创新应用和决策支持，推动众包众创的智慧城市建设。

赛前还举办了"上海开放数据周"，吸引了企业、高校、社会组织的广泛参与，内容涵盖数据开放的理论与现状研讨、数据技术的应用和培训、行业数据开放和创新等多个主题，宣传普及开放数据文化，提升公众数据素养。

最终进入10强的团队提供的参赛作品涉及“犯罪指数预控与警力配调优化”、“城市金融安全”、“公共场所人群风险管理与疏散优化”、“商圈安全和食品安全”、“环境安全”、“城市安全宜居”等数据产品和服务。

2017年SODA大赛继续举办,主题为“城市治理”,大赛协调开放了来自15家上海市政府部门与相关企事业单位的业务数据,涉及共享单车、环境治理、食品安全、智慧用电、交通事故等领域,参赛作品涉及“单车管理”、“食品安全治理”、“公共交通优化”、“消费者权益保护”等主题的数据产品和服务。

SODA大赛开赛以来,被各大媒体广泛报道,受到社会各界高度关注,对于政府、企业、科研机构和普通公众都是一场关于开放数据理念的公共宣传和普及教育。正如上海市经信委信息化推进处处长裘薇所言,“能主动在上海市政府数据服务网上下载政府数据并解读利用的人毕竟是少数”,而大赛将开放数据的概念和价值普及到各个社会层面,有助于创造一种开放、共享、合作、共创的社会氛围。

SODA大赛使各级政府部门对开放数据的社会经济价值和提升公共服务与社会治理水平的潜力有了直观的认识和体验。一些政府部门在大赛之前曾担心由于数据过于专业,公众可能会没兴趣、看不懂或不会用,并对数据开放后的风险存在很多顾虑。在大赛举行的过程中,这些政府部门逐渐看到了开放数据的能量,直接感受到了社会对数据开放的需求及其利用数据的专业性、想象力和创造力,提升了对开放数据的认识和支持力度。大赛开放数据后所收获的成果,对其他尚未开放数据的政府部门也起到了示范效应,“成为一个样板”,有利于开放数据工作的深入推进。

SODA大赛是一场以数据为原料,发动全社会合作解决城市问题的众筹共创活动。政府开放数据,邀请社会各方一起来“玩”数据,与政府、企业和研究机构一起为解决城市问题提供创意思路和创新应用,实现了一种开放式、协作式、参与式的公共服务设计与城市治理创新模式,增强了社会公众参与公共事务的热情和积极性,将“管理城市是政府自己的事”转变为“政府与社会合作治理城市”的模式。上海市交通部门的一位领导在赛后表示,“这次比赛证明,上海交通问题再靠传统管理模式很难找到出路,通过政府和公共数据开放,靠民间智慧、科技创新或许是更有效的方式”。

在大赛中,社会各界基于开放数据提出的创新方案还为解决城市治理问题提供了实证依据、创新思路和解决方案,有助于自身政府部门拓展思路,提高决策的科学化、管理的精细化和服务的精准化。上海市经信委的一位负责人表示,“这次只拿出去10个数据集,就可以产生500多个应用方案,而这些数据放在政府部门内部根本产生不了这么大的效应”。提供大赛数据的部门更是成为了创新方案的直接受益者,上海市交通委秘书长在决赛总结发言时感叹,参赛方案使其大开眼界、深受启发,智慧在民间,并表示未来将开放更多更好的数据,与获奖团队在赛后保持交流和合作,使创新方案能尽早落地。

SODA 大赛还提供了一个融和政府各部门数据、政府数据与企业数据、政府数据与团队自有数据的平台,吸引了国内外大数据领域的高精尖人才与优秀团队提交方案,促进了数据创新孵化,构建起了一个包括数据提供部门、数据利用者、投资方、市民等在内的生态体系。与过去依靠政府提供资金扶持、政策支持和建设园区等方法来发展产业的方式不同,SODA 大赛将数据作为一种公共产品提供给社会,以此集聚人才,引入资金,助推创业,带动就业,探索了一种全新的产业发展路径。

综上所述,SODA 大赛产生的效果如图 5-4 所示。大赛开放公共数据后,首先催生出一批针对城市问题的创新应用,集聚了数据领域的人才,吸引了社会资金投入,并对社会各界普及了开放数据的理念。然后,随着开放数据应用的逐步落地,大赛带来的成果有助于提升城市商业服务和公共服务水平,推进数据产业和相关行业发展,助力大众创业万众创新,促进政府与社会协同共创,而由此带来的社会经济价值,又提升了政府和公共部门开放数据的意愿,并与数据利用者提出的进一步的数据需求交汇,形成一个良性的动态循环。

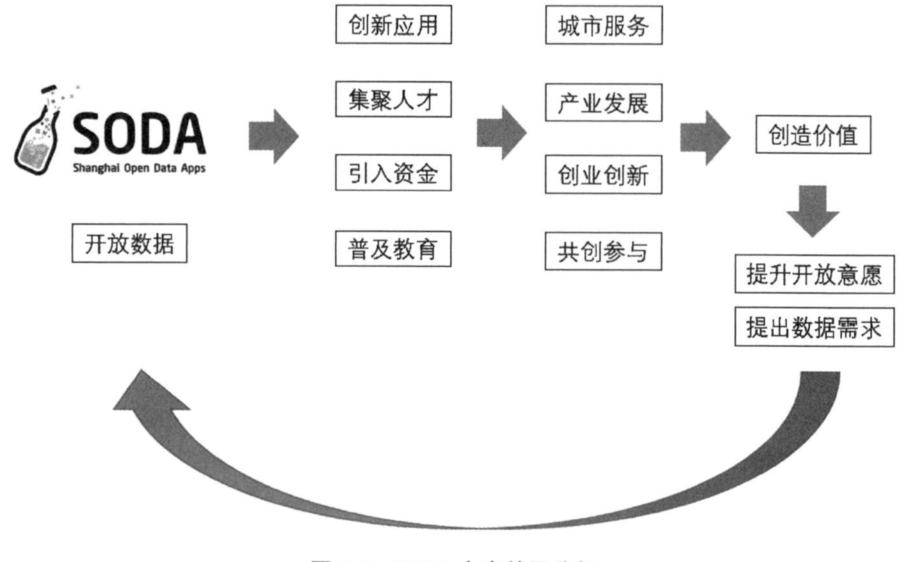

图 5-4　SODA 大赛效果分析

四、规范管理：制定管理办法应对问题与风险

上海市政府数据开放工作在不断取得进步的同时，仍存在一些问题与不足。当前平台上开放的数据集总数虽然较大，但数据容量还不高，高密度高价值数据较少；数据集的可机读格式、开放格式和 API 接口比例还有待提高，数据的动态更新频率与市场的需求也还存在差距。

产生这些问题的一个主要原因是，随着上海市政府数据开放的深入推进，许多政府部门对数据开放潜在风险的顾虑也不断加大，影响了其继续开放数据的意愿和力度，制约了政府数据开放向纵深推进。

首先，许多政府部门和公共企事业单位对数据安全均有不同程度的担忧，担心开放数据会危及国家安全、经济安全、公共安全乃至社会稳定。其次，许多部门对开放数据的质量还存有疑虑，怕不准确、不清晰和不一致的数据被开放出去后会影响社会对政府的信心和信任。某政府部门就表示，“提供数据的单位要确保数据的准确性，如果公布出去的数据是有问题的，这个风险很大。因为都是人做的，一些偶然因素你是说不清楚的”。第三，这些部门还担心数据重叠或数据冲突也会带来风险。不同部门开放了相同主题的数据集，但内容不一致，可能导致部门间的数据冲突，也会给使用者带来困惑。某政府部门表示，“同样的数据库，但是模型不一样，汇总方法不一样，参数不一样，出来的数据大相径庭”。第四，数据窃取和数据滥用也是政府部门担心的重点。某政府部门表示“（数据）一旦出来，就会有很多的大数据公司在半个小时内把数据扒下来，很快就会有一个‘山寨’的政府部门，拥有所有的相同数据……老百姓该信哪个？老百姓用错了数据或者被欺骗了应该怎么办？”某政府部门还提供了一个案例，“在某市公共服务窗口工作，有人用拿来的数据，冒充别人的姓名和身份证号查这个人的医保情况，还试图想用别人的医保”。第五，政府部门还担心多个脱敏后的数据集经过关联分析后仍可能导出敏感信息。某政府部门表示，“数据交叉分析，万一涉及国家安全，万一出了问题怎么办？……其中的关联，有时候是政府没有办法控制的”。

政府数据开放需在保障安全的前提下推进。然而面对以上问题和风险，目前国家和地方层面的法规政策尚未给出明确答案，数据开放相关的法律政策体系与标准体系尚不完备。上海市虽已出台了专门针对政府数据开放的政策文件，但效力等级较低，约束力较弱，还缺少市一级的地方性法规或规范性文件来对开放数据的范围和质量、数据开放方式、沟通机制、纠错机制、数据安全、人财物保障、监督考核机制等方面作出正式规定。某委办局的一位工作人员就表

示,“当前数据开放主要参考信息公开条例,没有专门的数据开放法,没有依据我们很难做”。

同时,在管理体制机制方面也还存在不少制约因素。市经信委具体负责政府数据开放工作的处室层级不高,跨部门协调力度受限;成体系的数据开放风险管理战略和数据开放管理制度与流程还未建立;数据质量和安全的责任界定也还不清晰,如数据出现错误或缺失,或是开放了“不该”、“不宜”开放的数据,难以追究责任。某政府部门的管理人员就建议,“不能仅有原则性的指导,应该研究设计一套系列性的、规范性的、普适性的制度模板,比如审核制度,发布制度、质量控制制度、责任机制等,让每个单位去套”。

为此,上海市准备起草《上海市公共数据资源开放管理办法》,以引导和规范数据开放和利用,加强数据开放风险管理。该管理办法将对开放数据的职责分工、开放数据平台、开放资源、开放过程、数据利用、数据安全、监督与保障等方面作出规定,确保公共数据资源开放有章可循,打消政府部门开放数据的顾虑,提高开放数据的积极性。

五、纵深发展:试点区级层面的数据开放

除了不断完善市级层面的政府数据开放,上海市还将政府数据开放向区级层面推进。2018 年 4 月,为了贯彻落实中央网信办等部委印发的《公共信息资源开放试点工作方案》,推动上海市政府数据开放工作向纵深发展,上海市经信委下发了《上海市经济信息化委关于联合开展公共信息资源开放试点工作的通知》,确定在浦东新区、静安区和徐汇区开展市区两级试点工作,“建立一套开放试点工作机制、打造市区联动开放平台、提升数据治理能力、探索创新数据开放模式、推动政企数据融合应用并开展前瞻性标准制度研究,推动上海在公共信息资源开放利用领域迈入世界先进水平”,到 2018 年年底,实现市区两级平台互联互通和上下联动。

上海市经信委还提供了建设区级数据开放平台的三种模式:自建平台、平台托管和数据托管,试点区可以选择其一,按照统一规范的标准建设区级开放平台,形成市区两级开放平台的互联互通和无缝衔接。在探寻市区两级开放的过程中,市级与区级政府数据开放平台的区别和联动成为一个重点话题。区级平台不应只是市级平台的简单复制,而应基于本区特色、发展战略和社会需求来制定数据开放战略。保持区级数据开放的独特性将有利于全市数据开放的多元性和丰富性。例如,浦东新区正在力推与自贸区、金融中心和航运中心相关的数据开放,静

安区将把开放数据与大数据产业发展结合起来，而徐汇区则重点关注与人工智能、文化旅游发展相关的数据开放，并鼓励和推动社会企业开放具有公共价值的数据。

第二节　全速推进，后来居上引领全国：贵阳市

作为首个国家大数据综合试验区核心区和贵州省省会，贵阳市以大数据为引领打造创新型中心城市，尽管地处西部地区，但是凭借市领导的大力推动，体制机制的强力保障，以及勇于探索的创新精神，贵阳市政府数据开放后来居上，成为我国政府数据开放的一个标杆。

一、支撑背景：大数据成为贵州全省战略行动

贵州省明确以大数据作为全省战略行动。2014 年 3 月，贵州·北京大数据产业发展推介会在北京召开，贵州大数据发展正式启航。2015 年 8 月 31 日，国务院出台了《促进大数据发展行动纲要》，明确提出“鼓励贵州等地推进大数据综合试验区建设”。2015 年 9 月 18 日，贵州正式启动了国家大数据（贵州）综合试验区建设，致力于构建“先行先试的政策法规体系、跨界融合的产业生态体系、防控一体的安全保障体系”三大体系。2016 年 3 月 1 日，国家发展改革委、工业和信息化部、中央网信办发函批复，同意贵州省建设国家大数据（贵州）综合试验区，这也是首个国家级大数据综合试验区。

2014 年以来，贵州充分利用和发挥本地在大数据领域的先天优势，创造并积累了一定的先行条件，建成省级政府数据聚集、共享、开放平台，举办全球首个大数据产业博览会等，得到了国家及业界的广泛认可。[1]

2017 年 4 月 17 日，时任贵州省委书记陈敏尔在省第十二次党代会上强调要深入推进大扶贫、大数据、大生态三大战略行动。

国家大数据（贵州）综合试验区围绕数据资源管理与共享开放、数据中心整合、数据资源应用、数据要素流通、大数据产业集聚、大数据国际合作、大数据制度创新七大主要任务开展系统性试验，通过不断总结可借鉴、可复制、可推广的实践经验，最终形成试验区的辐射带动和示范引领效应。其中，数据资源管理与共享开放作为国家大数据（贵州）综合试验区的七大主要任务之首，更是重中之重。作为贵州省省会和国家大数据综合试验区核心区，贵阳市高度重视政府数据开放工

作,积极探索,让政府数据开放在贵阳从无到有、落地开花。

二、制度保障:领导重视与体制机制建设

贵阳市的政府数据开放工作受到了贵阳市领导的高度重视。贵阳市大数据发展管理委员会(以下简称市大数据委)应用推进处处长裴莹蕾谈道:"2013年,当时的贵阳以食品加工产业、医药产业、煤矿产业、银矿以及现代服务业作为五大支柱产业,在发展过程中面临转型升级。陈刚书记来到贵阳之后,一直在思考贵阳的发展方向,当时'大数据'的概念刚刚兴起,恰逢2013年底三大电信运营企业决定把数据中心放在贵阳的贵安新区,于是陈刚书记就把贵阳的发展方向定在了大数据,之后便是一系列的大数据招商引资工作,以及数博会的组织策划"。

大数据的发展需要庞大的数据资源作为支撑,而政府数据又是大数据的重要组成部分,推动大数据发展自然离不开政府数据的开放。在这一过程中,贵阳市委常委、常务副市长徐昊积极推动工作,召开会议、组织培训、布置任务,推动贵阳市政府数据开放工作不断迈上新台阶。

贵阳市推进大数据发展虽然得到了市领导的大力支持,但如何才能把这项工作长久持续地推进下去?需要形成长效的体制机制保障。贵阳市大数据委主任唐振江谈道,"大数据的工作需要形成长效机制,不受个人的任职调离影响,这就要在体制机制上保障。最强的是法律保障,第二个是规划保障,第三个是管理职责。如果大数据工作放在别的委办局,职责不专一,如果领导一变,这项工作很可能发生变化。必须要有机构保障,有一个法定的部门作为保障"。

为了在体制机制上形成保障,贵阳市成立了"一组一办一委N专班"。成立大数据领导小组,由市委书记和市长牵头,领导小组之下常设办公室和大数据办。2016年8月,贵阳市大数据发展管理委员会正式成立,将市工业和信息化委员会承担的信息化行业管理、统筹推进信息化工作、网络安全及相关信息安全保障等职责,整合划入该委。贵阳市大数据委唐振江主任提道,"大数据委成立之后,被摆在了核心的位置,一年干了三年的事,从顶层设计、规划到实施的主要内容,到路径、到执行、到最后的考核都由大数据委负责"。

市大数据委成立后立即大力推动政府信息系统整合和公共数据开放共享,还要求政府各部门建立数据开放工作小组,明确相关工作的领导、联络员和业务员,形成有效的沟通协调机制。

三、法治基础：推动数据开放地方立法

为了给政府数据开放提供更有力、更长效的法律保障，贵阳市积极开展地方立法工作，成为我国政府数据开放地方立法的引领者。

贵州省委、省政府出台的《关于实施大数据战略行动建设国家大数据综合试验区的意见》中明确支持贵阳市率先开展政府数据共享开放探索。2016年7月，贵阳市委九届六次全会通过《中共贵阳市委关于以大数据为引领加快打造创新型中心城市的意见》，提出要研究制定政务数据开放共享条例，明确政务数据开放共享的范围、目录、程序、权责和使用，在地方立法权限范围内，探索制定数据权益保护、大数据安全与管理等地方立法。贵阳市委全会的这一决定，坚定了贵阳市人大常委会将政府数据共享开放作为贵阳大数据立法工作突破口的思路。[2]

2017年5月，贵阳出台了《贵阳市政府数据共享开放条例》（以下简称《条例》），这部《条例》是我国首部政府数据共享开放方面的地方性法规，是贵阳市围绕大数据在地方立法实践上的一次重大突破，具有重要的示范效应和现实意义。《条例》的出台不是一蹴而就的，背后是涉及大量细致繁复的工作。2016年3月，经贵阳市委批准，立法工作正式启动，在起步之初就受到了全国人大、省、市的高度关注和大力支持。全国人大常委会法工委副主任兼经济法室主任王超英来贵阳参加大数据立法高层咨询论证会，为贵阳市的立法问诊把脉；时任省委书记、省人大常委会主任陈敏尔数次批示，要求加快贵阳市大数据立法工作；时任省委常委、市委书记陈刚带队赴京向全国人大常委会法工委汇报相关事宜，并多次强调，要充分汇聚各方面力量，做好立法工作调研、论证、起草等各阶段工作。[3]在各方力量的共同推进下，经过无数次的调研、论证、修改，历时一年多时间，《条例》最终出台。

《条例》的出台仅仅是贵阳市数据开放发展步入法治轨道的开始，如何让《条例》落地实施才是关键。贵阳市大数据委一位领导谈道，“当时出了《条例》，后来我们发现仅靠这个《条例》来推进还不够。所以为了实施这个条例后面又配套了三个办法，发布了《贵阳市政府数据资源管理办法》、《贵阳市政府数据共享开放实施办法》、《贵阳市政府数据共享开放考核管理暂行办法》（征求意见阶段），都是以政府令的方式来推进这项工作”。

三个管理办法“相当于有一部教你怎么实施，教你怎么共享、怎么开放，边界在哪里，谁来干什么。有一部教你数据资源怎么管，因为数据在未来变成资产了。还有一部则像‘尚方宝剑’，一刻不停地砍才能推动各家单位配合工作，拿到我们

想要的数据。”

之后,贵阳市又发现已有的法规政策中对政府数据开放的规范仍有待完善,在“开放范围”、“权责划分”、“开放方式”、“资产确权”、“数据使用方的权限责任”和“安全保障”等方面还需要进行更加清晰的界定。为此,贵阳市又开始积极推进《贵阳市政府数据开放管理实施细则》的制定。

同时,贵阳市还在制定政府数据相关标准规范方面积极探索,参与了贵州省政府数据分类分级、目录标准和数据脱敏标准编制,还申报了数据开放工作指南、开放数据元数据、开放数据质量控制三项标准作为贵州省地方标准,以加强对政府数据开放的规范有序管理。

此外,贵阳市还发布了《以大数据为引领加快打造创新型中心城市的意见》、《加快推进政府数据共享开放的实施意见》和《市区两级政务数据一体化工程工作实施方案》等市委、市政府文件来进一步推进工作。

四、上下联动:市区两级政府数据开放一体化

2017 年 1 月贵阳市政府数据开放平台正式上线,上线两个月内就向公众免费开放了 1 000 个数据集及 API 接口,一举跃入全国前列。尽管取得了不俗的成绩,贵阳市仍清醒地认识到当时的数据开放工作仍面临着开放数据数量不够,价值密度不高、更新不及时、后续开放难度不断加大等问题。因此,进一步推动区一级政府的数据开放成为新的工作方向。

由于区级政府是直接面向社会公众提供公共服务的基层政府,拥有更多围绕民生的微观数据,贵阳市于 2017 年年底启动了市区两级政府数据一体化工程。工程的目标是统筹贵阳市区两级政府数据,并建立有效的管理机制,实现网络通、数据通、目录通和基础库通,从而通过网络互联互通、数据资源目录梳理、应用系统迁云等基础性工作来推进政府数据资源的按需共享和有序开放。

在政府数据开放方面,这项工程需要实现贵阳市、区(市、县)两级政府数据开放的一体化(以下简称两级政府数据开放一体化),在已有政府数据开放的基础上,全面推动各区级政府的数据开放工作,“各区(市、县)在贵阳市政府数据开放平台上设置区(市、县)开放专栏,将已经掌握且符合开放条件的政府数据,经解密或者经过脱敏、脱密等技术处理后统一由政府数据开放平台向社会开放”。

贵阳市在推动两级政府数据开放一体化的过程中也面临不小的困难和阻力。不少区级政府工作人员对开放数据的概念、原则、价值、风险等认识不到位,规避风险、保护部门利益等思想比较普遍,开放意愿与主动性不足。与此同时,贵阳市

各区(市、县)的数据准备度尚不足以支撑开放，数据管理架构不完善，数据内容复杂多样，数据采集和录入缺乏标准，数据存储与管理权限混乱，数据目录管理也存在诸多问题。由于信息系统的分散建设，区(市、县)的数据整合也困难重重，再加上数据整理清洗、脱敏脱密技术能力不足等问题，两级政府数据开放一体化的工作难度很大。

但是，贵阳市认识到一体化是政府数据开放到一定阶段的需要，能深入挖掘出市直部门和区(市、县)的开放潜力，提高政府数据开放的深度和广度，实现"全域覆盖、上下联动、公平共享、安全可控"的市区两级一体化政府数据开放体系。为此，贵阳市积极探索实现两级政府数据开放一体化的路径。计划在短期内，借力政务公开等工作的已有成果，利用统一开放平台、依申请开放、绩效考核评估、试点探索与推广等抓手来推进一体化工作的开展。而在中长期阶段，市直各部门及各区(市、县)还将建立支撑两级政府数据开放一体化的管理组织架构，理顺职责分工；提高区级政府的信息化水平，增强政府数据资源的电子化程度；加强政府数据治理，不断完善数据资源目录、整合业务系统和数据资源，理顺市、区(市、县)各自的数据资源、优势、特色和开放重点；在此基础上，不断深入拓展数据开放的范围，提高开放数据的质量和价值密度，推动市区两级政府数据开放工作的标准化和规范化，保障市区两级开放一体化的长效开展。

2018 年 4 月，贵阳市政府数据开放平台 3.0 版上线，该平台对标国际先进数据开放平台，以数据、用户、支撑、价值为"四个中心"，提出了平台、业务、数据、管理、安全"五位一体"的架构设计，采取了"主动开放＋依申请开放＋契约式开放＋孵化式开放"的数据开放模式。该平台也成为国内首个地级市一体化政府数据开放平台，率先实现了市区两级政府数据开放一体化，探索了一条上下级政府协同、联动、整合开放的路径，为全国提供了可借鉴、可推广的新模式，也成为国家大数据综合试验区政府数据共享开放系统性试验的重要成果。

五、引领全国：地市级数据开放平台中的标杆

贵阳市政府数据开放平台自 2017 年 1 月正式上线以来，短短一年多时间内已三次改版(图 5-5 为其 3.0 版截图)。截至 2018 年 5 月，贵阳已开放 52 家市级部门和 13 个区县(开发区)的两千余个数据集、6 百余万条数据、3 百个 API 接口。在"2018 中国开放数林指数"的地市级(含副省级)平台中，贵阳市排名榜首，并且在数据层、平台层和准备度层三个子项上都排名第一。

图 5-5　贵阳市政府数据开放平台

图片来源：贵阳市政府数据开放平台，http://www.gyopendata.gov.cn/city/index.htm。

在数据层面，贵阳市政府数据开放平台是现有地方政府数据开放平台中开放有效数据集总量最多的地方，并且拥有最多的优质数据集，平台上不存在重复数据和无效数据。平台明确授予用户免费获取、不受歧视、自由利用、自由传播与分享"开放数据"的权利。平台上的数据基本都满足了可机读格式的要求，开放格式的数据集数量最多。除此之外，贵阳还是目前唯一一个提供了符合固定链接格式数据集的平台，还提供 216 个 RDF 格式的数据集。贵阳市所有地方政府行政职能部门都在平台上提供了数据，部门覆盖率达到了 100%。平台上数据的动态更新情况良好。

在平台层面，贵阳平台提供了展现数据关联性的数据图谱和基于平台数据开放和访问情况的可视化，还提供了较全面的搜索功能、元数据检索、排序功能和数据发布者的联系地址。此外，还率先提供了智能服务，以人机对话的方式来为用户提供指引。贵阳平台还在全国第一个提供了可机读格式的开放数据目录。平台还设置了"区县子站"菜单（见图 5-6），让各个区县政府部门的数据也能得到展示和利用。

贵阳平台在许多方面都实现突破，在全国处于领先位置。平台主动提供了各类开发工具，并在"开发向导"栏目中形成了"资源提供-分析工具提供-开发工具提供-推广渠道提供"的多维度管理。在利用成果的展示上，除了展示 APP 应用，贵阳平台还开设了"数据无限"栏目面向普通公众展示数据传播产品，并开设了研

图 5-6　贵阳市政府数据开放平台——区县子站

图片来源：贵阳市政府数据开放平台，http://www.gyopendata.gov.cn/city/index.htm。

究报告的提交功能。在数据利用成果页面，不仅标明了所用的数据来源，还设置了直接进入来源开放数据集的链接。此外，平台还开设了数据纠错功能，并公开了数据纠错情况与反馈。而且，全国也仅有贵阳市开设了微信公众号“贵阳政府数据开放”和官方微博账号“贵阳大数据委”，推送与政府数据开放相关的新闻资讯、数据更新情况和数据传播产品等。

然而，尽管贵阳市政府数据开放在短时间内取得了突出成绩，但其长远发展仍受到外部经济、社会和技术环境的制约。贵阳地处西部内陆山区，经济社会发展水平相对较低，社会信息化基础薄弱，人力、物力、财力资源有限，全社会对于数据开放的认识还不充分。

对于这些瓶颈，贵阳市正在多措并举积极改善外部环境。贵阳市已确立了建设“中国数谷”的蓝图，未来将在完善数据基础设施建设，搭建大数据博览会等高端平台，汇聚国内外大数据领军企业，吸纳高层次科技人才和创新团队，推进区块链、人工智能等新技术研发，培育大数据生态体系等方面继续着力推进，这些举措也将使政府数据开放的土壤更加肥沃。

第三节　虽小先飞，先统筹后开放：佛山市南海区

广东省佛山市南海区虽然是一个县级政府，却在上海和北京之后第三个推出政府数据开放平台，并发挥自身优势，走出了一条“数据先统筹治理后开放”的新路，在我国地方政府数据开放的历程中具有先行者的地位。

一、背景条件：起步早，但烟囱林立

南海区是佛山市的市辖区，位于珠江三角洲腹地，紧连广州市，毗邻港澳，经

济发达、思想开放，是广东改革开放的“四小虎”之一。南海区的政务信息化建设启动较早，政务信息化水平在中国居于前列，多项信息化工程成为国家、有关部委以及广东省的试点、示范项目。南海区是第一个在全国县级市中开通因特网接入的节点城市、科技部首批国家信息化试点城市，并通过了“中国电子政务示范工程”试点立项评审。

南海数据统筹局副局长林莉表示，南海在政务信息化建设方面有较好的基础，全区各部门的信息化业务系统达到 157 个，不含视频、图片在内的文字政务信息总存储量已超过 100 TB，包括访问日志、业务数据、地图数据等，[4] 政务数据的数量每年还在成倍的增长。然而，尽管数据在纵向系统中的流动比较顺畅，但是在横向系统中，数据分散在政府各个条线难以互通共享，各自为政、条块分割、烟囱林立、信息孤岛的现象比较普遍。为了更好地统筹各部门数据资源，南海区开始了积极的探索。

二、夯实基础：率先成立数据统筹局

2014 年 5 月 30 日，南海区率先在全国成立首个区级数据统筹机构——数据统筹局。从酝酿到成立，南海数据统筹工作始终得到了区委、区政府主要领导的强力推进，多次专门组织会议听取各个部门对于数据统筹的意见和建议，经过不断地讨论协商，最终达成共识。数据统筹局成立后，致力于清家底、建机制、打基础、做应用，利用数据统筹平台整合人社、民政、社保、卫计、人事、财政、公安、教育、流管、城管等 85 个部门数据。截至 2018 年 5 月，共采集了 2 098 个数据表、30 783 个数据项、9.1 亿条数据记录，为政府管理、决策和服务提供有力的数据支撑，有效提高公众的办事质量和效率。

在机构设置方面，南海区数据统筹工作实行“一办一局两中心”的管理架构。“一办”，即网络安全和信息化领导小组办公室。领导小组的正副组长由区党政一把手出任，负责全面统筹全区电子政务和数据管理各项工作。领导小组下设办公室，办公室主任由数据统筹局局长兼任，主要负责统筹协调数据统筹局及下属机构的筹建和运作工作。还成立了数据治理委员会、专家咨询委员会、网络安全协调委员会三个委员会，参与决策咨询。“一局”为数据统筹局，主要职能是将分散在各部门的数据收集起来，统一进行提质、分析和应用。为确保其权威定位，南海区数据统筹局规格较高，挂靠在区委办（区府办）下面，以区委、区政府办公室的名义开展各部门之间的数据统筹协调工作，有利于提升数据统筹的权威性。与此同时，区委办（区府办）新增三个内设机构——网络安全与法规科、数据资源科、标准与应用科，在人员和业务运行上隶属于数据统筹局。南海区还在各单位设立了首席数据官（CDO）和数据管理专员（DA），首席数据官主要由各部门一把手担任，负责业务层面统筹推进，数据管理专员负责技术层面提供支持，而数据统筹局负责对数据管理专员进行专门的技术业务培训。

数据统筹局下设政务网络中心和数据资源中心。政务网络中心主要为政府部门提供信息技术支持；数据资源中心则主要负责数据资源的收集整理、提质存储、共享发布、分析挖掘和开发应用等技术实施工作。除此之外，各个数源单位也被纳入政府数据统筹的工作中，通过针对各数源单位进行专门的信息化应用、数据资源的绩效考核，考核结果与单位年度评优挂钩，推动数据统筹工作的顺利开展。

除了机构和人员队伍建设外，南海区还积极推动数据管理规范建设。南海区先后编制了《佛山市南海区电子政务网络暂行管理办法》、《关于调整区电子政务信息系统项目建设管理事项的通知》、《佛山市南海区政务数据管理办法》、《佛山市南海区政务数据管理规程》、《佛山市南海区政务数据管理规范及实施细则》、《佛山市南海区电子政务项目管理办法》、《佛山市南海区政务数据共享管理办法》等一系列规范文件。通过规范文件的发布，明确数据收集、管理、应用等标准规范，规范数据分类与编码，完善数据管理，搭建政务数据统筹机制框架，保证从源头上把控数据标准和数据质量。

以数据分级管理制度为例，南海区将数据资源划分为四个级别：一是分析数据，仅供政府统计分析，不在部门间共享的数据。二是共享数据，部门之间达成一致共识后可在部门间互享数据。三是公开数据，如个人社保、公积金数据等，经过脱敏后向社会公开。四是开放数据，通过数据开放平台，供全社会自由浏览、下载。此外还有编录数据，即因数据量大、价值密度低，暂时不作统筹、利用和开发，只对条目编制在案的数据。数据分级管理是数据治理工作的重要组成部分，也是数据开放的重要基础。

南海区的政务信息化建设起步早，有些部门的数据已经积累了30多年，但是对数据的总量和类别还了解甚少。因此，南海区数据统筹工作的第一步是“清家底”，对南海区的数据资产进行系统的摸底，把分散在各个部门的数据集中起来。由于区委、区政府领导做了大量思想动员，并且数据统筹局是代表区委办（区府办）开展工作，大部分单位都比较重视、积极配合。同时，数据统筹局还不断优化数据资源目录平台和数据交换平台，为跨部门的信息共享交换提供技术支撑。

经过采集和整理，数据统筹局掌握了大量的结构化数据，但是这些数据存在质量不高的问题,重复数据和错误数据达到30%—40%,难以直接整合和开放。比如,某人的婚姻状态为已婚,但公安部门登记的却是未婚,社保部门登记的配偶名称有误,更新不及时和操作失误导致数据不实。因此,数据统筹局成立后数个月里一直在做数据的清洗、对比和提质工作,同时将提质后的数据反馈给各个部门,形成从数据采集到提质再到应用的闭环。通过数据统筹提质,确保数据部门权属清晰,避免交叉管理,提高数据质量。

数据质量得到提升之后,南海区逐步建立了以电子地图库为底层数据库,以企业法人库、人口库、政务库、城市环境库、产业经济库为支撑的应用层数据,以及建立在这6个信息库上的决策分析库,以实现信息共享和业务协同常态化,管理服务、应急指挥和决策分析精细化。

三、厚积薄发:开放数据推动应用

在数据统筹治理取得阶段性成果之后,数据统筹局开始推进数据开放的工作,推出了“数说南海”数据开放平台,是南海区数据统筹局为市民和企业提供数据开放的平台。现任南海区委常委、时任南海区数据统筹局局长潘永桐表示,“数据开放是大数据应用的基础性工作,也是大数据时代政务公开的必由之路”。“数说南海”建立之初,开放了48个单位的304个数据集,共14万多个数据记录,涵盖了生活服务、企业服务、城市建设、劳动就业、医疗健康、政府机构和社会团体等17个主题。[5]

当时,国内已上线的数据开放平台只有北京和上海两个。“数说南海”平台取北京、上海之长,综合考虑了市民和企业对政务数据的需求,既像北京一样,开放面向民生的数据,如交通出行、旅游娱乐、生活服务等内容;又像上海一样,开放面向产业的数据,为企业提供经济管理、商业贸易、资源能源等内容;并且提供多样化的数据格式、历史数据下载和数据预览等特色功能。[6]

截至2018年5月,“数说南海”平台对公众开放的数据记录数已超过60万条,数据下载次数接近5万次。在2017年9月举行的“‘云创佛山’2017年佛山市职工大数据应用技能竞赛”中,有多个参赛队伍使用了“数说南海”平台开放数据集。2017年11月,南海与阿里云计算有限公司合作举办的2017广东政务数据创新大赛更是把“数说南海”作为比赛数据源。这些活动的开展都让市民更深入地了解南海区的开放数据、让开放数据真正为公众服务。

下一步,南海区计划进一步完善政府数据开放平台建设,为激发社会创新和商业创新的活力提供更有价值的政府数据;成立数据创新基金、孵化数据企业等,

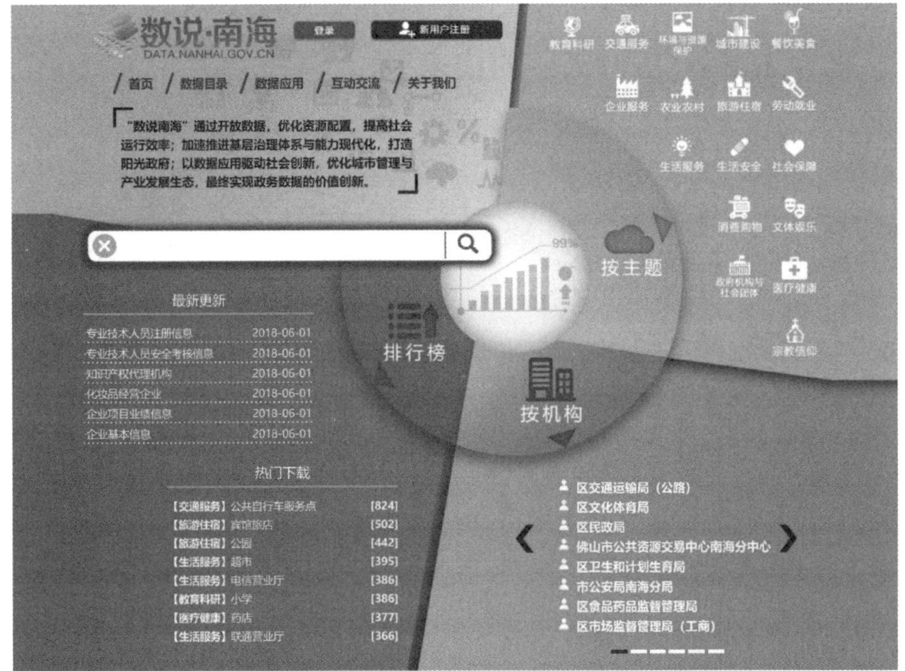

图 5-7　南海区政府数据开放平台

图片来源：数说南海，http://data.nanhai.gov.cn/cms/sites/sjzy/index.jsp。

对数据企业进行扶持；还将继续举办大数据应用创新大赛，发现和培养大数据人才队伍，并举办开放式数据应用创新沙龙，让政府、媒体、企业、社会公益组织共同探讨如何运用大数据思维解决现实问题，营造数据开放的良好氛围。

第四节　行业先锋，政企合作开放

交通数据：交通运输部

2018 年 2 月 2 日，农历腊月十七，上亿中国人将要踏上一年一度的艰辛旅程——"春运"。那几天，很多人的朋友圈都被一则"春运旅客出行预测分析报告"刷了屏。"春运"期间，哪天高速公路最堵？哪个火车站人最多？哪些度假胜地最受游客欢迎？这些问题都在报告中得到了解答。这篇报告综合应用了政府部门掌握的历年春运出行数据和春运服务体验调查数据，融合了百度、高德、携程、中国移动、中国联通、中国电信、ofo、摩拜等企业的数据和技术资源。那么，谁能拥有这么强的数据和技术能力，开发出如此干货十足的报告呢？

一、来龙去脉："出行云"的由来

交通出行领域是"互联网＋"较早引发行业变革的重要领域。一方面，"互联网＋"产生的大量交通数据为智慧出行奠定了基础；另一方面，"互联网＋"的深入发展也对数据开放提出了更多需求。如何把沉淀在政府、交通企业和互联网企业的数据开放、融合、创新利用，更好为公共利益服务？交通运输部"出行云"平台开展了有益的探索。

让我们把时钟拨回五年前，2013 年前后，各地政府部门开始独立开发政务服务应用程序，交通领域也不例外。然而政府投入大量人力物力资源开发的这些应用程序，大部分却面临着公众不知道、很少用、不满意的困境。通过政府采购方式由企业开发的应用程序，往往受制于人力物力、宣传推广、数据融合等方面的不足，难以提供良好的用户体验和持续的更新迭代，也难以满足用户多样化、个性化的需求。至于个人电脑端的政府门户网站，在移动互联网时代更是无法为公众提供随时随地的便捷服务。

在交通领域，政府和企业一直以来各自提供交通信息服务。然而，政府和交通运输企业的服务能力都不能完全满足行业和公众的需求；而互联网公司尽管有能力开发出体验良好的界面，却难以获得高价值的交通数据。在两条线各自并行的情况下，双方的数据不能互通有无，服务质量也难以大幅提升。双方都意识到，政府和企业只有优势互补，汇聚和融合数据才能发挥各自特长。但是各省市分别与企业洽谈数据合作效率低、推进力度小；企业也希望通过一个整体性的平台获取数据，降低沟通成本。

在这种情况下，交通运输行业管理部门敏锐地意识到，"把你的数据拿出去让别人用，也许比你自己去干的效果更好"，部里可以牵头引导各地方交通行业管理部门把数据拿出来与企业数据融合，用市场化的方式为公众提供更高质量的交通服务。

2014 年，交通部信息化技术研究项目"基于云平台的开放式公共出行信息服务研究与示范"公开招标，希望通过政企合作的方式把城市公交数据更好地利用起来。交通运输部公路科学研究院（以下简称公路院）联合百度公司等多家单位中标。2016 年年底平台建成并投入使用，这就是政企合作交通数据开放平台——"出行云"。最初，搭建云平台的目的只是建立一个方便政企开展合作的载体，谁也没想到，这个平台后来成为了交通领域开放数据的先驱。

二、进展现状:“出行云”的功能

“出行云”平台由交通运输部采用政企合作模式建设,基于云服务实现综合交通出行数据的开放、管理与应用,旨在汇聚和开放综合交通出行优质数据资源,支撑相关机构创新开发应用,促进交通运输行业科学决策与管理创新,为社会公众提供高品质、差异化、多层次的综合交通出行信息服务。

经过近三年的建设,2016 年 11 月 18 日,“出行云”平台正式上线运营(见图 5-8)。各级交通行业管理部门、交通运输企业、互联网企业、数据开发企业、科研机构、其他社会机构、社会公众等主体,都可以注册成为“出行云”平台用户。截至 2018 年 5 月,成员单位总数达到 68 个,观察员单位 17 个。用公路院副院长李斌的话说,“出行云”平台的运营模式就是,“政府贡献数据,企业贡献技术,根据出行需求提供服务”,实现政府与企业在数据、技术、服务多层面融合,支持各类主体依法平等使用出行公共信息资源,打造综合交通出行大数据生态体系。

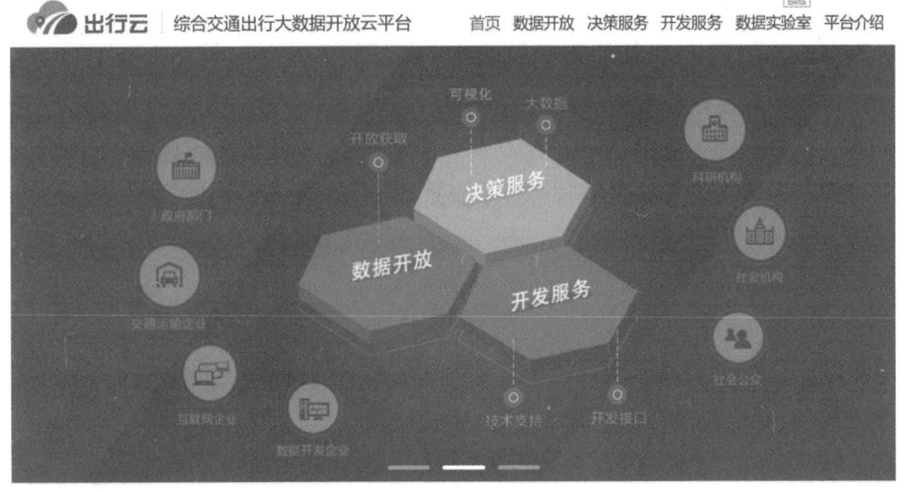

图 5-8　“出行云”平台

图片来源:出行云(综合交通出行大数据开放云平台),https://transportdata.cn/。

“出行云”平台具备出行数据开放、应用服务开放、决策支持服务三大核心功能,既可以向交通运输主管部门提供大数据分析等辅助决策功能,也能够支持各类主体依托平台创新出行服务,还面向科研工作者建立了“数据实验室”,并为交通领域数据创新大赛提供支持。

(一)出行数据开放

“出行云”平台所接入的数据包括直接下载数据和需申请数据两类。其中,直接下载数据只要注册即可下载;需申请数据要在注册后提交数据使用申请,得到数据提供单位批准后方可获取数据。截至 2018 年 5 月,平台已接入 18 个省和长江航务管理局的原始数据 126 项,6 个企业的服务数据 28 项,涵盖地面公交、出租汽车、民航、轨道交通等 16 大类。平台专业用户达 3 011 个,查看次数超过 63 万次,累计下载 7 847 次。

(二)应用服务开发

“出行云”平台联合百度、高德等互联网企业,向交通行业管理部门提供了近百项出行服务开发基础接口,以及实时路况、实时公交、地图路网、室内地图 4 项共建服务接口,并引导互联网企业与交通行业管理部门建立数据资源置换技术资源的合作模式,已经促成了百度、高德公司与江苏、辽宁、重庆、河南、河北等省市交通行业管理部门的合作。其中,江苏全省 13 个设区市实时公交信息服务在百度地图全面上线,江苏居民实现公交出行“掐点出门”。辽宁省实现了出行信息服务应用系统的改造,丰富了社会热点、民航、铁路、道路路况等数据,提升了目的地搜索及路径规划等算法效率,改善了整体系统的用户使用感受。重庆市协同百度公司针对火车北站南北广场进行了出行热点拆分、新公交线路上线、出行策略更改等工作,通过网站及手机应用程序的出行引导功能,实现乘客引流。

(三)决策支持服务

“出行云”平台已接入 16 个企业的决策支持服务,涵盖城市管理、路网管理、公交管理等 7 大类 43 项,累计申请次数近 300 次,通过多方合作积极开展多项大数据分析方法和应用模式的探索应用。“出行云”平台向交通运输部提供了春运服务调查与大数据分析支持,调查评估旅客出行服务满意度,研判春运客流迁徙态势及舆情变化,为春运服务工作提供技术保障。“出行云”平台联合百度、清华同方等单位,向河南省提供了高速路网拥堵数据动态监测与发布服务功能,并对省内高速拥堵里程、排队长度、突发事件信息告警等进行监测,提升了高速公路动态监测与公众服务能力。“出行云”平台还向江苏省提供了宁镇扬城市群一体化交通特征分析,并就城市群路网运行情况进行监测研判,为城市群规划、城市间交通能力设计等提供决策支持。

针对大量研究机构和学者对开放数据和分析服务的迫切需求,“出行云”平台建设了“数据实验室”栏目,免费提供了十余家省市交通行业管理部门的免费交通行业实验数据，十余家行业优势企业的数据分析工具，以及5所知名高校的综合交通运输数据分析模型，打造了面向科研用户的综合交通数据分析实验环境。

“出行云”平台还积极发挥自身优势，为“云上贵州智慧交通大数据应用创新大赛”、中国（小谷围）“互联网＋交通运输”创新创业大赛提供了数据支持。在贵州的大赛中，“出行云”平台联合河南省交通厅、辽宁省交通厅、南方航空、百度公司、航天宏图、捷泰天域等单位提供了高速、公交、出租、客运、气象、民航等领域数据，通过支持大赛的举办，汇聚才智、整合资源、鼓励创新，形成了数据应用与数据开放相互促进的格局。

三、发挥效益：“出行云”产生的效果

2017春运服务体验调查是“出行云”平台上线后遇到的第一个任务。这项任务由交通运输部和国家发改委共同发起，目的是为更好地把握春运期间广大旅客出行规律，深入了解旅客出行体验和服务需求。“出行云”平台充分发挥数据聚合能力，汇集了百度地图位置服务数据、路况数据、舆情监测数据、携程交通旅游数据等多方数据资源，获取了341个城市、11.63万条城市间出行信息。依托这些数据发布的《2017年春运旅客出行预测分析报告》，热门出行路线、热点迁徙城市等预测准确率都超过了七成。

2017年九寨沟地震后，四川省交通厅通过“出行云”平台第一时间把掌握的道路阻断信息上传到百度和高德地图上，并及时发布绕行路线，使得公众可以根据最新道路情况及时调整路径规划，引导社会车辆分流。河南省交通厅通过“出行云”平台和百度地图合作，在2017年“十一”期间提前发布了“出行宝典”，对“十一”期间收费站车流量、拥堵、两客一危车辆流向等内容进行大数据分析及出行预测，并向公众提供高速公路、城市主干道等道路的实时拥堵路段分析和人群热力实时监控等服务。“十一”期间，河南省交通厅实时发布59起交通事件，交通事件信息在百度地图中的点击次数达到17 000多次，为公众出行带来便利。

2018年“春运”期间，交通运输部公路科学研究院、国家智能交通系统工程技术研究中心（以下简称“ITS中心”）基于“出行云”平台，会同百度、高德、携程、中国移动、中国联通、中国电信、ofo、摩拜等企业及有关媒体，综合应用历年春运出行数据、2018年春运服务体验调查数据、互联网平台旅客出行大数据，对春运期间旅客出行需求进行了分析，提供了总体形势预判、客流分布预测、旅游出行预测和旅客关注热点预测等方面的研判预测报告，为国家发改委、交通运输部、国家铁路局、中国民航局等政府部门提供决策参考，也方便了公众合理安排出

行计划。

成立不到两年时间，“出行云”平台的建设和运营成果显著，平台入选了国家发改委评选的中国“互联网＋”行动百佳实践案例，被电子政务理事会评为2016年电子政府优秀案例。在2018年4月22日开幕的首届数字中国建设峰会上，“出行云”平台被评为数字中国建设年度最佳实践。

四、发展历程：“出行云”是如何发展起来的

“出行云”平台筹建之初，我国对于政府数据开放并无法律法规和政策层面的硬性要求，《促进大数据发展行动纲要》也尚未出台。此时，主管领导的支持、参与各方的意识和意愿，以及组织架构与保障措施显得尤为重要。

（一）领导支持

交通运输部领导较早意识到交通数据开放和政企合作的重要性，并对“出行云”平台的发展始终给予大力支持。现任新疆维吾尔自治区政府副主席赵冲久，在2011年至2014年担任科技司司长以及2014年至2016年担任交通部总工程师期间，一直主张交通数据向社会开放，并对“出行云”平台的建设给予了各种支持。

在2017年年底召开的联席会议上，庞松司长在现场讲话中纠正了一些地方交通行业管理部门的认识误区，清晰界定了政府、企业和研究机构在“出行云”平台建设中各自承担的责任。他指出政府的责任是提供数据、保障安全，企业则负责开发应用，研究机构负责提供技术支撑。庞松司长还要求更多的省市交通行业管理部门加入“出行云”平台，进一步完善政企合作模式，探索平台的市场化运营方式，给“出行云”平台的未来发展指明了方向。

（二）推动示范

2014年，科技司牵头发起了“政企合作模式的全国综合交通出行服务信息共享应用科技示范工程”，主要目标是基于开放式综合交通出行信息服务云平台，促进行业与互联网出行服务信息的开放共享，为社会公众提供更丰富、更权威、更高品质的出行信息服务。公路院ITS中心负责示范工程总体方案的编写与项目的协调推进，包括京津冀、重庆、四川、河南等在内的多个省市交通行业管理部门加入了示范工程。科技司以示范工程为抓手，对参与地方给予政策鼓励和支持，并通过明确任务计划与推进时间表、组织研讨和座谈、专家评审和验收等方式，保证示范工程的顺利推进。示范工程的实施对提升各地交通数据开放共享的

意识、探索创新运行服务模式起到了重要作用。开展示范工程的地方交通行业管理部门，也顺理成章地成为了“出行云”平台的首批成员和中国交通数据开放的第一批“火种”。

在科技司的指导下，ITS 中心组织编制了《政企合作模式的全国综合交通出行服务信息共享应用示范实施指南》，各示范单位以该指南为基础，融合各地现状条件与特色需求，开展了大量示范工作，并取得了积极成效。江苏省基于云平台实现了实时公交、实时路况、智能躲避拥堵等功能，还将示范范围延伸至地市层级。江苏省将实时公交信息、暴雨阻断道路信息在百度地图上进行发布，极大地方便了公众出行。辽宁省通过示范实现了出行信息服务应用系统的改造，丰富了社会热点、民航、铁路、道路路况等数据，提升了目的地搜索及路径规划等功能便捷度，改善了用户使用感受。重庆市与百度公司合作，完成了出行服务网站的地图更新工作和火车北站南北广场的地理信息点拆分、新公交线路上线、出行策略优化等工作，通过网站及手机应用程序的出行引导功能，实现火车北站南北广场乘客引流。

(三) 出台政策

2015 年以来，国务院一系列政策的出台对“出行云”平台的建设也起到了支持和鼓励的作用。国务院总理李克强在全国“两会”、贵阳数博会以及国务院一系列重要会议等场合多次强调，政府数据资源“深藏闺中”是极大浪费，应尽可能向社会开放。2015 年 7 月，国务院印发的《关于积极推进“互联网＋”行动的指导意见》，要求“推动交通运输主管部门和企业将服务性数据资源向社会开放，鼓励互联网平台为社会公众提供实时交通运行状态查询、出行线路规划、网上购票、智能停车等服务，推进基于互联网平台的多种出行方式信息服务对接和一站式服务”。2015 年 8 月，国务院印发的《促进大数据发展行动纲要》要求“稳步推动公共数据资源开放”，并提出优先推动包括交通领域在内的民生保障服务相关政府数据集向社会开放。

在这一背景下，2017 年 9 月交通部办公厅印发《智慧交通让出行更便捷行动方案(2017—2020 年)》，要求“深化出行公共信息资源开放示范。推动相关政府部门、事业单位加快交通出行公共信息资源开放，充分利用以综合交通出行大数据开放云平台为代表的各类数据开放平台，支撑各类出行信息服务产品的研发推广，鼓励各类主体利用开放信息资源开展出行服务创新”。该方案还提出了“依靠市场主体力量推进”、“加强政企合作交流”等工作要求，具体包括要求“各项任务实施都应以市场为主体力量推进，借助市场竞争促进各类市场主体为百姓提供丰富、精准的出行信息服务，鼓励和规范社会资本进入出行信息服务市场”；“加强与出行信息服务市场主体的沟通交流，在资本合作、运营模式创新、信息资源共享开放等领域开展合作探索，总结推广有效做法和成功经验，合力营造出行信息服务市场良好环境”。

（四）机制保障

开放数据的过程中离不开组织架构、协调机制、人员和经费等方面的保障。然而，在组织架构和人员方面，无论是交通部公路院还是各地方交通行业管理部门，都还没有专门的部门和人员负责“出行云”平台以及数据开放等工作，只有广东省交通厅设置了“出行云”数据申请受理专员，对“出行云”平台上数据申请进行快速响应。在经费保障方面，“出行云”平台并无日常性经费，作为“出行云”前身的科研项目“基于云平台的开放式公共出行信息服务研究与示范”早已验收结题，负责平台建设和运营的ITS中心只能通过申请一些需要依托云平台的科研项目得到部分经费支持。2017年11月，交通部发布了《交通运输行业研发中心和重点实验室认定名单》，由公路院下属的中路高科公司牵头申报的“综合交通运输大数据处理及应用技术”行业研发中心通过认定，“出行云”平台成为研发中心的主要建设项目之一，使“出行云”平台在技术研发、产品开发、人才培养和国际交流等各个层面得到了更多的支持。

此外，还进行了一系列制度建设和机制设计。为了保障平台健康持续运行，在平台成员单位和平台使用用户两个层次建立了运营机制；以共建共管为原则建立了“出行云”平台联席会议制度，制定了“出行云”平台联席会议章程；为有效界定平台使用相关方权利和义务，编制了“出行云”平台管理办法、平台数据资源目录、平台使用手册、云平台使用协议、数据下载使用承诺函等一系列制度文件。

2017年，联席会议办公室根据第一次联席会议中各方提出的意见建议，对联席会议章程和管理办法进行了修订。例如，增加了数据申请方的身份认证，完善数据使用备案机制；为方便科研工作者申请和使用数据，上线“数据实验室”等等。

五、困境与挑战：开放意愿、数据治理与安全风险

（一）如何提升数据开放的意愿？

我国国家层面没有专门的法律法规要求交通数据必须开放。《促进大数据发展行动纲要》虽然要求包括交通领域在内的民生保障服务领域政府数据集优先向社会开放，但并无明文规定交通部建立全系统的数据开放平台。尽管交通部对交通行业数据开放始终持积极鼓励的态度，但各地交通行业管理部门对开放数据的

意愿仍存在较大的差异，有的积极参加，有的等待观望，有的则明确表示不参加。各地交通运输企业对数据开放也多不积极。

这些问题的背后是数据权属不明和利益纠葛。交通运输企业往往认为数据在我手里就是我的。虽然交通行业管理部门出于行业监管目的可以要求企业提交数据，但如果将这些数据对外开放，企业就普遍反对，他们认为互联网公司从数据开放中获益较多，而交通运输企业获益较少。虽然政府数据开放产生的经济社会价值远大于直接出售数据的价值，但对地方交通行业管理部门而言，将数据汇集到全国统一的数据开放平台上，产生的价值难以与本部门政绩挂钩。对于以盈利为主要目的的交通运输企业而言，更是难以体会到数据开放给企业带来的直接收益。因此，交通运输企业更愿意和互联网企业直接对接数据获得收益，而不愿意将数据放在平台上向社会普遍开放。

为此，"出行云"平台探索了"数据换服务"的模式，让数据开放形成价值闭环，让参与的各方都能受益；还建立了"数据实验室"，让无法用服务交换数据的科研工作者也能获取和利用数据。此外，平台也在探索通过组建"出行云"企业联盟等方式，在共治共享模式下实现效益共享，提升各参与单位的开放意愿和政企合作的深度广度。

（二）如何提升数据治理水平？

数据治理是数据开放的基础。与前文提到的不少地方类似，交通领域数据治理的水平也参差不齐。由于交通数据保存在公交、出租车、货运、水运等各类企业中，这些企业中既有国企、也有民企，信息化水平差异巨大，数据采集和存储方式也五花八门。无论是交通部还是地方交通行业管理部门，要做到数据归集和治理都十分困难。

近年来，国务院和各地方政府层面大力推动政府信息资源共享，交通部也在大力推进交通数据共享工作，但要从数据治理的视角通盘考虑，将数据共享与数据质量、数据标准、数据安全和数据全生命周期管理等工作统筹推动，仍有很长的路要走。

（三）如何规避数据安全风险？

交通数据开放面临的一个重要问题就是数据安全，交通数据既事关国家安全，又可能涉及商业机密和个人隐私。目前，"出行云"平台对于数据申请有审批流程，对数据使用也有备案规定，但实际上对于数据去向无法实现追踪。在实践中，地方交通行业管理部门更愿意与某一大型企业开展定向合作以解决数据安全追责的问题,但这一做法不符合数据开放的无歧视要求,国务院也已明确要求“清理和制止公共数据仅向特定企业、社会组织开放的行为”。[7]

如果能分级分类按无条件开放、有条件开放与不可开放对数据进行分类标注,就可减轻数据开放负责人的担忧。但应按照何种标准来界定以上三种类别?目前的法律法规和政策并未给出清晰定义,仍需要在实践中不断探索。

六、 未来路径:探索公共数据开放之路

“出行云”平台虽然无心插柳成为了交通行业数据开放的先驱,但在平台定位上始终存在困惑,这是一个政府平台,还是一个社会平台?

交通行业数据并不完全属于政府数据,而是扩展到了公共数据的范畴。交通行业的数据来源于政府、国企、民企和事业单位等多种部门,数据价值高,但权属复杂,数据开放的范围和方式难以界定和达成共识。公共数据是指“掌握在外部机构手中但与政府项目和服务相关、并具有重大公共利益的数据”,[8]公共数据开放并不完全等同于政府数据开放。公共数据中获得较多财政经费支持的、具有较高公共价值的数据近似于政府数据,应要求免费开放,但对未获财政经费支持、具有较高商业价值的数据可适当收费。但两者的界限和范围还需要在实践中深入探索。

交通运输部并不希望把“出行云”平台建设成为靠固定经费支持平台运行、靠行政命令收集各地数据的纯公益性平台。《智慧交通让出行更便捷行动方案(2017—2020年)》也明确了以市场为主体力量推进的原则。这一思路为“出行云”探索公共数据开放提供了方向,也为未来探索灵活多样的公共数据开放机制保留了空间。在我国政府数据开放方兴未艾之时,公共数据开放有更多的理论空白和实践困惑需要填补和探索,“出行云”平台显然已成为探索公共数据开放的先行者。

注释

1 朱永娣、彭钥嘉、陈威:《图说:贵州大数据综合试验区成长录》,《贵阳网》2018年5月15日。

2 钱丽、徐倩:《〈贵阳市政府数据共享开放条例〉的诞生记》,《贵阳日报》2017年4月12日。

3 同注释2。

4 郭伟豪、程俊:《全国首个数据统筹局是怎样炼成的》,《南方都市报》2014年6月6日。

5 郭伟豪、陈秀妍、黄梦灵:《成立74天后 南海数据统筹局交出首份作业》,《南方都市报》2014年8月14日。

6 同注释5。

7 中国政府网,李克强主持召开国务院常务会议 部署加快推进政务信息系统整合共享等[EB/OL].[2018-06-18]. http://www.gov.cn/xinwen/2017-12/06/content_5244924.htm。

8 Open Data Chapter. Principles[EB/OL]. [2018-04-08]. https://opendatacharter.net/principles/.

第六章　我国政府开放数据为什么这么难?

“你们不要再说数据就是金矿和石油了,这样政府部门就更不愿意把数据开放出来了”,一位负责政府数据治理的领导对学者们这样说道,“本来他们还不觉得这些数据是宝贝,问他们要数据还没这么难,现在给你们这么一说,他们就再也不肯拿出来了”。

在不同地方和领域开放政府数据,促进因素有各种各样,遭遇的阻力和障碍也五花八门。中国政府数据开放生态体系好比一个盘根错节的“数林”,“数木”们在各种纠结中不断生长。

第一节　机遇与压力:促成因素

一、国际标杆示范

在信息化和全球化不断深入发展的时代背景下,一国的先进发展经验能够迅速地传播到其他国家,在政府数据开放发展方面也是如此。政府数据开放的实践发源于西方国家,在中国推动政府数据开放之前,发达国家已在该领域进行了诸多探索。尽管这些国家与中国存在国情差异,但它们的前期经验对中国政府数据开放实践仍具有宝贵的借鉴价值。

作为中国第一个建立政府数据开放平台的地方,上海在最初筹划政府数据开放时就曾借鉴过美英等国的发展经验。上海作为中国改革开放排头兵和创新发展先行者,需要放眼世界,对标国际一流水平。早在 2010 年 4 月,北美数字政府学会创始主席谢润·道斯(Sharon Dawes)教授访沪期间就曾与上海市经信委座谈交流,介绍了奥巴马推行政府数据开放的情况,市经信委的领导对该话题表现出了浓厚兴趣。2011 年,在时任市委书记俞正声的要求下,上海市经信委与信息中心联合开展了有关公共信息资源向社会开放的课题研究。一位当时在上海市经信委参与政府数据开放工作的管理人员谈道:“当时国内都没有做过,只有英国和美国做的还算不错,所以我们研究了英国美国的一些案例,当时我们是按照完全开放来定位的,也参考了蒂姆·伯纳斯-李的五星评价等指标。”同样,贵阳市负责政府数据开放的部门负责人也提到,他们推进政府数据的时候不仅学习了上海等国内案例,还仔细研究了多个国外平台,目标就是要做到国际一流。

二、地方自主探索

中国地方政府开放数据的进程显现为一个地方自主探索,自下而上的过程,这与许多西方国家自上而下推动的方式正好相反。在国家还没有任何政策要求时,我国一些地方政府已基于当地经济社会和信息化发展的需要启动政府数据开放工作。上海的政府数据开放就是在本地经济社会发展水平达到一定程度后的一种自然需求和自发举措。上海政府数据开放的源头可以追溯到 2004 年,当时上海是我国首个出台政府信息公开规定的省级政府,政府收到的信息公开申请中已出现了对于结构化“数据”而不是文本“信息”的申请,由此开始了上海对于政府数据开放的探索。

贵阳市政府数据开放也是当地大数据产业发展到一定阶段的必然要求。发展大数据是贵州在后发赶超过程中主动抓住的一次重大机遇,而政府数据作为大数据的重要组成部分,是推动大数据产业发展的重要源泉。因此,贵阳市作为贵州省省会城市,率先在省内推动政府数据开放。

三、上级试点部署

除了自下而上的地方主动探索,上级政府自上而下地部署和开展试点工作也是促进下级政府开放数据的重要因素。贵州省大数据发展的战略就得到了国家的认可,2016 年 3 月,国家发展改革委、工业和信息化部、中央网信办批复正式成立国家大数据(贵州)综合试验区。试验区围绕数据资源管理与共享开放、数据中心整合、数据资源应用等七大主要任务开展系统性试验,为贵州政府数据开放的快速发展提供了动力,也带来了压力。

2018 年 1 月,中央网信办、国家发改委、工信部联合印发《公共信息资源开放试点工作方案》,确定在北京、上海、浙江、福建、贵州五地开展公共信息资源开放试点,要求试点地区结合实际制定具体实施方案,明确试点范围,细化任务措施,提高开放数据质量,促进社会化利用,建立制度规范。

上海市探索政府数据开放之初也确立了“先试点后推广”的路径。曾在上海市经信委推进政府数据开放工作的张柏军谈道:“我们确定了 9 个试点单位,包括交通委、商务委、卫计委、公安局、工商局、住房保障、国土资源、交港和统计……关键是试一下可以推广的经验,最终通过《关于推进政府信息资源向社会开放工作的实施意见》这一文件,把试点的经验推广到了全上海市。”近期,上海市经信委又选取了浦东新区、静安区、徐汇区作为试点,探索市区两级的政府数据开放。

还有的地方则是上级政府整体部署与下级政府自主探索相结合。例如,山东省与省内其他各地市在省政府的统一部署下于 2017 年 4 月同时上线了政府数据开放平台,而青岛市已提前进行探索,于两年前上线平台。

四、同行学习比较

研究发现,政府部门在进行数据开放时可以进行跨组织学习,对标那些已经开放政府数据的最佳实践。[1]在中国各地推进政府数据开放的过程中,跨地区学习的现象也大量存在,有的对标先进地区,有的学习相邻地区,在此过程中形成的创新经验又继续扩散,相互促进。

从我国各地数据开放平台上线时间来看,也呈现出从东南沿海地区向内陆地区不断扩散的趋势。其中,既有广东省和长三角地区这样的“群落式”扩散,相邻地方竞相开放,互相学习;也有类似哈尔滨、宁夏这样的“绿洲型”地区,虽然周边地区尚未上线数据开放平台,但这些地方通过对标国内其他地区的优秀案例,在本地区引领开放潮流。

主动学习也伴随着被动压力。研究发现,某一地方的政府对于数据开放的重视会对其他地方的同级政府构成外部压力,进而会推动其他地方加入到政府数据开放的行列中。不同地方的政府之间会相互进行比较,负责相同政策领域的政府部门之间也会经常彼此观察对方进展,比如,对方开放了哪些数据集? 为什么相同业务领域的数据集他们能开放我们却不能开放?[2]

从中国政府数据开放的发展实践来看,北京和上海都在 2012 年推出数据开放平台,可能也受到了这种横向学习和比较的影响。此外,在广州和深圳之间、济南和青岛之间也存在类似现象,互相在意对方的表现,又感受到对方带来的压力,形成地区之间的良性竞争。另外,同一区域内的上下级政府之间也存在比较压力。例如当市级平台的表现优于本省的省级平台时,会对省级平台形成压力,例如,贵阳市与贵州省,广州市与广东省,青岛市与山东省之间即存在类似影响。

五、第三方评估

开展专业、独立、中立的第三方评估有助于帮助各地政府在推进政府数据开放的过程中认识自身差距,对标优秀案例,从而知己知彼,明确方向。

第三方机构评估能够避免政府部门自我评估既当“运动员”又当“裁判员”的现象。伴随着我国政府数据开放的不断推进,针对政府数据开放的第三方评估已经出现。截至 2018 年 5 月,复旦大学数字与移动治理实验室发布的《中国地方政府数据开放报告》已连续发布了三期“开放数林指数”,对中国各地政府数据开放的发展情况进行系统测评。

“开放数林指数”发布以来,许多地方政府通过该报告学习其他先进地方的做法,并借鉴追赶。一些地方政府已将“开放数林指数”的评估指标作为推进数据开放工作的重要参考。哈尔滨市信息中心的一位领导提道:“我们现在就是按照开放数据数林指数的评估指标,逐项对标,来发现自己在哪些方面还需要提高。”指数排名也提高了一些地方政府对数据开放工作的重视程度,努力提高自己的排名。有的地方明确表示:“我们特别关注开放数林指数每年评估指标的变化,如果在某些指标上做不好就会影响我们的排名。排名对我们是非常重要,我们的工作做得好不好很大程度上是通过排名体现出来的。”

第二节　问题与纠结:阻碍因素

一、懂不懂开放?

作为一个新生事物,政府数据开放容易与政府信息公开、政府数据共享等概念混淆。有的政府部门将传统的政府信息公开与政府数据开放混为一谈,有的则把政府内部的跨部门数据共享视作数据开放。西部某区县政府数据开放的负责人就提道:“我们已经按照《信息公开条例》的要求在政府网站上开放了‘数据’,为什么还要我们在市的平台上再开放一遍呢?”东部城市某委办局一位负责数据开放的工作人员在一次培训会后提道:“今天我才搞清楚了政府数据开放、政府信息公开以及政府数据共享这些概念之间的区别,这样以后我们就知道怎么做了。”

目前,政府数据开放的概念对于大多数政府部门来说仍比较陌生,缺乏基本的概念普及和培训。具体业务部门在接到上级开放数据的任务时,并不清楚具体目标和要求。一位负责政府数据开放的领导就提道："我们把任务下发到下面，下面的部门压根不知该干什么，更别提要怎么干了。"

二、愿不愿意开放？

(一) 付出大，还是收益大？

政府部门在开放数据之前往往会进行成本收益考量，即考量政府数据开放需要投入多少成本，又会给部门带来什么好处和"坏处"。政府部门需要花费大量精力和资源用于筛选、清理和更新维护数据集，当社会对开放数据的要求越来越高，开放的数据越来越多，就会加重政府部门的工作量，超出他们的运维能力。[4]

现实中，政府部门并不能明确地感知到开放数据会给他们带来的直接短期的好处，又没有针对政府数据开放的绩效评估来衡量他们的工作表现，[3]因此就缺乏推进数据开放的动力。某省人社厅的一位工作人员谈道："做这个事情对我有什么好处？不一定是钱，是不是应该在制度上明确，可以和目标考核挂钩或者有奖励制度……需要把大家的利益捆绑在一起，不能出一个制度，对我这一方只有服务没有利益，这样没有人愿意做的。"海事部门的一位管理人员也提道了不愿意将手中数据进行开放的原因，"首先，数据是代表部门权力的资源，希望把数据资源转化为部门利益；其次，数据开放后，海事部门的决策过程是否科学、是否合理都将受到社会公众的监督，这使得海事部门害怕被社会公众挑毛病、找问题；最终，还担心增加工作量，因为数据开放不是一次性的工作，而是一项长期性的、日常性的工作"。

(二) 免费还是收费？

免费开放政府数据是一项原则要求，但是对于一些政府部门来说，迈出这一步具有很大难度。一些政府部门将数据看作是部门的资产和权力的来源，是与其他部门进行利益协商和交换的资本，甚至将数据收费所得作为部门的收入来源，这些部门担心数据免费开放会降低部门收入和话语权。[4]例如，某地气象局的工作人员在调研中谈道，"数据开放对气象部门来讲不是很有利，因为气象部门不是百分百吃皇粮的，来自政府的经费只有三分之一，还需要额外的收入……如果气象数据免费开放，没办法维持下去。如果能以低于市场价格对数据进行收费，那么我们是会考虑的"。

数据被称为新时代的"石油和金矿"，在这种背景下，一些政府部门将部门所拥有的数据视为本部门的资源和资产，这更增加了开放数据的阻力。一位负责政府数据治理的领导就曾对学者们说:“你们不要再说数据就是金矿和石油了,这样政府部门就更不愿意把数据开放出来了。”伴随着数据的价值被逐渐认识,一些政府部门对于开放数据的意愿反而进一步降低。

(三) 多做多错,少做少错

政府部门的组织文化通常是风险规避型的,倾向于维持现状,而忽略用户获取、处理和使用开放数据的需求。[5]对于风险规避型的组织来说,其默认选项通常是不开放数据。[6]特别是在政府数据开放并不是该部门主要工作的时候,推行数据开放尤为困难。[7]

数据开放之后将使政府部门受到更多的公众监督,如果开放的数据因质量问题或者涉及个人隐私而造成损害,政府部门还可能要对此承担责任,这是很多政府部门的顾虑。[8]某市审计局谈道:“数据开放万一出了问题,委办局需要承担责任的,所以对数据开放比较谨慎。”某省人社厅的工作人员也谈到,“我们人社部门主要是社保的功能,对外提供公共服务,数据开放其实跟我没有任何关系,我还要承担数据泄露的风险,所以说政府部门做这件事的动力和能力都是不足的”。

三、可不可以开放?

(一) 数据开放与保密的边界模糊

目前各地政府数据开放工作,所能依据的主要是一些散见于相关文件中的原则性规定。例如,《促进大数据发展行动纲要》要求“优先推动信用、交通、医疗、卫生、就业、社保、地理、文化、教育、科技、资源、农业、环境、安监、金融、质量、统计、气象、海洋、企业登记监管等民生保障服务相关领域的政府数据集向社会开放”。

但是,仅仅依靠这些原则性要求对政府部门来说还远远不够,目前国家和地方层面都缺少明确的、清晰的、具有可操作性的政策和标准来指导实际工作的开展。地方层面仅有贵阳市颁布了《贵阳市政府数据共享开放条例》,其他地区还没有专门的政府数据开放立法。某市的一位政府工作人员谈道:“数据开放目录的分级分类有困难,省里有标准,但是只是原则性和指导性的,离实操层面的具体指导有差距。哪些是涉密涉敏,国家层面没有针对性的专门法律支撑。”

另外,有的地方在推进政府数据开放时主要参照之前政府信息公开的相关法律规定。但是,政府数据开放并不等同于政府信息公开,政府信息公开的相关法律政策也并不完全适用于指导政府数据开放工作。

政府部门向社会开放的数据不得涉及国家秘密、商业机密和个人隐私。过去制定的一些用来保护数据的规章制度仍然有效，政府部门在开放数据之前还需要受到这些规定的审查。[9]我国有《保守国家秘密法》《档案法》《国家安全法》《网络安全法》等大量法律法规涉及政府数据的保密，政府各业务条线的法律法规也有相关规定。例如，《税收征管法》要求"税务机关应当依法为纳税人、扣缴义务人的情况保密"。然而，这些法规政策也没有明确列出哪些数据不得开放，特别是对不涉密但敏感的数据没有清晰界定。

因此，在数据开放和数据保密之间形成了一个模糊的中间地带，两者的范围和边界都不清晰，使政府部门在开放数据时倍感纠结和矛盾，分不清哪些数据可以开放，哪些数据不可以，最后就往往选择不开放数据，以规避潜在风险和"麻烦"。贵阳市一位政府工作人员就谈道，"贵阳信息化程度比较低，大家认识不足，数据开放是一个比较新的概念，所以大家理解上可能还没有很到位，而且国家层面也缺乏相应的指标，各部门的情况就是不敢、不会、不愿。不敢是怕出安全问题；不会是不清楚数据的分类分级，不知道哪些数据可以开放；不愿是担心利益和权责的东西"。

（二）负面清单，还是禁止开放清单？

针对上述情况，一些地方政府开始探索制定开放数据负面清单，也就说只要未被列入负面清单的数据都必须开放（见图 6-1）。但又有许多地方认为采用负面清单的方式压力太大，因为在可开放和不可开放的数据中间还存在一个中间"模糊地带"，对这部分数据该如何处理还未确定。如果采用负面清单的方式，意味着这部分数据就要开放，这样风险过大，也难以真正实现。因此，这些地方更偏向于在现阶段采取同时制定开放清单与禁止开放清单的方法，即分别列出政府部门应该开放和不可开放的数据，对于中间的模糊地带则在未考虑成熟前暂时待定，以降低风险和压力（见图 6-2）。

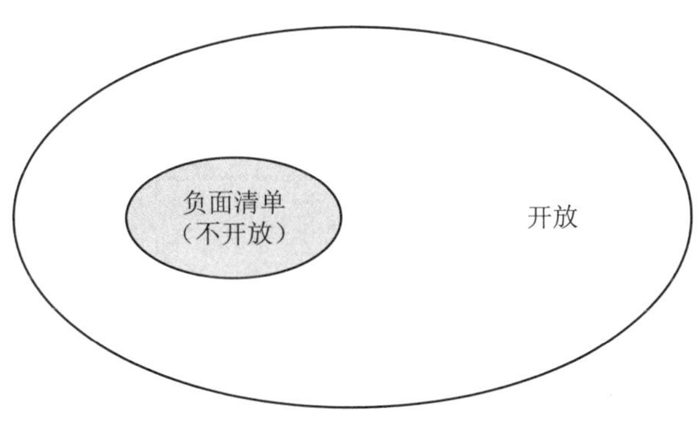

图 6-1　负面清单

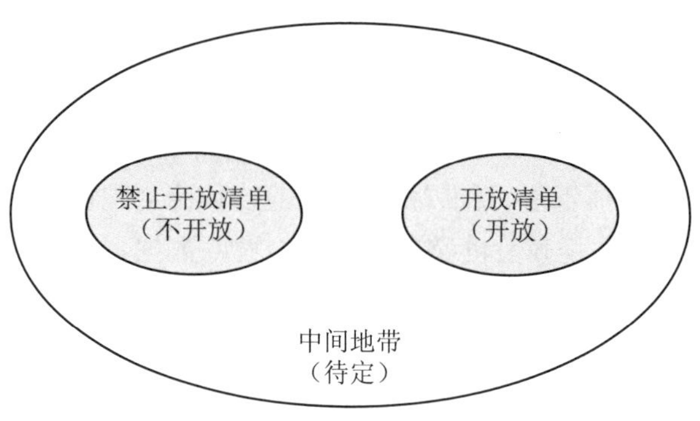

图 6-2 禁止开放清单和开放清单

四、能力够不够?

(一) 缺乏专门有力的主管部门

数据开放主管部门所处的相对行政层级及其与数据提供部门之间的关系影响着政府数据开放的推动力度。目前,全国只有贵阳市专门成立了一级委办局"大数据发展管理委员会"来统筹数据开放等工作,其他许多地方还没有设立专门的负责推进数据开放工作的部门,或者即使设有主管部门,其部门层级也不高,推进和协调能力较弱。例如,无锡市的政府数据开放工作由信息化与无线电管理局(信电局)信息化推进处承担,信电局尚缺乏明确的法律授权和组织地位,在推进政府数据开放的过程中具有一定的难度,而具体负责这项工作的信电局信息化推进处在开展工作时也就缺乏相匹配的职权或行政手段。

(二) 领导重视和支持力度不够

地方领导的重视和支持对于开放数据具有决定性作用。当一个地方政府的首长支持数据开放的时候,地方政府的各部门便不得不参与到相关工作中去,而且领导的重视也有利于政府部门获得推进政府数据开放所需要的资源,推动部门的流程再造以及政府部门与用户的协作。[10]例如,时任贵阳市委书记陈刚、常务副市长徐昊等市领导,以及市大数据委主任唐振江等部门领导的高度重视和积极推动,是贵阳政府数据开放能够后来居上的重要原因。而在领导重视和支持力度不够的地方,政府数据开放工作往往要么起步较晚、要么起步虽早但后续乏力。某市一位负责政府数据开放的工作人员坦言:"贵阳的政府数据开放由常务副市长在推动,在我们那根本做不到。"

(三) 人员能力不够、数量不足

人员能力不足也会严重影响政府数据开放的推行效果。一些地方负责数据开放工作的人员或者没有技术和数据背景,或者缺乏足够的业务知识和能力,使得他们很难判断应该开放哪些数据。[11]贵阳市大数据委主任就谈到了队伍建设的重要性,"大数据委自身的问题是队伍建设的问题,毕竟懂大数据的人不多,自身能力要加强,把数据开放作为长期的工作;第二是统筹能力要加强,该站出来就要站出来,该发声音要发声音,该强势要强势"。他还谈到在选拔人员时的标准,"创新是第一核心能力,第二要有技术基础,要懂行,懂业务,更重要的是不断吸取新的知识和技术的能力,不然会影响工作的结果"。

人员的数量不足也会带来问题。海关系统的工作人员提到,从 2001 年到 2014 年,我国进出口贸易总额迅猛增长了 8.4 倍,而同期海关人员并没有明显增加,海关总体人力资源瓶颈突出,大量的人力资源向一线具体通关业务现场倾斜,处于二线的数据资源管理工作面临人才短缺问题,在较长一段时期内都将是海关数据管理能力的掣肘。尤其是在大数据时代,数据量几何级增长,使得海关数据管理人员更加捉襟见肘。

(四) 缺少专项经费保障

政府数据开放会增加部门的工作负担,超出部门原有的业务范围和能力,还可能需要增加一些专业人才,这都需要专门的资金保障,否则可能会挤占其他工作的预算。某省一位委办局的工作人员就提到了经费问题,"经费问题就是我面临的问题。第一要梳理数据,第二要提供服务……这对于政府部门实际上是额外的事"。

(五) 技术能力不足

技术能力储备不足也会阻碍政府部门推进政府数据开放。一些基层政府部门信息化发展水平低,技术能力弱,甚至还没有建设信息化系统。贵阳市信息产业发展中心的工作人员就提到了技术处理中可能产生的问题,"脱敏脱密更多是部门自己提要求,技术处理还是信产中心来支撑。部门内部没有技术力量,分别出去找公司脱敏,也产生了很多问题"。某省委办局的一位管理人员因而提出应引入第三方作为技术支持,因为"政府部门技术能力跟不上,做不了,这些东西需要支持"。

五、数据在哪里?

(一) 数据未被电子化

政府数据开放要求数据以电子化形式开放,因纸质数据无法通过开放平台进行获取和利用。然而,一些落后地区的政府还没有采用电子形式采集和存储数据,大量数据仍以纸质形式存在,还需要电子化转换后才能开放。甚至有些地方政府既没有电子存储也没有纸质存储的数据,而是仅仅存留在相关工作人员的脑海中。这些工作人员只能提供一个粗略描述,而不能提供精确的数字,也不能解释这些数据是怎样产生的。[12]西部地区的一位政府工作人员就提道:“我市的信息化程度还比较低,有些部门没有电子系统,没有电子化,数据化,尤其在基层部门,数据采集的手段原始,很多是人工登记的台账。”

(二) 数据碎片化

我国政府数据治理工作都还处于起步阶段,政府数据散落在各个部门和处室,既阻碍了政府数据的共享整合,也制约了政府数据开放的推进。[13]政府体系中广泛存在着条块管理模式,信息系统和数据资源各自为政、条块分割、烟囱林立、信息孤岛的问题仍比较普遍。特别像海关这样的垂直部门,相对独立性更强,和其他部门之间的联动更缺乏,普遍存在跨部门之间以及内部各个业务条线之间的信息孤岛和重复建设现象。

加之,由于许多部门未进行数据编目和整理数据清单,对自己的数据家底是一笔糊涂账,不知道自己有什么数据,也不知道数据在哪里,使得政府数据开放更难推进。

六、数据好不好?

(一) 数据标准化程度低

公共数据应以标准格式提供,标准化的数据更便于再利用。[14]如果数据集不是完整的、原始的、可机读的、开放格式的,即使被开放出来也很难被用户利用,难以产生应用价值。某市政府工作人员就谈道,“数据开放要把标准做好,参考省里的标准,参考元数据、脱敏、目录编制、分类分级等标准,率先做验证。把标准化打造好,数据质量有提升。分类都是有标准支撑的,这块得做好”。

(二) 数据质量参差不齐

政府部门采集和生成了各种各样的数据，每个数据集在准确性、完整性、全面性和及时性方面都有各自的特点和性质，不同数据集涉及的预算、数据类型、采集目的和利益相关者都不相同，对于政府部门来说很难保证数据质量。另外，部门之间的职能交叉也容易带来数据重叠或数据“打架”，不同部门可能会开放涉及相同字段的数据集，但内容不一致。[15]

质量不高的数据即使开放出来也很难被有效利用。上海市审计局的一位工作人员提道，“如果数据中间有断层，这个数据的可信度、权威性就会受到质疑”。上海市统计局的工作人员也谈到了数据准确的重要性，“提供数据的单位要确保数据的准确性。这个工作是长期的、常规的工作。如果公布出去的数据是有问题的，这个风险很大，要通过制度、流程来控制”。贵阳市参与政府数据开放的一位工作人员举了一个例子，“你说我们做一个数据出来，如果这个数据本身是不全的，没有依据的，没有逻辑的，你说这种数据，要来干什么，开放出去让老百姓笑话，查一个企业，说还活着，但是事实上，企业都已经死了两年了。这种数据拿来干什么?”

(三) 数据价值密度低

政府数据开放应基于需求导向和问题导向，开放随意选择的数据或者仅仅是开放“易于开放”的数据对用户来说并不一定具有价值，[16]只有开放真正高价值高需求的数据才能带来更高效益。

政府数据开放的“默认开放”原则要求政府部门将其所拥有的不涉及个人隐私、商业机密和国家安全的数据全部开放，但也有人指出这条原则可能要求过高，并没有充分考虑到数据需求、数据质量、预算和人员紧缺等问题。更重要的是，孤立地开放数据，其效果可能不如针对特定问题的开放，假设“开放，就会有人来用”，不如带有明确目标的开放。[17]

现阶段，各地政府开放出来的数据普遍存在需求导向不强、价值密度不够的问题。贵阳市一位工作人员就提道，“跟部门要数据，没有强制要求，没有具体的压力，一些部门保守，积极主动性不够，只是提供最基础的、属于信息公开的数据，有价值的、实时性强的数据很少。不光是贵阳，其他地方也这样，这仍然是一个大问题，已开放的数据应用价值有限”。另一位政府工作人员也认为“目前的开放数据更多的是一些公共服务类信息、基础设施类信息，比较多的是一些信息公开类的信息，但是真正从系统来的、核心的业务数据或者是价值密度特别高的数据还是比较少”。如果开放的数据价值密度不高，应用价值有限，对企业的吸引力不够,数据利用的效果也就不会显现。

七、平台建在哪一级?

2018年《中国地方政府数据开放报告》发现,我国政府数据开放工作在不同的政府层级出现,现阶段已有多个省级、副省级和地市级政府上线了数据开放平台。国家层面也正在加紧建设,将于2018年年底前建成国家政府数据统一开放平台。此外,一些区县级地方政府也开设了各具特色的政府数据开放平台。佛山市南海区作为国内最早开放数据的区级政府,建设了“数说南海”平台。“凯里市政府数据开放平台”作为贵州首个上线的区县级政府数据开放平台,将数据开放与民族文化发展相结合。

从国家、省、地市到区县,政府数据开放平台究竟应该建到哪一个层级?如何平衡好不同平台之间的共性与个性,各个层级的平台之间是什么样的关系?这也是让各地政府感到困惑的一个问题。

现有的省级和地市级平台关系主要有两种模式,一种是“自下而上”的模式,多元发展、注重个性、允许特例;另一种是“自上而下”的模式,统一部署、强调共性、重视规范。两种模式各有利弊。例如,广东省就呈现为一种“自下而上”的模式。自佛山市南海区在广东省内第一个上线数据开放平台后,省内各地市陆续上线了各自的数据开放平台,这些平台各具特色、多元发展,但也存在标准不统一、发展不均衡等问题。而山东省则表现为 一种“自上而下”的模式。除了青岛市平台较早上线外,山东省级平台与其他地市平台都按照统一标准,集中建设,同时上线,全面推出。这种模式有利于推动不同水平的地市同步开放,提升地区整体水平,但也容易出现地市特色不足、抑制创新等问题。

然而,最为纠结的是市级和区级平台的关系。有些市级政府认为把数据集中汇聚到市级平台就可以了,没有必要建设区级平台,否则可能导致开放数据被人为区块分割,或区级平台重复开放市级平台上的数据。然而,有些区级政府所辖区域有相对独立的城区和本地特点,建设本区独立的数据开放平台,开放特色数据又确有社会需求。如佛山市南海区,历史上也曾是县级市,区级信息化基础好、意识强,数据统筹水平高,在广东省内率先上线数据开放平台后,在广东省乃至全国都起到了引领作用。贵州省凯里市虽然是县级市,但是作为黔东南苗族侗族自治州州府,拥有独立的、州内人口最多的城区,该市建设独立的数据开放平台、开放民族特色数据也对贵州省其他区县的数据开放起到了示范作用。

八、谁在用开放数据？

政府对数据开放的利用也存在各种顾虑和纠结。首先，政府不清楚数据利用者需要什么样的数据；[18]其次，政府担心开放出来的数据质量和价值不够高，用户对其不感兴趣。[19]某市的政府工作人员就谈到，“目前开放数据价值密度不高，对企业的吸引力不强……为什么要搞数据大赛，就是因为市场主动利用的效果不显著”。

政府主动开放数据后，还需要努力吸引社会来利用数据，从而提升公共服务水平，带来社会经济效益。2015 年的上海 SODA 大赛就成功吸引了 2 035 人报名参加，这些参赛者来自世界各地，其中以学生、数据分析师和软件工程师居多，他们通过融合利用各种数据集，最终呈现出了 505 个创意方案。某市的气象部门工作人员也谈道，“数据肯定是越开放越好，基本数据向社会开放，可以让那些有志于从事服务行业的公司来利用这种公共资源提供气象服务，种类可以更多，服务更加充分”。

但与担心没有人来用数据相比，政府更担心的是不知道谁在用开放数据以及数据被利用之后会带来什么结果。由于无法对数据利用过程及结果进行追踪，怕数据利用会产生不可控制的风险。某省的政府工作人员就对此表示了担忧，“我们的数据开放出去以后，他拿去怎么用，我们根本就没办法对他进行监管，用到哪了，又去做了什么东西，政府没办法。这个可能是要重点关心的问题，看采取什么方式能够对数据开放后的利用进行监管”。

第三节　一个盘根错节、不断生长的森林

政府数据从被开放、被利用到产生效益，不断动态循环，还涉及政府、数据利用者和社会公众等多种利益相关方，构成了一个生态体系。

首先，政府部门作为数据的供给侧，在国际示范效应、地方自主探索、上级试点部署、同行学习比较和第三方评估等因素的共同推动下，不断推进数据开放。但在此过程中，政府部门也遇到了一系列的问题与挑战，来自法规政策、组织管理、数据平台等多个方面，在逐渐解决问题和消除顾虑的过程中，政府部门沿着螺旋上升的路径，不断提高了自己的开放数据的意识、意愿和能力，推动数据开放向纵深发展。

同时,数据利用者作为需求端,对政府开放出来的数据进行利用,开发出各种创新应用,供社会公众使用。然后,数据利用者和社会公众又共同推动政府进一步开放数据。政府开放的数据数量越多、质量越好、价值越大,数据利用者的利用数据能力越强,利用效果越好,创造的价值越大,就越可能反过来促使政府开放更多高价值数据,从而形成良性循环。[20]反之,如果政府开放数据数量不足或质量不高,利用者没有兴趣利用数据、或利用能力不强甚至滥用数据,也将使政府失去开放的意愿和动力,形成恶性循环。[21]

在整个动态循环的过程中,政府部门是原材料提供者,数据利用者是加工者,社会公众是最终的用户和合作者,三者间的动态互动关系共同决定着开放数据的实际效果。此外,外部的社会、经济、政治、技术、文化环境也会对开放数据的进程产生重要影响。

如果把各地的政府数据开放工作比作一棵棵"数木",那么整个中国的政府数据开放体系就好比一个盘根错节、不断生长的森林。在这个生态体系中,政府、数据利用者、社会公众和外部环境的作用缺一不可,来自各主体、多维度、全过程的复杂因素及其互动关系共同决定着政府数据开放的最终成效。

注释

1 Wang, H., Lo, J. Adoption of open government data among government agencies. Government Information Quarterly, 2016, 33(01):86.

2 Tung-Mou Yang, Jin Lo, and Jing Shiang. To open or not to open? Determinants of open government data. Journal of Information Science, 2015, 41(05):607.

3 Tung-Mou Yang, Jin Lo, and Jing Shiang. To open or not to open? Determinants of open government data. Journal of Information Science, 2015, 41(05):605.

4 Tung-Mou Yang, Jin Lo, and Jing Shiang. To open or not to open? Determinants of open government data. Journal of Information Science, 2015, 41(05):605—606.

5 Janssen, M., Charalabidis, Y., Zuiderwijk, A. Benefits, Adoption Barriers and Myths of Open Data and Open Government, Information Systems Management, 2012, 29:261.

6 Zuiderwijk A, Janssen M, Meijer R, Choenni S, Charalabidis Y and Jeffery K. Issues and guiding principles for opening governmentaljudicial research data. In: Scholl H, Janssen M, Wimmer M, Moe C and Flak L(eds), Electronic government. Berlin: Springer, 2012, pp.90—101.

7 Tung-Mou Yang, Jin Lo, and Jing Shiang. To open or not to open? Determinants of open government data. Journal of Information Science, 2015, 41(05):603.

8 Tung-Mou Yang, Jin Lo, and Jing Shiang. To open or not to open? Determinants of open government data. Journal of Information Science, 2015, 41(05):604—605.

9 Tung-Mou Yang, Jin Lo, and Jing Shiang. To open or not to open? Determinants of open government data. Journal of Information Science, 2015, 41(05):606.

10 Wang, H., Lo, J. Adoption of open government data among government agencies. Government Information Quarterly, 2016, 33(01):83—86.

11 Tung-Mou Yang, Jin Lo, and Jing Shiang. To open or not to open? Determinants of open government data. Journal of Information Science, 2015, 41(05):602.

12 Tung-Mou Yang, Jin Lo, and Jing Shiang. To open or not to open? Determinants of open government data. Journal of Information Science, 2015, 41(05):602—603.

13 樊博、陈璐:《政府部门的大数据能力研究——基于组织层面的视角》,《公共行政评论》2017 年第 1 期。

14 Martin A S, Rosario A H D, Perez M D C C. An International Analysis of the Quality of Open Government Data Portals[J]. Social Science Computer Review, 2015, 34(3):308.

15 刘新萍、孙文平、郑磊:《政府数据开放的潜在风险与对策研究——以上海市为例》,《电子政务》2017 年第 9 期。

16 Susha I, Grönlund A, Janssen M. Organizational measures to stimulate user engagement with open data. Transforming Government: People, Process and Policy. 2015, 9(02):201.

17 Medium. Is "Open by Default" too high a bar? [EB/OL]. [2018-07-06]. https://medium.com/@opendatacharter/is-open-by-default-too-high-a-bar-1bc8c0578480.

18 Susha I, Grönlund A, Janssen M. Organizational measures to stimulate user engagement with open data. Transforming Government: People, Process and Policy. 2015, 9(02):199.

19 郑磊:《开放政府数据研究:概念辨析、关键因素及其互动关系》,《中国行政管理》2015 年第 11 期。

20 郑磊:《开放政府数据的价值创造机理:生态系统的视角》,《电子政务》2015 年第 7 期。

21 Helbig N, Cresswell A, Burke B, and Luna-Reyes L. The Dynamics of Opening Government Data [R/OL]. [2018-07-06]. http://www.ctg.albany.edu/publications/reports/opendata.

第七章　中国政府数据开放路在何方?

通过一次创新大赛开放的数据和产生的应用是有限的,尚不足以维持一个生态系统的持续运转,政府需要常态化地、源源不断地开放数量更多、质量更好、更新更及时、也更符合用户需要的原始数据集供社会开发利用。

然而,要在中国走出政府数据开放之路,政府需要逐一解决不懂开放、不愿开放、不敢开放、不会开放、数据找不到、数据不够好、平台建在哪、谁来用数据等一系列问题,从而打消疑虑,增加信心,提高意识、意愿和能力,推动数据全面开放和利用。

第一节　扩大开放,枝杈相连

近年来,虽然我国各地已陆续上线了一批政府数据开放平台,“开放数据、蔚然成林”的态势已基本形成,东、南、西、北各方都生长出一批优良“数木”,山东、广东已形成两片区域性“数林”。然而,放眼全国,绝大多数地方政府尚未开放数据,政府数据开放仍然不充分不平衡,各地开放水平参差不齐,地区分布东南多、西北少。

国家和地方层面应进一步推进数据开放的广度和深度,引导更多条件成熟、有示范价值的地方率先开放,并鼓励不同地方相互学习赶超,总结经验,然后向更大范围复制推广,带动更多地方开放数据,逐步提高我国开放“数林”覆盖率,最终形成全国全面开放的态势。

与早期探索阶段相比,当前我国政府数据开放的环境和条件已得到很大改善,上有国家政策的明确支持,下有各地实践的成功经验,天时地利,多已齐备,各地政府应尽早结束观望,开放数据。特别是东部沿海地区,数据基础好,社会需求高,却仍存在大片开放空白地区,落后于不少中西部省市。这些地区尤应尽快开放,学习前人经验,发挥地区优势。而已开放地区则应持续开放,探索前沿,突破难点,以免不进则退。

我国各级城市集中了最多的数据利用者和用户,城市数据具有高密度高价值的特点,开放城市数据最易于吸引社会力量对数据进行融合利用,为社会民生创造价值,并形成正向反馈,推动城市政府开放更多更好的数据,然后自下而上,对省级和国家数据开放平台提供数据来源。因此,现阶段应以我国各地各级城市为重点和切入口推动政府数据开放,鼓励和支持有条件的城市基于本地需求和自身特色开放政府数据。

然而,为了便于用户查找、获取和利用数据,不建议一个地区的各个条线部门建立纵向独立的开放平台,而应在一级政府建设跨部门的、横向整合的、一站式的集中开放平台。但是,国家和地方层面的数据开放平台也不应为了集中而集中,忽视不同层级、不同地区之间的差异和数据利用者的个性化需求,一刀切地规定必须在某一地域的某一层级建设唯一的数据开放平台,并限制下辖地区建设独立的开放数据平台。

开放政府数据的初心是让数据能为人民所用,使数据利用者能够方便、有效地获取和利用数据,因此,用户的获得感才是检验好坏的最高标准。集中建设、整齐划一的"人工林"难免千城一面,而多元创新、自由生长的"自然林"则可能参差不齐。无论"人工林",还是"自然林",能长高长密的、用户说好的数林就是好林子。

为了防止各地平台参差不齐,影响用户体验,政府应尽快制定标准规范,提出基本要求,允许和鼓励有需求也有能力的下属地方根据本地发展战略和社会需要,建设独立平台,并在满足和完成上级"规定动作"的同时,探索独有功能,开放特色数据,孵化本土应用。同时,上级政府也要对技术能力较弱,也没有需求建设独立平台的地区提供统一的平台技术服务。如此,既托起底线水平、扶植弱小树苗,又解绑优质"数木";既提升数林整体高度,又鼓励地方特色;既强调共性,又包容个性。从而避免"枪打出头枝",保持数林多样性。

更重要的是,为避免"孤岛"和"独枝"现象,不同层级和地区的平台之间应实现上下链接,横向推荐,并在具有共性的重点数据集之间进行关联融合,使数据利用者无论从哪个平台进入,都能链接到其他相关平台和数据。独木不成林,只有"数木"们既多元并生,又枝杈相连,才能生长出一片繁茂兴盛的开放"数林",形成一个多层多元、互联互通的政府数据开放体系。

目前,我国已有一些地方对上下两级联动的政府数据开放进行了探索。贵阳市作为地级市,在我国率先建立了市区两级政府数据开放一体化数据开放平台,其下辖的区县通过在市级开放平台上设置二级平台进行数据开放,不再单独建设区县级的开放平台。而上海市作为省级直辖市,将浦东新区、静安区和徐汇区作为试点,探索区级政府的特色开放。这些区级政府既可以按照统一标准建设独立的区级平台,也可以委托市级平台部署"虚拟平台",或直接利用市级平台发布区级数据,以确保市区两级平台之间实现互联互通和上下联动。

第二节 夯实基础,改善土壤

一、法规政策

清晰的政策框架是确保政府数据长期持续开放的重要因素。[1]我国政府数据开放始于地方探索,这些地方在推进过程中面临的一大困境便是缺少专门的、高层次的、明确的法规政策作为依据。更困扰他们的是,数据开放与现行法律规章之间还不同程度上存在相互抵触和矛盾之处。

因此,国家应制定相关法规政策,明确规定开放数据是政府的一项公共责任,确认政府数据的默认开放原则。法规政策还要对数据开放主体权责、开放数据范围、开放数据标准、开放方式与机制、开放数据平台建设、开放数据利用、开放数据安全保护等方面作出指引和规范,使地方政府在推动政府数据开放工作时有法可依、有章可循。

政府数据开放的立法工作可从我国政府信息公开和政府信息共享的相关法规政策中汲取经验,并借鉴国内外政府数据开放先进国家和地区的法律法规。有学者呼吁适时制定《政府数据开放条例》,针对政府数据开放、保护和再利用三个关键环节所涉及的数据主体、数据提供方、数据使用方等不同主体的权利义务进行更为细致的规定。[2]还有学者呼吁在立法条件成熟的情况下,可由全国人大常委会适时制定《政府数据开放法》。[3]

考虑到我国政府数据开放是发端于地方,不同层级、不同部门的开放范围、标准、方式等都各不相同,没有统一的发展模式。各地可先基于当地实际情况和实践经验,制定有针对性的条例、办法或实施细则,一方面能够指导和规范当地的政府数据开放,另一方面,也可为国家层面制定相关法规政策探索方向,实现自上而下和自下而上两种路径的结合。

法规政策的等级直接决定着其执行效力,从高到低可分为地方性法规、地方政府规章、规范性文件与其他普通政策等。2017 年 4 月,贵阳市颁布了《贵阳市政府数据共享开放条例》,该条例从数据采集汇聚、数据共享、数据开放、保障与监督、法律责任等方面对贵阳市政府数据共享开放相关工作作出了规定，是我国地方政府数据开放立法立规方面的首次尝试。

政府数据开放涉及众多利益相关者，政府在制定相关的法规政策时，要避免仅从政府的视角出发，而应全面考虑数据利用者、公众、专家等其他相关方的建议、意见和需求。

二、领导支持

在政府数据开放过程中，高层领导的支持不仅对于推动政府部门开放数据具有关键影响，也有利于政府部门获取开放数据所需要的资源和配合。[4]尤其是当前我国政府数据开放仍处于起步阶段，各级政府领导对政府数据开放工作的重视、支持和推进力度，可为各部门开展这项工作增加“底气”和“动力”。

2016年5月9日李克强总理在全国推进简政放权放管结合优化服务改革电视电话会议上指出“目前我国信息数据资源80%以上掌握在各级政府部门手里，‘深藏闺中’是极大浪费”。同年5月25日，他在贵阳出席中国大数据产业峰会开幕式时又强调“除涉及国家安全、商业秘密、个人隐私以外的数据，都应向社会开放”。

在地方层面，贵阳市政府数据开放的快速发展和后来居上也离不开时任贵阳市委书记陈刚和现任贵阳市委常委、常务副市长徐昊的支持和推动。领导重视可直观表现为其在公开场合对于政府数据工作的强调或要求。例如，2017年2月24日，哈尔滨市市长宋希斌在推进大数据发展专题会议上对于哈尔滨市政府数据开放工作进度提出了期望。之后，哈尔滨市在政府数据开放工作方面快速推进，尽管不能将其成效完全归功于领导重视，但领导重视确实起到了至关重要的作用。

三、组织管理

政府数据开放作为一项需要系统、长期、跨部门推进的工作，需要一个相对层级较高的主管部门，并赋予其足够的职权来负责数据开放的决策规划、顶层设计、组织实施、规范指导和监督考核。尤其需要建立一套跨部门统筹协调机制，来组织、指导和监督各个业务部门开放数据。上海市某委办局的一位领导就提道：“作为一项有意义的工作，前期的规划，实施的细节保证，必要的制度依托，事后监管监督，绩效考核考评，这些东西都是需要配套的。”

一些先行地区已在政府数据管理体制建设方面取得了突破。例如，贵州省将经济和信息化委员会承担的有关数据资源管理、大数据应用和产业发展、信息化等职责，整合划入省大数据发展管理局。[5]贵阳市也组建了大数据发展管理委员会，将市工业和信息化委员会承担的信息化行业管理、统筹推进信息化工作、网络安全及相关信息安全保障等职责，整合划入市大数据发展管理委员会。这种制度安排有利于提升政府数据开放工作的专注程度和统筹力度。

四、人员能力

政府数据开放离不开专业化人员的支撑和执行，需要加强培训教育，提升人员能力。首先，应提高各级各部门的领导干部和管理人员对数据开放的概念、原则、标准、价值、风险等方面的认识与理解，在各政府部门内部提升开放数据的意识，培育有利于用数据开放的组织文化。其次，要对具体负责数据开放工作的人员进行具有操作性的专业培训，提升数据标准、数据质量、数据安全等方面的意识和技术能力。

《联合国电子政务调查》指出，为确保数据治理中的各方协作顺畅，需设立专门负责政府数据开放的机构，并任命首席数据官。为提升政府数据治理、共享和开放工作的领导统筹能力，我国政府部门一些地方也已开始探索建立首席数据信息官制度，将其作为领导层中专门负责数据治理战略的官员，并选择同时具备管理能力、数据技能和业务知识的人才担任。例如，佛山南海区在各个数据单位设立了首席数据官（CDO）和数据管理专员（DA），数据官主要由各部门一把手担任，负责业务层面统筹推进，数据管理专员则负责在技术层面提供支持。

五、资金保障

设立政府数据开放专项预算能够为这项工作的开展提供稳定的资金保障。政府数据开放需要各部门投入一定的资金用于开放数据资源梳理、目录编制、脱敏清洗、更新维护等工作。

目前，许多政府部门都缺少可用于数据开放的专门预算。在大数据时代，政府在信息化工作上的重心应从开发应用更多转向数据治理，并将数据开放出来让社会来进行开发利用，而政府自身不必再开发数据服务类应用。因此，政府可将原先用于开发这类应用的预算转到数据治理和开放等工作上。

为保持数据开放工作的可持续动力，可将政府部门信息化新建项目的申请与数据开放工作挂钩,在各部门提出新建项目申请时即要求列明该项目建成后将要采集和可以开放的数据,并配备相应预算。例如,上海建立了信息化建设与政府数据开放的联动机制,将信息化项目的数据资源规划、目录编制注册、目录更新等作为信息化项目立项、项目验收、运维资金申请的重要依据。

政府数据开放专项预算的申请还可与政府数据开放的绩效挂钩,[6]根据数据开放的实际效果来配置相应的资金支持,从而更好地激励政府部门开放数据。

六、数据治理

政府数据治理是政府数据共享和开放的基础,而较高的政府数据共享水平也有利于政府数据开放的推进。同时,数据开放反过来也有利于数据共享的实现。在实践中,也出现了数据共享和开放先行的情况,然后倒逼了数据治理能力的提升,并对数据治理提出新的要求,为政府部门彻底梳理其掌握的数据资源提供了机会。[7]因此,数据治理、共享和开放工作的开展三者之间可相互促进,互为抓手。政府部门可以根据本部门的基础和特点,安排好三者之间的关系,发挥优势,补足短板(如图 7-1)。

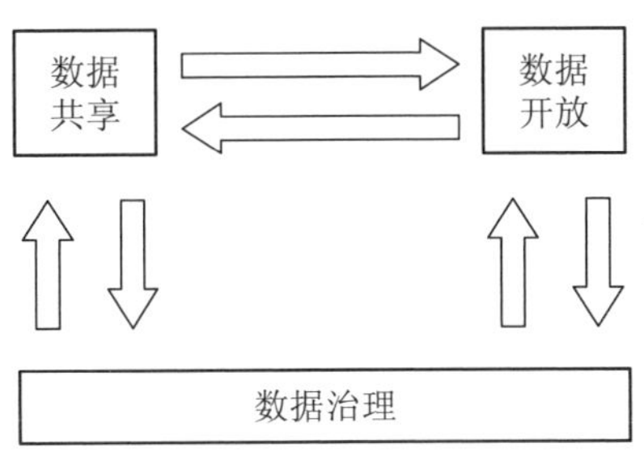

图 7-1　数据治理、共享与开放

政府数据治理是一项涉及方方面面的系统性工程,需要对数据从生成、存储、共享、开放、利用到退出的全生命周期进行管理。根据我国政府数据治理现状,在推进数据开放的过程中,政府部门应首先将内部仍以纸质形式存在的数据进行电子化、结构化和标准化,以便于后续的开放与再利用。其次,需盘点和摸清自己的数据家底,梳理数据资源,编制数据资源目录,并对数据进行分级分类,为不同数据集标注相应的开放属性。再次,应制定数据标准和规范,提高数据质量,确保政府数据完整性、准确性、时效性和适用性。只有确保开放数据的可靠来源和高质量,才能满足社会公众种类繁多的利用和分析需求。[8]

第三节 运行平台,提升体验

一、平台概览

开放数据平台是数据开放的载体,而平台上的概览功能决定着用户的第一印象。政府数据开放平台应以醒目方式展示数据统计、数据动态、数据开放最新资讯并提供可视化呈现,帮助用户了解政府数据开放平台基本概况,使用户能开门见数,一目了然,为其进一步发现和获取目标数据集提供方向。

二、平台导引

数据利用者获取数据前需要首先找到其所需数据。因此,政府数据开放平台要为用户提供便捷的引导,以帮助用户发现目标数据,包括分类导航功能、搜索功能、排序功能、相关数据推荐、用户操作指南、智能交互服务、发布者联系方式和平台间链接等功能。

需要强调的是,平台在对数据主题进行分类和命名时,应避免从部门视角出发,使用过于模糊和宽泛的名称,例如“经济建设”、“社会发展”这类对用户来说不易理解的主题名称。相反,应以用户视角和需求导向出发,用老百姓听得懂、分得清的名称和场景来进行主题命名。

三、数据获取

获取数据是数据利用者访问平台的最主要目的,也是政府数据开放平台应提供的核心功能。平台需便于用户浏览和获取目标数据,提供数据预览、开放数据目录、本地获取链接、分级分类获取方式,数据集订阅或收藏等功能。

数据开放平台应提供开放数据资源数据目录,帮助用户了解开放数据全貌。在用户获取数据的方式上,可进行分级分类,通过直接获取、简单注册后获取、实名认证后获取、经申请后获取等不同方式来处理好数据开放和保护之间的平衡。

四、工具提供

开放数据是要拿来用的,不仅要开放,还要让用户看得懂、方便用。政府数据开放平台除了要向用户开放原始数据，还应为用户提供基本的分析和开发工具，帮助用户分析和利用数据，例如可视化与分析工具、开发工具和地理空间工具等。

还需要特别为非专业的普通数据用户提供简便易用的分析工具，方便其无需下载原始数据即可进行简单的数据统计和可视化分析。而对专业数据利用者，则可设立“开发者中心”提供全流程的开发工具和服务。

五、利用成果展示

平台应向社会集中展现用户利用开放数据所产生的各类成果，例如应用程序服务应用、研究报告、传播产品等，供社会公众集中检索和下载，从而形成从数据开放、被利用到创造价值的闭环。政府数据开放平台还应为用户开设通道，便于其提交基于开放数据开发的数据利用成果，也有助于政府追踪和了解其开放数据的利用情况。

六、互动交流

数据开放平台是连接开放数据供给侧和需求端的桥梁。平台应向用户提供多样化的互动交流方式，包括对单个数据集进行评价、对希望开放的数据集提出请求、对发现的数据集错误进行纠错反馈、对平台提出意见建议、通过社交媒体进行分享传播等功能。政府还可开设专门的社交媒体账号，向社会宣传推广数据开放工作，并与社会公众进行直接互动。

七、个性化整合

政府数据开放平台还可为用户提供个性化整合服务，使用户可以根据自己的个人需求，使用数据获取、工具使用、成果展示、互动反馈等功能，获得个性化服务。

第四节　释放数据，确保质量

一、免费原则

政府数据是行政机关在履行职责过程中制作或获取的，以一定形式记录、保存的各类数据资源。这类数据受到公共财政的全额支持,属于公共资源,在保障国家安全、个人隐私和商业机密的前提下,原则上应最大程度地向全社会免费开放。数据免费开放所带来的收益远超过政府出售数据所获得的收益,[9]"开放数据不应是政府的一个高价值收入来源,而应是一种公共产品"。[10]

数据如未能在互联网上免费提供,或以至少不高于复制的边际成本的价格开放,就不是有意义的开放。[11]具有公共产品属性的数据只有能不能开放的问题,没有能不能收费的问题,应该开放的政府数据,不收费也要开放;不应该开放的数据,给了钱也不能开放。除非涉及对原始数据的增值加工,才可考虑对额外付出的增值服务的成本进行收费,但仍不能对原始数据本身收费。

而对于"公共数据",其范围还包括政府部门以外的公共事业部门的数据;[12]和国有和私有企业受政府委托、得到公共财政支持所创建的数据;以及掌握在外部企业手中但与政府项目相关、具有重大公共利益的数据。针对这类数据,可根据其接受公共财政支持的多少和公共价值的大小两个维度来决定是否免费或收费。总体上,获得的财政支持越高,具有的公共价值越高,数据的公共属性也就越高,越应该免费开放或以尽可能低的成本收费。反之,对于获得财政支持较少,公共价值不大的数据,可不必要求开放或可允许其在向社会开放时收取适当的费用。

在具体操作中,为保证由公共财政生成或为了公共利益而生成的数据向社会免费开放,政府应在委托服务合同中列入相关条款,以保证这些服务项目可能产生的新数据或对原有数据修正后产生的数据,其产权归政府所有。[13]

二、数据数量

政府应提升开放数据集的总体数量,并将重点放在开放高容量的数据集上。数据集是由数据组成的集合,每一"列"代表一个特定变量,每一"行"则对应一个样本单位,而高容量是指将数据集字段数(列数)乘以条数(行数)得出的数据总量,代表了数据集的实际数据量大小。

三、数据质量

政府应开放价值密度高,社会需求高的优质数据集,随意发布一些易于发布的、低密度、碎片化、有问题的数据并不会创造价值。开放数据应多从用户的实际需求而非政府部门的自我判断出发,定期向数据利用者征集需求和建议,有针对性地开放社会真正有需求的、能解决问题和创造价值的优质数据集，并确保数据的完整性、准确性、原始性和适用性，让数据利用者有更多获得感。

四、数据标准

开放数据的“开放性”应具备两个维度的特性：一为法律性开放，即这些数据必须被置于公共领域，或处于自由利用条款下，受到最低程度的限制；二为技术性开放，即数据应为可机读、非专属性的电子格式，从而能被任何人利用通用、免费的软件即可获取和利用。[14]

（一）法律性开放

政府部门需为开放数据提供授权协议，明确授予用户免费获取、不受歧视、自由利用、自由传播与分享开放数据的权利，并一步探索分级分类的方式，对不同的数据集配备不同内容的授权协议，对于法规政策允许开放的数据应保障任何人不受限制地对其进行自由利用和自由分享的权利。

（二）技术性开放

政府部门应基于开放数据的基本原则和标准，开放完整的、原始的、可机读的、开放格式的、结构化的、电子化的数据集，让用户真正能把数据用起来。

依据万维网发明者蒂姆·伯纳斯-李提出的开放数据五星标准，现阶段我国大部分地区的开放政府数据已符合三星标准，下一步各地政府数据开放还要向四星标准迈进；之后，再继续向五星标准发展，使数据之间实现关联，提供数据的背景。

除了确保数据可被直接下载，政府数据开放平台还应对数据规模大、动态实时性强、处理要求高的数据通过应用程序编程接口方式进行开放。还要为应用程序编程接口提供规范描述，包括资源描述和数据调用说明，帮助数据利用者了解应用程序编程的具体信息及获取方式，从而更好地调用接口并获取数据。

（三）元数据

平台在开放数据集的同时还应提供全面的元数据信息，以帮助数据利用者清楚地了解数据集的内容与背景，从而更好地理解和利用数据。开放数据集基本元数据条目可包括数据名称、摘要简介、标签或关键字、数据主题、数据格式、开放属性、提供单位、发布日期、更新日期、更新频率、数据量和字段名称等。

五、数据覆盖面

开放数据集应尽可能覆盖重点开放领域和社会具有较高需求的关键数据集，提升数据的广度、丰富度和针对性，使数据利用者可充分获取和整合多种来源的数据，进行深度挖掘和利用。政府需着力提高各个业务部门参与开放数据的程度，而不是将开放数据的重点部门放在统计部门。统计部门提供的数据多为经过加工归总后的宏观数据，其再利用价值一般低于业务部门掌握的颗粒度更细的原始数据。

六、数据持续性

开放政府数据是一项持续性和常态化的工作，数据集在开放后还需持续更新和增加。只有源源不断的数据供给，才能激发数据利用的活力，满足社会对开放数据日益增长的需求。政府应建立长效工作机制，确保开放数据集存量动态更新，增量持续不断，并将不同时间开放的历史数据留存在平台上供数据利用者继续下载利用。

第五节　面向利用，动态循环

政府开放数据的根本目的是推动政府数据的再利用。在政府数据从生成、开放、利用到创造价值这个动态循环的过程中，涉及数据利用者、数据用户和合作者等多种利益相关者，因此开放数据并不是政府的“一家之事”，推进政府数据开放需要多主体参与，循环式推进。

首先，作为数据提供者，政府应从利用者的实际需求而非自我判断出发来开放数据，优先开放社会有迫切需求、能推动社会经济发展和改善民生的数据，通过以人为本，而不是本人以为的思维为来确定重点开放的领域。其次，在数据开放后，政府还需继续推进数据利用，将数据利用者视为合作伙伴，听取其需求和建议，继续有针对性地开放高价值数据，让真正“用数据的人”有更多获得感。此外，政府还应经常与数据利用者开展深度交流与合作，主动向数据利用者介绍和解读政府面对的公共问题和痛点，引导和启发他们利用政府数据与政府合作解决公共问题。同时，面对不同的数据利用者，政府还需提供不同的工具和服务，为专业用户提供原始的数据集,为初级普通用户提供可视化分析工具或分析解读。

作为数据利用者,企业、机构和个人也应依法合规对政府开放数据进行开发利用,避免滥用和误用数据,并针对政府和社会关心的公共问题,融合利用来自政府、企业和社会的数据,与各方协作生产,尽力为社会公众带来更多效益而不是风险,使政府部门深切感受到开放数据能给政府和社会带来的好处,提升政府开放数据的动力和信心,促进政府开放更多更好的数据。

综上所述,只有当数据在提供者、利用者和社会公众之间不断正向“流动”起来,形成价值闭环,才能在数据开放和数据利用之间形成一个动态循环、可持续发展的政府数据开放生态系统。[15]

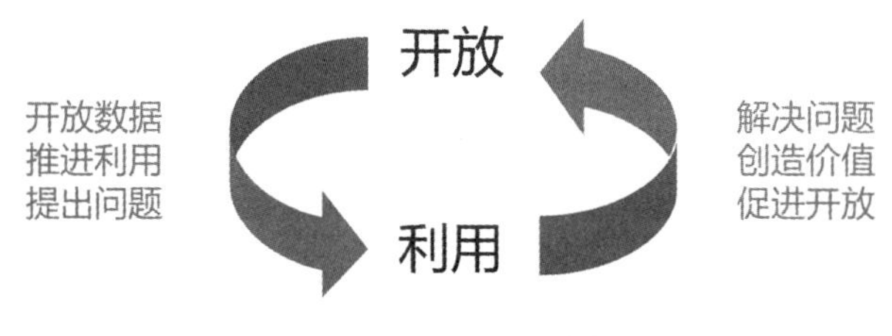

图 7-2　开放与利用的循环

第六节　确保安全,分级分类

数据开放并不是绝对的,毫无限制地允许数据流通也会带来风险和问题,因此需要对数据获取设置一定的限制,[16] 出于维护公共利益的目的,对于涉及国家安全、商业机密和个人隐私的数据进行严格保护。

目前,政府部门对于包含公民隐私和敏感信息的数据还存有很多顾虑,例如是否开放、如何开放、向谁开放以及在何种授权下开放数据等方面。[17] 数据开放生态系统如何既能保持其动力和活力,又能守住数据安全和隐私保护的红线?如何在数据开放和安全保护之间获得平衡?如何在创造价值的同时控制风险?关键在于分级分类的精细化管理和全过程动态管理。

首先,需按照相关法律法规和政策文件,对政府数据进行分级分类管理,编制开放数据清单,明确数据开放范围。根据敏感程度对不同数据集标注不同等级的开放属性,如普遍开放、有条件开放和不开放等。对暂时还没有明确规定的、处于可开放和不可开放之间的“模糊地带”的数据,可先列为“有条件开放”,然后在开放过程中不断探索数据开放与保护之间的边界。

然后，可再根据数据的开放属性设置不同等级的数据获取和保护方式，如直接获取、简单注册后获取、实名认证后获取、经申请后获取、获取后监测等。通过设置这些不同程度的“门槛”，尽可能地保障数据安全的前提下，最大限度地开放数据。需要强调的是，分级分类的根本目的是为了更好地开放，应尽可能地降低用户获取数据的门槛，精细化管理，避免一刀切。

贵州省于 2016 年 6 月印发的《政府数据数据分类分级指南（试行）》已对数据分类分级做了初步探索。指南把数据分为“公开数据”、“内部数据”和“涉密数据”三级。其中，将非敏感数据列为公开数据等级，将涉及用户隐私数据列为内部数据，而将与国家秘密相关的数据列为涉密数据。基于以上分级，对于“公开数据”，要求政府部门无条件开放；对于“内部数据”，要求按国家法律法规决定是否开放，并原则上在不违反国家法律法规的条件下，予以开放或脱敏开放；对于涉密数据，则原则上不允许开放。对于部分需要开放的数据，则要求进行脱密处理并且控制数据分析的类型。[18]

此外，政府还需对数据开放和利用的全过程进行事前、事中、事后的全面动态安全管理。在数据开放前，政府部门要对数据进行安全审查和脱敏处理，通过管理手段与技术措施，防范不同数据集关联后可能产生的风险，并建立预警机制，制定应急预案。在数据开放后，还需对其使用情况进行安全监测。由于数据利用的风险不可能完全依靠政府自身的力量来事先预估，因此应建立动态纠错机制，随时发现风险，随时纠正或撤回数据，并对滥用数据造成损害的数据利用者追究其责任。此外，政府还可借助社会外部力量，在数据开放前开展第三方风险评估；在数据开放后邀请社会各界对数据进行评议和纠错，对数据滥用行为进行举报。

安全是相对的，片面地要求开放数据绝对安全，数据将永远不可能开放。因此，政府还应建立容错机制，对未按明确规定而造成的安全事故固然要严肃追究责任，但对已按现有规定开放，但因事先难以预计到的风险而造成的损失，则要免除相关部门和人员的责任，从而解除政府部门开放数据的后顾之忧，在政府部门内创造允许探索和出错，允许在实践中不断改进的氛围。

总体上，政府应在数据的“管护”和“有用”之间达成平衡（如图 7-3）。“管护”原则将保管政府信息视为政府部门受委托的责任，要求政府审慎处理数据，具体包括数据采集方法、数据定义、数据质量、数据整合、数据安全和保存等方面；而“有用”原则指将政府信息视为有价值的资产，要求积极利用信息不断创新，创造社会和经济价值。[19]

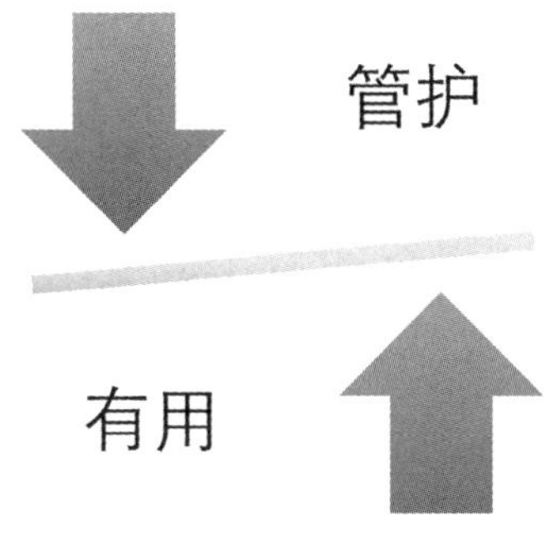

图 7-3 管护与有用的平衡

第七节 营造环境,培育生态

一、基础环境

政府数据开放还会受到外部社会技术发展、经济发展以及开放透明氛围的影响。[20]开放数据晴雨表评估报告强调了互联网的普及率对开放数据准备度的影响。[21]联合国电子政务调查中也将互联网用户、移动用户量、宽带用户等指标作为衡量电信基础设施指数的重要指标。[22]

目前我国地方政府数据开放地区的分布主要集中于我国东南部地区,这些地区工商业较为发达,信息产业发展具备一定基础,也反映了政府数据开放的进度受到一个地区的经济、社会与技术发展水平等外部环境的影响。因此,政府在开放政府数据的过程中,也不能忽视对于信息社会建设和经济技术发展的同步推进。

二、利用能力

企业家和民间技术人员是开放数据与数据利用之间的有效桥梁。[21]数据开放的效果并不仅仅取决于政府对外开放的过程,更在于如何了解和排除社会大众获得数据后在数据再利用方面的困难,[23]数据利用方的数据搜索、理解和利用能力将直接影响政府数据开放的效果。[24]由此,政府还应注重数据利用人才的培养和教育,提升整个社会的数据利用能力,并透过高校、企业、社会组织等向特定人群普及开放数据理念及其行业应用价值,鼓励其利用数据。[25]

同时，政府部门还要着力降低数据利用的门槛，为“数据弱势群体”提供基本支持和帮助，从而提高社会各个阶层的开放数据利用意识和水平。贵阳市大数据委的工作人员就已经意识到了这个问题，“数据开放平台最早出来的时候，我们发现没有人来用。原来数据开放平台和门户网站所针对的人群是不一样的。我们不能不管那些初级用户，我们需要通过数据来做一些可视化的东西吸引他们”。

三、创新文化

数据的开放和利用离不开创新的文化氛围。首先，政府应加强对开放数据的宣传，提升社会各界对数据开放工作的认识和关注程度。其次，政府应吸引和激励各类企业、机构和个人充分利用开放数据开发创新应用，制作数据产品，探索商业模式，并不断提出数据需求。第三，政府还可通过举办开放数据创新应用大赛展现开放数据的价值，打造开放数据文化，培育开放数据利用者群落，并对创业团队提供政策优惠、孵化落地、供需对接等方面的支持。

第八节　整体路径与关键模块

准备度是“底子”，是数据开放的基础。因此，政府在推进数据开放的过程中需首先做好做实一系列基础性工作，包括法律法规、领导支持、组织管理、人员能力、资金保障和数据治理等各方面，为政府数据开放的起步和长远发展提供必要的支撑和准备。

平台是“面子”，是开放数据的载体、是展示利用成果的平台和连接数据供给侧和需求端的桥梁，良好运行的平台将直接影响数据开放的利用效果。

数据是“里子”，是开放数据的核心，政府要确保开放数据的数量、质量、标准、覆盖面和可持续性。

准备度犹如树木的根系，平台好比枝干，而数据则是枝干上的树叶。一棵好“数木”需底子、面子、里子三者兼备，缺一不可。只有根系发达才能长出粗壮的枝干与茂密的枝叶；只有枝干粗壮，树叶才能发芽生长；反之，也只有树叶茂密，枝干才有其存在的意义。

然而，“平台”和“数据”都还只是政府数据开放的“产出”。“产出”只有被各种数据利用者有效“利用”，才能真正产生社会、经济和政治方面的“效果”，并反过来进一步提升政府开放数据的信心和动力，夯实数据开放的基础。

需要特别强调的是，在推进数据开放和利用的全过程中，都需要确保数据安全，为数据开放提供坚实的保障。最后，政府还需要营造有利于数据开放的外部环境和文化氛围，为“数木”成长提供所必需的“肥沃土壤”和“阳光雨露”。

综上所述，政府推进数据开放需同时处理好“基础与产出”、“产出与利用”、“利用与效果”、“开放与安全”等多对关系，保持多模块推进，全过程管理（如图 7-4）。

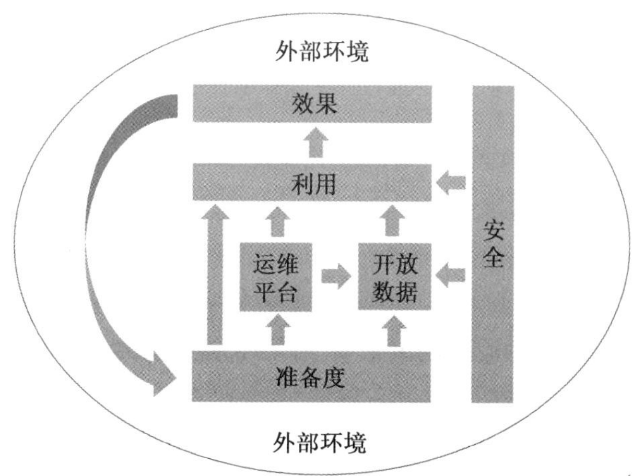

图 7-4　整体路径与关键模块

总之，只有土壤肥沃，雨露充足，才能保证“数木”的茁壮成长；也只有枝干粗壮，枝杈舒展，才能带来成荫如盖，叶茂花开，从而更好地满足用户对开放“数林”的向往。

注释

1 Open Data Barometer. ODB Global Report Third Edition[EB/OL]. [2018/05/19]. https://opendatabarometer.org/doc/3rdEdition/ODB-3rdEdition-GlobalReport.pdf.

2 肖卫兵:《论我国政府数据开放的立法模式》,《当代法学》2017 年第 3 期。

3 宋华琳:《中国政府数据开放法制的发展与建构》,《行政法学研究》2018 年第 2 期。

4 Wang, H., Lo, J. Adoption of open government data among government agencies. Government Information Quarterly, 2016, 33(01):83—86.

5 贵州省人民政府办公厅:《贵州省大数据发展管理局主要职责内设机构和人员编制规定》,2017 年 2 月 3 日。

6 Tung-Mou Yang, Jin Lo, and Jing Shiang. To open or not to open? Determinants of open government data. Journal of Information Science, 2015, 41(05):605.

7 Tung-Mou Yang, Jin Lo, and Jing Shiang. To open or not to open? Determinants of open government data. Journal of Information Science, 2015, 41(05):608.

8 黄思棉:《大数据时代中国政府数据公开面临的阻碍与对策研究》,《法制与社会》2015 年第 12 期。

9 OECD. Annex B. Reaping the Benefits of Cloud Computing, Web 2.0 and Open Data: OECD Country Experiences. Denmark. Efficient e-Government for Smarter Public Service Delivery, OECD Publishing, 225—238, 2010.

10 Jeni Tennison. Open data is a public good. It should not be confused with data sharing[EB/OL]. https://www.theguardian.com/commentisfree/2014/may/12/response-confuse-open-data-sharing-government.

11 The Annotated 8 Principles of Open Government Data. Open Government Data Principles[EB/OL]. [2018-06-18]. https://opengovdata.org/.

12 华海英:《公共部门信息增值利用的若干概念辨析》,《图书情报工作》2012 年。

13 Open Data Chapter. Principles[EB/OL]. [2018-04-08]. https://opendatacharter.net/principles/.

14 The World Bank. Open Data Essentials[EB/OL]. [2018-05-04]. http://opendatatoolkit.worldbank.org/en/essentials.html.

15 郑磊:《开放政府数据的价值创造机理:生态系统的视角》,《电子政务》2015 年第 7 期。

16 郑磊:《西方公共信息政策文献概述:定义与分析结果》,《电子政务》2008 年第 2 期。

17 Jocelyn C, Oliver R, Gillian O. Value in the mash: exploring the benefits, barriers and enablers of open data apps. Twenty Second European Conference on Information Systems. 2014:09.

18 贵州省大数据发展领导小组办公室:《政府数据数据分类分级指南》2016 年 6 月 27 日。

19 Dawes S S. Stewardship and Usefulness: Policy Principles for Information-based Transparency[J].

20 Dawes, S., Vidissova, L., &Parkhimovich, O. Planning and designing open government data program: an ecosystem approach. Government Information Quarterly, 2016, 33(1):15—27.

21 Open Data Barometer-ODB Global Report. Third Edition[R]. [2018-05-04]. World Wide Web Foundation, http://opendatabarometer.org/3rdEdition/report/.

22 联合国经济和社会事务部:《2016 联合国电子政务调查报告——电子政务促进可持续发展》。

23 杨东谋、罗晋、王慧茹、项靖:《政府开放数据与信息增值:台湾的经验与启示》,《图书情报工作》2013 年第 10 期。

24 Zuiderwijk A, Janssen M, Choenni S, Meijer R, and Alibaks R S. Socio-Technical Impediments of Open Data[J]. Electronic Journal of Electronic Government, 2012, 10(2):165—166.

25 高丰:《开放数据:概念、现状与机遇》,《大数据》2015 年第 2 期。

第八章　一切才刚刚开始：政府数据开放的未来

在不远的将来，家里的咖啡机、飞机上的一颗螺丝，甚至农场里的一头牛，都可能成为物联网的一部分，时时刻刻在采集和分析数据；在一个没有遗忘的时代里，你在互联网留下的一切痕迹都可能永存。这样的数据要不要开放？政府数据开放在未来还将面临哪些技术和非技术因素的挑战？

第一节　不断变化的技术环境

技术发展日新月异，物联网、区块链、人工智能等技术的发展将提升数据采集和利用的能力，强化开放数据的基础，拓展开放数据的应用前景。然而，在这一过程中，仍有诸多新的问题和挑战需要直面与应对。

一、物联网与数据开放

人类正进入万物互联的时代。据高德纳咨询公司（Gartner）发布的数据显示，当前全球联网设备的数量已经超过全球人口总量，到 2020 年，这一数量将达 260 亿台，其他一些机构预测的数字甚至还要更高。[1]物联网的核心价值不仅在于联网，还在于联网后产生的数据。政府通过物联网获取的数据一方面能提升其管理和决策水平，为社会提供更多更好的公共服务；另一方面将这些数据开放给社会也将创造更大的公共价值。然而，物联网也对数据权属、数据管理以及数据安全隐私等方面带来了新的挑战。

首先，由于物联网依靠各种不同供应商来部署和支持，传感器、通信网络、分析工具和存储系统等各个组成部分被不同的利益相关方控制，受到不同服务协议条款的约束。而当来自多个源头和设备的数据进行融合时，又会创建出新的数据,从而使数据所有权更加难以界定。因此,有效的物联网数据管理有赖于政府、企业、个人等各个利益相关方的协同能力。[2]

其次,无所不在的物联网产生的数据体量更大、数据类型更加多样,对数据管理也提出了更大的挑战。例如,如何统一数据标准,如何更加经济高效地管理数据生命周期等。各地政府在部署物联网系统时,必须同步考虑与之相匹配的政策和管理手段,需要具备整体性思维和能力,以更好地履行管理公共数据的职责。[3]

第三,物联网节点分布广、数量多、应用环境复杂,对计算和存储能力的要求高,对其设备与数据进行加密和保护的能力又比较薄弱,很多物联网设备处于"裸奔"状态,黑客可能通过入侵一台咖啡机来入侵整个写字楼的网络。因此,无处不在的传感器带来了对于隐私保护的威胁。无论是在部署物联网系统、采集数据还是开放数据的过程中,政府都要开展全面的物联网安全管理,并与各个利益相关方充分沟通以制定新的隐私保护规则。[4]

总体而言,物联网系统的部署虽然将大大增强政府采集数据的能力,提升政府开放数据的价值,但也对现有法规政策与管理手段提出了新的挑战,有待政府与各个利益相关方通过密切沟通与协作来应对。

二、区块链与数据开放

区块链是利用加密链式区块结构来验证与存储数据、利用分布式节点共识算法来生成和更新数据、利用自动化脚本代码(智能合约)来编程和操作数据的一种去中心化基础架构与分布式计算范式。[5]区块链具有共享读写、难以篡改、免去信任等特点,这些特性有望在政府部门对内数据共享和对外数据开放中发挥作用。例如,可通过区块链技术建立跨组织的数据共享和开放过程中的记录、考核、激励和监管机制,鼓励数据拥有方共享开放数据,激励数据获取方展示数据应用效果。[6]同时,区块链技术可对数据开放中涉及的数据隐私侵犯、数据泄露或数据滥用问题进行监督,降低数据开放的风险,许多政府部门担心的开放数据后无法追溯的问题将有可能解决。[7]

当前区块链技术仍处于迭代完善的阶段,存在着交易效率低、单个节点安全保障弱等问题,而且透明的、难以篡改的记录方式与数据隐私和"被遗忘权"之间也还存在矛盾。区块链技术正处于从"期望膨胀期"(Peak of Inflated Expercta-tions)到"幻灭期"(Trough of Disillusionment)的过渡阶段,[8]可能还需要经历云计算、虚拟/增强现实(VR/AR)、3D打印等新兴技术都经历过的黎明前的黑暗时期,才能走向成熟。

正如开放数据研究院的报告所言,区块链及其他分布式账本技术潜力巨大,有助于多方协作维护共同的数据资产,是支持数据基础设施的一项重要技术。但是也要避免被“区块链炒作”(Blockchain Hype)所包围,需要在选择使用前,关注真实的用户需求。[9]

总之,对于区块链技术对数字治理的影响,特别是在政府数据开放中的应用,还有很多问题值得深入研究。

三、人工智能与数据开放

人工智能并非一项新技术,但直到近年来随着算力的提升、算法的改进和数据的积累,才迎来了“三起三落”后的又一个春天。从沃森(Watson)、阿尔法狗(AlphaGo)到无人驾驶汽车,人工智能正被越来越广泛地被应用于各种领域。

总体上,目前人工智能仍处于初级阶段,距离真正的、通用的智能还有很长的路要走,“奇点”[10]的到来尚需时日。目前,人工智能往往被用作一个知识“通配符”(Wildcard),使人难以推测这项新兴技术的影响范围和后果。[11]例如,由于人工智能依赖的海量训练数据和强大计算能力往往掌握在大企业手中,并且人工智能系统的内部工作情况往往被视为“黑箱”,如被滥用可能导致垄断,扼杀创新。[12]

同时,人工智能也对数据开放提出了更高的要求和更大的挑战。人类正在向智能时代迈进,人工智能的本质是计算,[13]计算的原材料是数据,计算、数据和物理设施等共同组成了智能时代的基础设施。[14]从古代中国秦始皇修建的驰道,到古代意大利的“条条大道通罗马”,再到美国的太平洋铁路和州际高速公路的修建,政府都是构建物理公共基础设施的主力。在智能时代,公共数据是公共基础设施的一个重要组成部分,开放数据也就成为政府需要持续提供的一项公共服务。

因此,数据的开放与流通是智能时代的一个重要前提。为了更好地发展人工智能,需要开放政府数据和科研数据,并鼓励私营部门开放涉及公共利益的数据,通过公私合作的方式实现数据融合,[15]通过开放大量政府数据来推动政府、学术界和私营部门的人工智能研究,并促进开放数据标准和最佳实践的广泛应用。[16]进一步地,还要建立并落实数据标准规范、提升公共数据开放程度、鼓励跨境数据流动,以构建一个更为完善的数据生态系统。[17]

与此同时,政府也要预防人工智能可能带来的负面影响,需要审慎对待用于训练人工智能的数据。例如,如何制定适当的标准和程序,从源头、开发到使用的整个生命周期来跟踪和管理用于训练的数据集;[18]如何建立公平的、活跃的开放数据生态,防止掌握人工智能的大型机构对创新的压制和对公平的损害;[19]如何防止数据偏差带来的人工智能偏见,无论是有意的差别对待还是无意的歧视;如何合理界定数据权属与数据开放的边界,并借助新技术帮助人工智能系统在不“获取”数据的情况下实现“调用”数据[20]等。

当我们审视每一项新技术时,关键并不在于确定技术本身是好还是坏,而在于分析这项技术的应用前景及其风险,一个尽可能开放并使每个人受益的未来并不会自动到来,而要由各方共同塑造。

第二节 变迁中的社会、经济与政治环境

数据、信息和知识都是人类活动的产物,数据开放的未来也必然与人类经济、政治、社会及文化发展与变迁息息相关,相互作用。

一、法治伦理与数据开放

信息技术与经济社会的交汇融合引发了数据迅猛增长,数据产业的发展日益对全球生产、流通、分配、消费活动以及经济运行机制、社会生活方式和国家治理能力产生重要影响。然而,大数据的发展也带来一系列新的问题和挑战,包括数据标准、数据准确性、数据隐私、数据归档和保存、数据监管、可持续的数据平台与架构、数据共享,数据可获取性、数据再利用等。[21]这些问题都关系到数据治理。良好的数据治理既可以使政府更好地利用自身的数据,也能够推进政府数据的共享与开放。

数据治理的概念从企业界引入政府部门的时间很短,有很多问题还值得深入探索。例如,如何提升数据治理的意愿与高层领导力,[22]如何推动跨领域和跨边界的数据治理,如何建立合适的数据治理组织架构,[23]如何在数据开放与数据安全之间取得合理的平衡[24]等。而政府数据治理面临的问题可能比私营部门更为复杂,例如,如何提升政府数据治理的合法性、责任性和回应性,避免简单套用私营部门的做法带来的对于公平、正义、代表性和参与等民主价值的损害;[25]如何响应公众对于公共部门在透明度方面的更高期待,并引领私营企业提升透明度;[26]如何在数据治理中充分吸引各利益相关方的参与、协调各利益相关方的需求,尽可能提升全社会对于政府数据治理的共识和认同等。

早在十多年前就有人提出过“代码就是法律”的断言,[27]对数据的依赖会不会

造成唯数据主义甚至数据独裁,带来人的奴役化、物化和非人化?[28]大数据不强调因果关系而是"让数据自己发声"[29]的特性以及深度学习从输入到输出的"黑箱",[30]可能带来信息技术和大数据的"异化"。从美国的《信息自由法》、《隐私权法》、《阳光下的政府法》,到欧盟的《个人数据处理中的个人保护公约》、《数据保护指令》、《一般数据保护条例》,再到中国的《政府信息公开条例》、《网络安全法》,各国都在针对数据共享与开放、数据隐私保护和数据安全等问题不断完善法律制度。

2018年5月起全面实施的欧盟《一般数据保护条例》(General Data Protection Regulation,简称GDPR)对于如何在保护数据隐私与促进数据流动之间、如何在监管规范市场与保持商业竞争力之间取得平衡进行了探索。从属地管理到属人管理的拓展大大增强了条例的全球影响力,对数据"可移植性"(Data Portability)的主张是对传统的数据获取权的加强,[31]而数据"被遗忘权"则是对传统数据删除权的升级,对于数据主体的同意权和知情权的保障也大大加强。[32]

然而,挑战和困惑仍然处处存在。数据可移植性是《一般数据保护条例》界定的一项新权利,希望能更好地支持数据共享与开放以促进创新,但这也带来了更复杂的数据隐私问题。DNA揭示了我们的家人甚至远亲的信息,水电费账单显示出我们与谁住在一起,健康记录则包含医生和我们自己的信息,在大多数数据都"关系到许多人"(Most data is about multiple people)的当下,[33]个人隐私也越来越成为"相互依赖的隐私"。[34]在实现数据可移植性之前哪些利益相关方需要达成一致?一个人的数据可移植性与另一个人的数据被遗忘权如何平衡?[35]如何采用适当的管理与技术手段对"涉及多人的数据"进行管理?[36]如何在保持个人、组织和社区之间相互信任的同时增加数据获取的便捷性?[37]

更进一步地,在"没有遗忘的世界里",[38]"被遗忘"越来越成为一种重要的数据权利。同时,《一般数据保护条例》文本也认可了"被遗忘权"存在例外,例如出于保护公共利益和表达自由等情况,但这些相对抽象的评判标准会不会对公共数据开放构成阻碍?国家会不会以保护个人隐私为名恢复对数据的独占权,导致政府不愿开放数据、企业不敢开放数据的困境?

强大的技术力量可能会激发系统的反弹,造成生态失衡,而最终结果取决于我们在利用技术时是否承担了相应的责任。[39]这不仅需要法律体系和管理制度的完善,更需要各利益相关方之间的协同治理。

二、数据鸿沟与数据开放

在移动互联时代,由"用户终端"和"基础设施"的差异所造成的数字鸿沟正在不断缩小,而由数据获得与利用能力上的差距带来的“数据鸿沟”则正在产生。[40]发达地区与不发达地区之间,收入水平和受教育程度不同的人群在分享“数据红利”方面也存在着不平衡的问题。

一方面,开放数据为弥合数据鸿沟带来了新的机遇,让事关公共利益的数据从由政府和公共部门掌控变成全社会共享。然而,谁能更好地利用开放数据,更多地享有开放数据的成果呢? 数据开放会不会造成新的技术鸿沟(Technological Divide),带来“数据富人”与“数据穷人”的严重分化?[41]即便公共数据实现了普遍的、常态化的开放,如果数据利用者基于不公正的价值观或利益观来利用数据,会不会反而恶化不平等的状况?[42]

拥有一个数据集,无论它多大或者多小,其自身都不会带来任何价值。[43]数据开放的最终价值在于利用,数据鸿沟的问题也可能更多体现在利用层面。如果不提高普通大众利用数据的能力,人们面对浩如烟海的大数据可能将不知所措,陷入数据超载的境地。因此,培养儿童和成年人的数据技能至关重要,人们应该知道哪些数据能用来做什么,即便不用亲力亲为。[44]还有人呼吁在中小学教育、大学和职业教育以及劳动力、市场与行业中全面推行提升数据技能的培训计划。[45]

然而,社会治理体系的进步必然落后于新技术的发展。应对数据鸿沟,[46]关键在于填平制度鸿沟,[47]有赖于“以公民为中心”的理念,有赖于“从统治到治理”的转变,有赖于政府的“有形之手”、市场的“无形之手”以及公众的“勤劳之手”三者的共同参与和协作治理。[48]

三、全球治理与数据开放

人类正进入一个愈加复杂和多样的世界。全球化与反全球化、孤立主义与多边主义、贸易保护与贸易自由,精英主义与民粹主义、恐怖主义、气候变化、贫富差距、难民问题、移民问题……多种思潮、现象和挑战让人眼花缭乱、措手不及。

在复杂多变的国际形势中,和平、发展、合作、共赢依然是时代主流,世界各国经济与社会日益呈现利益交汇、相互依存的态势。[49]在全球性挑战层出不穷、日益紧迫的同时,全球公共社会的成长与国家之外的社会认同也正在建立,[50]加之信息技术极大地扩展了跨国连接的渠道,使国际社会正在向复合型相互依赖的方向迈进。[51]

对于完善全球治理体系,数据开放也大有可为。例如,对于恐怖主义、气候变化等全球共同面临的问题如何建立合理的公共干预机制,亟需在数据开放的基础上开展科学的数据分析;[52]对于全球公共事务如何开展跨国、跨组织的协同治理和网络化治理，[53]也需要各利益相关方开展数据融合与协同。

在全球贸易放缓的当下，全球化已经进入了一个由信息、思想和创新流动为特征的新阶段，[54]而数据的流动是这一切流动的基础。仅 2014 年一年，跨境数据流动就为全球经济创造了 2.8 万亿美元的价值，对于经济增长的贡献已经超过跨境贸易。[55]然而，全球数据流动仍面临多重法律、政策和技术壁垒，数据主权和网络空间主权问题仍存在争议，一些国家对于数据流出的单方面严管和国家安全压倒商业利益和个人隐私的失衡管理也带来了普遍担忧，数据流动管理的双边和多边机制构建还有待加强。[56]同时，数据流动带来的收益也可能集中于少数领先国家从而导致跨国数字鸿沟的扩大。[57]如何在开放数据推动全球治理的同时维护国家利益也亟待研究和解决。

第三节　组织变革与数据开放

从马克斯・韦伯（Max Weber）到赫伯特・西蒙（Herbert Simon），信息对组织的重要性不断受到关注和论述。信息能够提升组织的决策能力使之更加智慧和高效，信息能为组织提供集体记忆使之永续运作；同时，作为一个开放系统，组织还通过与外界的信息交换而变得更加有序。[58]

进入互联网大数据时代，组织自身正在经历急剧的变化，如何改进基于分工和等级的金字塔结构，让组织的数据与组织充分结合以带来更合理的决策；[59]如何将自上而下的、单一的数据传输渠道转变为扁平化、网络化、多层次的传输渠道，同时又避免多头领导以及协调成本的增加？[60]如何超越简单的部门合并和职能重组，真正建立一个目标和手段都得到提升的无缝隙的、整体性的政府？[61]如何以问题导向和数据流动的视角引领组织架构变革与业务流程再造？如何通过专门数据统筹管理部门和职位来推动数据与业务的融合？在开放数据推动社会利用的同时，如何建立有效的协作机制防止分散主义的复兴妨碍整体性治理目标的达成？[62]数据开放又如何助力针对复杂系统性社会问题的适应性治理（Adaptive Governance），[63]并兼顾稳定性、可靠性、适应性以及灵活性？[64]以上都成为政府组织必须思考的新问题。

“力不若牛，走不若马，而牛马为用，何也？曰：人能群，彼不能群也。”[65]人类文明的进化依赖于协作，通过分享信息来汇聚智慧、开展协作一直是推动人类文明进程的强大动力，而数据开放带来了一种用更高效多元的方式进行大规模协作的难得机遇。通过政府数据开放可带动政企民各方的数据融合与数据协同，通过开放式创新和合作型生产,可推动各行各业的生产、管理、服务手段的全方位变革,形成开放、协同、共赢的潮流,最终,政府将不只是一个单纯的公共服务的生产者,而是更多地成为一个召集者和组织者。

因此,政府组织形态自身在互联网大数据时代的演化将进一步推动数据开放,与此同时,数据开放也将有助于重塑政府组织,对于打造透明政府、开放政府、回应型政府、平台型政府和适应性政府等新型政府形态发挥重要作用。

第四节 开放数林的未来:大小两个生态系统的生长演化

政府数据开放作为一个生态系统,犹如一座“开放的数据森林”。一方面,这个“数林”自成体系,构成一个相对较小的生态系统,包括数据的提供者、利用者、用户和合作者等各种各样的生物;另一方面,这片数林也是向外开放的,无时无刻不在与外部政治、经济、社会、技术、组织等更大的生态系统开展物质和能量交换。公共事务具有“嵌套性”(Nested Externalities)的特征,即一个小的公共事务嵌套在更大的公共事务之中,不同规模的公共事务之间存在有机联系。[66]

与任何一个自然生态系统一样,开放数林的小生态和外部环境的大生态都在不断生长演进之中。各个利益相关方自身及其相互关系在不断变化,数据的开放、利用到产生价值的方式都将不断更新,政治、经济、社会、技术和组织的大环境也将持续演变,这些环境因素决定了政府数据开放的过去与现在,也将继续塑造其未来,既有的平衡会不断被打破,并在动态发展中形成新的平衡。

在开放数林的生态系统中,数据的重要性自然不言而喻,然而生态系统中最具创造力、也最具决定性作用的要素仍然是人。两千多年前荀子说过:“金石有形而无气,水火有气而无生,草木有生而无知,禽兽有知而无义,人有形、有气、有生、有知且有义,故最为天下贵也。”[67]“金石”、“水火”、“草木”、“禽兽”都是世界的重要元素,但只有人的能动性才能把它们组合成为一个完整、生动、多元、共生、循环的生态系统。所有参与数据开放的利益相关者,无论角色与立场,将一起决定这个生态系统和命运共同体的未来。

数据是智能时代的一种基础设施,数林就是人类在智能时代赖以生存的新树林,而只有开放数据,才能蔚然成林,一棵棵开放“数木”的丛然并生、成荫如盖直至叶茂花开,将成长为一片繁盛多样、平衡清朗、持续循环的“开放数林”,而开放数林的故事才刚刚开始。

注释

1 Jacob Morgan. A Simple Explanation Of "The Internet Of Things"[EB/OL]. [2018-06-18]. https://www.forbes.com/sites/jacobmorgan/2014/05/13/simple-explanation-internet-things-that-anyone-can-understand/#13763061d091.

2 Derek Werthmuller. Mind the Gap: 3 Internet of Things Challenges for Local Government [EB/OL]. [2018-06-18]. http://www.govtech.com/opinion/Mind-the-Gap-3-IoT-Challenges-Local-Government.html.

3 同注释 2。

4 同注释 2。

5 袁勇、王飞跃:《区块链技术发展现状与展望》,《自动化学报》2016 年第 4 期。

6 贵阳市人民政府新闻办公室:《贵阳区块链发展和应用》[EB/OL]. [2018-06-18]. http://sg.gygov.gov.cn/CMS/Show?cid=6bc516b0-6fa0-43eb-a854-b2c7306c7b64.

7 同注释 6。

8 Kasey Panetta. Top Trends in the Gartner Hype Cycle for Emerging Technologies[EB/OL]. [2018-06-18]. https://www.gartner.com/smarterwithgartner/top-trends-in-the-gartner-hype-cycle-for-emerging-technologies-2017.

9 Open Data Institute. Applying blockchain technology in global data infrastructure [EB/OL]. [2018-06-18]. https://theodi.org/article/applying-blockchain-technology-in-global-data-infrastructure.

10 大爆炸理论认为宇宙起源于从一个奇点(Singularity)开始的大爆炸。在人工智能领域,一般用奇点代指从弱人工智能发展到强人工智能进而超越人类智能的临界点。

11 Boban Zarkovich, Michael I. Jordan. Artificial Intelligence—The Revolution Hasn't Happened Yet [EB/OL]. [2018-06-18]. https://rise.cs.berkeley.edu/blog/michael-i-jordan-artificial-intelligence-the-revolution-hasnt-happened-yet.

12 Olivier Thereaux. Using artificial intelligence and open data for innovation and accountability[EB/OL]. [2018-06-18]. https://theodi.org/article/using-artificial-intelligence-and-open-data-for-innovation-and-accountability.

13 陈钟:《从人工智能本质看未来的发展》,《探索与争鸣》2017 年第 10 期。

14 Boban Zarkovich, Michael I. Jordan. Artificial Intelligence—The Revolution Hasn't Happened Yet[EB/OL]. [2018-06-18]. https://rise.cs.berkeley.edu/blog/michael-i-jordan-artificial-intelligence-the-revolution-hasnt-happened-yet.

15 Olivier Thereaux. Using artificial intelligence and open data for innovation and accountability[EB/OL]. [2018-06-18]. https://theodi.org/article/using-artificial-intelligence-and-open-data-for-innovation-and-accountability.

16 Ed Felten, Terah Lyons. The Administration's Report on the Future of Artificial Intelligence[EB/OL]. [2018-06-18]. https://obamawhitehouse.archives.gov/blog/2016/10/12/administrations-report-future-artificial-intelligence.

17 麦肯锡中国:《中国人工智能的未来之路》[EB/OL]. [2018-06-18]. http://www.mckinsey.com.cn/wp-content/uploads/2017/03/CDF_McKinsey_AI_CN_final.pdf.

18 Alex Campolo, Madelyn Sanfilippo, Meredith Whittaker, et al. AI Now 2017 Report[EB/OL]. [2018-06-18]. https://ainowinstitute.org/reports.html.

19 Olivier Thereaux. Using artificial intelligence and open data for innovation and accountability[EB/OL]. [2018-06-18]. https://theodi.org/article/using-artificial-intelligence-and-open-data-for-innovation-and-accountability.

20 如同态加密(Homomorphic encryption)、差分隐私(Differential privacy)、随机隐私(Stochastic privacy)等。

21 John Carlo Bertot、郑磊、徐慧娜、包琳达:《大数据与开放数据的政策框架：问题、政策与建议》,《电子政务》2014 年第 1 期。

22 Open Data Barometer. ODB Global Report. Third Edition. World Wide Web Foundation[EB/OL]. [2018-06-03]. http://opendatabarometer.org/3rdEdition/report/#readiness.

23 Soares S. The IBM Data Governance Unified Process: Driving Business Value with IBM Software and Best Practices. MC Press Online, LLC, 2010.

24 Thompson N, Ravindran R, Nicosia S. Government data does not mean data governance: Lessons learned from a public sector application audit. Government Information Quarterly, 2015, 32(3).

25 Larry D. Terry. Administrative Leadership, Neo-Man-magerialism, and the Public Management Movement. Public Administration Review. 1998, 58(3).

26 同注释 24。

27 [美]劳伦斯・莱斯格:《代码:塑造网络空间的法律》,李旭译,中信出版社 2004 年版。

28 陈仕伟:《大数据技术异化的伦理治理》,《自然辩证法研究》2016 年第 1 期。

29 维克托・迈尔-舍恩伯格、肯尼思・库克耶:《大数据时代:生活、工作与思维的大变革》,周涛等译,浙江人民出版社 2013 年版。

30 Frank Pasquale. The Black Box Society: The Secret Algorithms That Control Money and Information. Harvard University Press, 2015.

31 王融:《〈欧盟数据保护通用条例〉:十个误解与争议》[EB/OL]. [2018-06-18]. https://www.sohu.com/a/229319518_455313.

32 王融:《〈欧盟数据保护通用条例〉详解》,《大数据》2016 年第 4 期。

33 Peter Wells . Most data is about multiple people—what does that mean for data portability? [EB/OL]. [2018-06-18]. https://theodi.org/article/most-data-is-about-multiple-people-what-does-that-mean-for-data-portability.

34 Biczók G, Chia P H. Interdependent Privacy: Let Me Share Your Data. International Conference on Financial Cryptography and Data Security, 2013, 7859:338—353.

35 Projects by IF. What is data portability? [EB/OL]. [2018-06-19]. https://dataportability.projectsbyif.com/what-is-data-portability.

36 同注释 33。

37 Peter Wells. Can we increase access to data while retaining trust? [EB/OL]. [2018-07-12]. https://theodi.org/article/can-we-increase-access-to-data-while-retaining-trust.

38 [英]迈尔・舍恩伯格:《删除:大数据取舍之道》,浙江人民出版社 2013 年版。

39 Hans Lenk. Progress, Value and Responsibiliy. PHIL & TECH, 1997(2).

40 Andrejevic M. The Big Data Divide. International Journal of Communication, 2014:1673—1689.

41 邱仁宗等:《大数据技术的伦理问题》,《科学与社会》2014 年第 1 期。

42 Open Data Institute. The Data Ethics Canvas.[EB/OL]. [2018-07-12]. https://theodi.org/article/data-ethics-canvas/.

43 [美]弗兰克斯:《驾驭大数据》,人民邮电出版社 2013 年版。

44 Jeni's Musings. What would "data literature" look like? [EB/OL]. [2018-07-12]. http://www.jenitennison.com/2017/05/19/data-literature.html.

45 George Windsor, Juan Mateos-Garcia. Analytic Britain: Securing the right skills for the data-driven economy. https://www.nesta.org.uk/report/analytic-britain-securing-the-right-skills-for-the-data-driven-economy/.

46 张维迎:《跨越数字鸿沟必先填平制度鸿沟》,《网际商务》2001 年第 7 期。

47 刘新萍、郑磊:《国际电子政府新趋势:包容性的公共服务》,《电子政务》2010 年第 12 期。

48 张成岗、张仕敏、黄晓伟:《信息技术、数字鸿沟与社会公正——新技术风险的社会治理》,《中国科技论坛》2018 年第 5 期。

49 苏格:《乱中有变,变中有治——2017 年国际形势与中国外交》,《当代世界》2018 年第 1 期。

50 王缉思、唐士其:《三十年来的世界政治变迁——同一性与多样性并存》,《国际政治研究》2010 年第 1 期。

51 Robert O.Keohane, Joseph S.Nye, Jr. Power and Interdependence in the Information Age, Foreign Affairs, 1998, 77(5).

52 薛澜:《全球公共治理:中国公共管理未来 30 年研究的重要议题》,《公共行政评论》2012 年第 1 期。

53 Donald F, Kettl. Managing Boundaries in American Administration: The Collaboration Imperative. Public Administration Review, 2006(66).

54 James Manyika, Susan Lund, Jacques Bughin, etc. Digital globalization: The new era of global flows [EB/OL]. [2018-07-15]. https://www. mckinsey. com/business-functions/digital-mckinsey/our-insights/digital-globalization-the-new-era-of-global-flows.

55 同注释 54。

56 惠志斌、张衡:《面向数据经济的跨境数据流动管理研究》,《社会科学》2016 年第 8 期。

57 同注释 54。

58 王翔:《通往数字时代的智慧治理之路》,《环球财经》2018 年第 1 期。

59 彭赓、李敏强、寇纪淞:《信息、信息技术与组织决策结构》,《中国软科学》2001 年第 5 期。

60 竺乾威:《地方政府大部制改革:组织结构角度的分析》,《中国行政管理》2014 年第 4 期。

61 Patrick Dunleavy, Helen Margetts, Simon Bastow, etc. Digital Era Governance: IT Corporations, the State, and E-Government. Oxford University Press, 2006.

62 Dunleavy P, Margetts H Z. The Second Wave of Digital Era Governance. Social Science Electronic Publishing, 2010.

63 Karpouzoglou T, Dewulf A, Clark J. Advancing adaptive governance of social-ecological systems through theoretical multiplicity. Environmental Science & Policy, 2016, 57.

64 Janssen M, Voort H V D. Adaptive governance: Towards a stable, accountable and responsive government. Government Information Quarterly, 2016, 33(1).

65 王先谦:《荀子集解》,中华书局 2012 年版。

66 Elinor Ostrom. Polycentric systems for coping with collective action and global environmental change. Global Environmental Change, 2010, 20.

67 同注释 65。

索　引

A

B

C

D

E

F

G

H

J

K

L

M

N

O

P

Q

R

S

T

W

X

Y

Z

参考文献

中文类

[1] [美]贝丝·西蒙·诺维克:《维基政府:运用互联网技术提高政府管理能》,李忠军、丁卉芹译,新华出版社2010年版。

[2] 蔡城城、刘新萍、郑磊:《开放政府数据准备度评估:法律法规与政策》,《电子政务》2017年第9期。

[3] 陈仕伟:《大数据技术异化的伦理治理》,《自然辩证法研究》2016年第1期。

[4] 陈钟:《从人工智能本质看未来的发展》,《探索与争鸣》2017年第10期。

[5] 樊博、陈璐:《政府部门的大数据能力研究——基于组织层面的视角》,《公共行政评论》2017年第1期。

[6] [美]弗兰克斯:《驾驭大数据》,黄海、车皓阳、王悦译,人民邮电出版社2013年版。

[7] 付熙雯、郑磊:《政府数据开放国内研究综述》,《电子政务》2013年第6期。

[8] 高丰:《开放数据:概念、现状与机遇》,《大数据》2015年第2期。

[9] 何乃东、黄如花:《巴西政府数据开放的特点及对我国的启示》,《图书与情报》2017年第1期。

[10] 华海英:《公共部门信息增值利用的若干概念辨析》,《图书情报工作》2012年第2期。

[11] 黄思棉:《大数据时代中国政府数据公开面临的阻碍与对策研究》,《法制与社会》2015年第12期。

[12] 惠志斌、张衡:《面向数据经济的跨境数据流动管理研究》,《社会科学》2016年第8期。

[13] 贾开:《从"开源软件"到"开放政府":互联网影响下的政府治理变革》,《经济社会体制比较》2016年第2期。

[14] John Carlo Bertot、郑磊、徐慧娜、包琳达:《大数据与开放数据的政策框架:

问题、政策与建议》,《电子政务》2014 年第 1 期。
[15] [美]劳伦斯·莱斯格:《代码:塑造网络空间的法律》,李旭译,中信出版社 2004 年版。
[16] [美]雷蒙德:《大教堂与集市》,卫剑钒译,机械工业出版社 2014 年版。
[17] 刘新萍、孙文平、郑磊:《政府数据开放的潜在风险与对策研究——以上海市为例》,《电子政务》2017 年第 9 期。
[18] 刘新萍、郑磊:《国际电子政府新趋势:包容性的公共服务》,《电子政务》2010 年第 12 期。
[19] 陆建英、郑磊:《美国的政府数据开放:历史、进展与启示》,《电子政务》2013 年第 6 期。
[20] [英]迈尔·舍恩伯格:《删除:大数据取舍之道》,袁杰译,浙江人民出版社 2013 年版。
[21] 彭赓、李敏强、寇纪淞:《信息、信息技术与组织决策结构》,《中国软科学》2001 年第 5 期。
[22] 邱仁宗等:《大数据技术的伦理问题》,《科学与社会》2014 年第 1 期。
[23] 宋华琳:《中国政府数据开放法制的发展与建构》,《行政法学研究》2018 年第 2 期。
[24] 苏格:《乱中有变,变中有治——2017 年国际形势与中国外交》,《当代世界》2018 年第 1 期。
[25] 王缉思、唐士其:《三十年来的世界政治变迁——同一性与多样性并存》,《国际政治研究》2010 年第 1 期。
[26] 王融:《〈欧盟数据保护通用条例〉详解》,《大数据》2016 年第 4 期。
[27] 王先谦:《荀子集解》,中华书局 2012 年版。
[28] 王翔:《通往数字时代的智慧治理之路》,《环球财经》2018 年第 1 期。
[29] [英]维克托·迈尔·舍恩伯格、肯尼思·库克耶:《大数据时代:生活、工作与思维的大变革》,周涛译,浙江人民出版社 2013 年版。
[30] 肖卫兵:《论我国政府数据开放的立法模式》,《当代法学》2017 年第 3 期。
[31] 薛澜:《全球公共治理:中国公共管理未来 30 年研究的重要议题》,《公共行政评论》2012 年第 1 期。
[32] 杨东谋、罗晋、王慧茹、项靖:《政府开放数据与信息增值:台湾的经验与启示》,《图书情报工作》2013 年第 10 期。
[33] 袁勇、王飞跃:《区块链技术发展现状与展望》,《自动化学报》2016 年第 4 期。
[34] 张成岗、张仕敏、黄晓伟:《信息技术、数字鸿沟与社会公正——新技术风险

的社会治理》,《中国科技论坛》2018 年第 5 期。

[35] 张维迎:《跨越数字鸿沟必先填平制度鸿沟》,《网际商务》2001 年第 7 期。

[36] 郑磊:《开放政府数据的价值创造机理:生态系统的视角》,《电子政务》2015 年第 7 期。

[37] 郑磊:《开放政府数据研究:概念辨析、关键因素及其互动关系》,《中国行政管理》2015 年第 11 期。

[38] 郑磊:《 西方公共信息政策文献概述:定义与分析结果》,《电子政务》2008 年第 2 期。

[39] 竺乾威:《地方政府大部制改革:组织结构角度的分析》,《中国行政管理》2014 年第 4 期。

[40] 郑磊、关文雯:《开放政府数据评估框架、指标与方法研究》,《图书情报工作》2016 年第 18 期。

[41] 郑磊、吕文增:《公共数据开放的产出与效果研究——以上海开放数据创新应用大赛为例》,《电子政务》2017 年第 9 期。

英文类

[1] Andrejevic, M.(2014). The big data divide. International Journal of Communication, 8(1), 1673—1689.

[2] Annex B. Reaping the benefits of cloud computing, web2.0 and open data: OECD country experiences[R/OL]//OECD. Denmark: efficient e-government for smarter public service delivery, Paris: OECD Publishing, 2010.

[3] Bartenberger, M., & Grubmüller, V.(2014). The enabling effects of open government data on collaborative governance in smart city contexts. JeDEM-EJournal of EDemocracy and Open Government, 6(1), 36—48.

[4] Biczók, G., & Chia, P. H.(2013). Interdependent privacy: Let me share your data. In Lecture Notes in Computer Science(including subseries Lecture Notes in Artificial Intelligence and Lecture Notes in Bioinformatics) (Vol.7859 LNCS, pp.338—353).

[5] Center for technology in government, Open government and public value: conceptualizing a portfolio assessment tool[R]. 2011. http://www.ctg.albany.edu/publications/online/pvat/PVAT_ConceptualizingtheTool.pdf.

[6] Center for technology in government. The dynamics of opening govern-

ment data[R]. 2012.

[7] Cranefield, J., Robertson, O., & Oliver, G.(1900). Value in the mash: Exploring the benefits, barriers and enablers of open data apps. In ECIS 2014 Proceedings-22nd European Conference on Information Systems (pp.1—15).

[8] Davies, T. (2010). Open data, democracy and public sector reform: a look at open government data use from data.gov.uk.

[9] Dawes, S. S.(2010). Stewardship and usefulness: Policy principles for information-based transparency. Government Information Quarterly, 27(4), 377—383.

[10] Dawes, S. S., Vidiasova, L., & Parkhimovich, O.(2016). Planning and designing open government data programs: An ecosystem approach. Government Information Quarterly, 33(1), 15—27.

[11] Division for public administration and development management. United nations e-government survey 2016[R]. 2016.

[12] Dunleavy, P., & Margetts, H. Z.(2010). The second wave of digital era governance. Social Science Electronic Publishing.

[13] Dunleavy, P., Margetts, H., Bastow, S., & Tinkler, J.(2006). Digital era governance: IT corporations, the State, and e-Government. Oxford University Press.

[14] Executive Office of the President, Office of Management and Budget. Open government directive[R]. M10-06, 2009.

[15] Graves, A., & Hendler, J.(2013). Visualization tools for open government data. International Conference on Digital Government Research (pp.136—145).

[16] Hans Lenk. Progress, value and responsibiliy[J]. PHIL&TECH, 1997(2).

[17] Helbig N, Cresswell A, Burke B, and Luna-Reyes L. The dynamics of opening government data.2012. http://www.ctg.albany.edu/publications/reports/opendata.

[18] Iryna, S., Åke, G., Marijn, J.(2015). Driving factors of service innovation using open government data: An exploratory study of entrepreneurs in two countries. Information Polity, 20(1), 19—34.

[19] Janssen, M., Charalabidis, Y., & Zuiderwijk, A.(2012). Benefits, adop-

tion barriers and myths of open data and open government. Information Systems Management, 29(4), 258—268.

[20] Janssen, M., & Voort, H. V. D.(2016). Adaptive governance: Towards a stable, accountable and responsive government. Government Information Quarterly, 33(1), 1—5.

[21] Karpouzoglou, T., Dewulf, A., & Clark, J.(2016). Advancing adaptive governance of social-ecological systems through theoretical multiplicity. Environmental Science & Policy, 57, 1—9.

[22] Kassen, M. (2013). A promising phenomenon of open data: A case study of the Chicago open data project. Government Information Quarterly, 30(4), 508—513.

[23] Keohane, R. O., & Nye Jr., J. S.(1998). Power and interdependence in the information age. Foreign Affairs, 77(5), 81—94.

[24] Kettl, D. F.(2006). Managing boundaries in american administration: The collaboration imperative. Public Administration Review, 66(Supplement s1), 10—19.

[25] Lakomaa, E., & Kallberg, J.(2013). Open data as a foundation for innovation: The enabling effect of free public sector information for entrepreneurs. IEEE Access, 1, 558—563.

[26] Open Data Barometer .ODB global report third edition[R]. 2016. http://opendatabarometer.org/3rdEdition/report/#readiness.

[27] Open government: Fostering dialogue with civil society. Paris: OECD, 2003.

[28] Ostrom, E.(2010). Polycentric systems for coping with collective action and global environmental change. Global Environmental Change, 20(4), 550—557.

[29] Pasquale, F.(2015). The black box society: The secret algorithms that control money and information. Harvard University Press.

[30] Pereira, G. V., Macadar, M. A., Luciano, E. M., & Testa, M. G. (2017). Delivering public value through open government data initiatives in a smart city context. Information Systems Frontiers, 19(2), 213—229.

[31] Sáez Martín, A., Rosario, A. H. D., & Pérez, M. D. C. C.(2016). An international analysis of the quality of open government data portals. Social

Science Computer Review, 34(3), 298—311.

[32] Sayogo, D. S., & Pardo, T. A.(2012). Exploring the motive for data publication in open data initiative: linking intention to action. 2623—2632.

[33] Soares, S.(2010). The IBM data governance unified process: driving business value with IBM software and best practices. MC Press, LLC.

[34] Susha, I., Grönlund, Å., & Janssen, M.(2015). Organizational measures to stimulate user engagement with open data. Transforming Government: People, Process and Policy, 9(2), 181—206.

[35] Terry, L. D.(1998). Administrative leadership, neo-managerialism, and the public management movement. Public Administration Review, 58(3), 194—200.

[36] Thompson, N., Ravindran, R., & Nicosia, S.(2015). Government data does not mean data governance: Lessons learned from a public sector application audit. Government Information Quarterly, 32(3), 316—322.

[37] Wang, H.-J., & Lo, J.(2016). Adoption of open government data among government agencies. Government Information Quarterly, 33(1), 80—88.

[38] Yang, T. M., Lo, J., & Shiang, J.(2015). To open or not to open? Determinants of open government data. Journal of Information Science, 41(5), 596—612.

[39] Zuiderwijk, A., Janssen, M., Meijer, R., Choenni, S., Charalabidis, Y., & Jeffery, K.(2012). Issues and guiding principles for opening governmental judicial research data., 7443, 90—101.

[40] Zuiderwijk, A., Janssen, M., Choenni, S., Meijer, R., & Alibaks, R. S. (2012). Socio-technical impediments of open data. Electronic Journal of E-Government, 10(2), 156—172.

后　记

我对政府数据开放，不算是一见钟情，但可以说是渐入佳境。

政府数据开放方面的知识我自己读书时也没有学过，因为这件事兴起时，我已经毕业了。2010 年春天，我的博士导师 Sharon Dawes 教授来复旦大学作报告，并与上海市经信委的领导进行了交流，主题就是当时美国正在大力推动的政府数据开放。趁着给她做翻译的机会，我对这方面的知识有了初步了解，并产生了研究兴趣，可能是因为我博士论文写的是政府内部的跨边界信息共享的问题，读博期间又曾对我国当时刚出台的《政府信息公开条例》作过研究，而政府数据开放正好与政府信息共享和政府信息公开都有关联吧。

虽有兴趣，但我并没有立即投入对这个方向的研究。当时，中国还没有一个地方开放了政府数据，研究这个问题的中国学者也寥寥无几，能查阅到的国内相关文献几乎没有。与政府部门的朋友聊起时，他们虽然也都觉得这件事很有意义，但由于存在太多阻力和不确定因素，大都认为政府数据开放在我国发展“前景”有限，自然也就不看好这个研究方向。

然而，出于一个学者的好奇心和个人兴趣，我仍然对这个方向保持着关注。2012 年还去巴西参加过“开放政府伙伴关系”全球年会和其他一些国际会议，近距离观察和学习了该领域的国际发展动向和研究进展。随着我对政府数据开放的理解愈加深入，愈加意识到中国需要开放政府数据的迫切性。不是因为国外这么做了，我们也要跟着做，而是因为这件事对于中国自身具有重大意义，不仅和大数据产业相关，更关系我国的进一步创新、发展和治理。由此，我对研究数据开放的兴致倍增。然而，当时国内还找不到一个政府数据开放的实例可以进行调研，所以我的研究也就主要停留在学习国外学术文献和实践案例上。

2012 年开始，大数据逐渐成为热门话题，中国政府数据开放实践也正式拉开帷幕，上海、北京和南海等地陆续上线了政府数据开放平台。2013 年 10 月，我负责的复旦大学数字与移动治理实验室主办了一次“电子治理的未来”研讨会，我们在会上设立了一个“开放数据”专题论坛，请来了当时主管上海政府信息公开的领导介绍上海的数据开放平台。2014 年 9 月，我们实验室又与世界银行发展数据部在复旦大学主办了“开放数据助力经济发展与社会创新”国际研讨会，邀请了国内外数据开放领域的学者、专家、官员和数据利用者参会。回头来看，这可能是国内最早举办的专门针对政府数据开放的国际学术研讨会。同年，我向国家自然科学基金委申报的课题“大数据背景下开放政府数据的因素与机理研究”获得了立项资助。自此，我对政府数据开放的研究算是正式上路了。

幸运的是，正是在这段时间，中国政府数据迎来了快速发展时期。截至 2018 年 5 月，我国已上线了近五十个地级以上的数据开放平台，这与我们刚刚进入这个研究领域时，一个本土案例也找不到的情况相比，研究环境已经大大改善，我也有幸目睹和参与了整个过程。

这五六年来，我已记不清在多少场学术会议、政府培训和行业论坛上作过数据开放方面的报告。在此期间，受《电子政务》期刊的邀请，我们团队还分别于 2013 年、2015 年和 2017 年组织了三期“数据开放”专题，分阶段发表了一批学术成果，并在《中国行政管理》、《公共行政评论》和《图书情报工作》等期刊上也发表了政府数据开放方面的论文。此外，我们还完成了中央部委和地方政府委托的十多份政府数据开放方面的决策咨询报告。2017 年 5 月起，我们实验室又开始连续发布《中国地方政府数据开放报告》和“中国开放数林指数”。回头一看，确实已累计了不少一手数据、素材和资料。

然而，对于系统完整地写一本关于中国政府数据开放的书，我总觉得还没准备好。我国政府数据开放还在发展过程中，许多老问题还没有定论，新问题又扑面而来，还没到可以写书下结论的时候，想等一等再说。但随着实践的不断推进，我开始意识到，政府数据开放没有终点，我可能永远也等不到完全准备好的那一天。这才终于下决心先写起来，边探究，边总结，边改进吧。

回头想来，我选择了政府数据开放这个方向，并一头扎进来，至今乐此不疲，不是为了发论文，不然可以选一个相对更轻松现成的方向；也不是为了能拿到一些政府数据为己所用，我的主要工作不是分析数据。一路走到这么远，我想更多可能是因为数据开放这个方向自带的开放、赋权、自主、创新、有趣等属性正好与我自身的性格相投吧。在学术生涯中，能遇到一个自己真正喜欢的方向，并见证其发展，参与其进程，实在是一件幸事，我对此心存感恩。

更幸运的是，在这个过程中，结识了许许多多数据开放的实践者、推动者、观察者、研究者和合作者，得到了他们难以尽述的支持和指导，在此一一致谢。

首先，感谢这些年来所有参与了这项研究的团队成员们，他们为本书贡献了大量思路、数据、素材和资料，包括刘新萍、高丰、郑跃平、任雅丽、纪昌秀、吕文增、关文雯、蔡城城、赵丽琼、朱晓婷、徐慧娜、陆建英、熊久阳、付熙雯、孙文平、陈延、袁佳蕾、吴心琦、冯伟宸,吴鑫鑫、张飘飘、卢林涛等。特别要感谢参与了本书编写、整理和校对工作的王翔、戚馨予、温祖卿和李洪克。此外,公共管理硕士毕业生张忻璐、蔡燕和刘放也为本书提供了素材。

感谢在实验室各次论坛和会议的组织以及网络宣传中投入了大量脑力和体力的董煜、李洪克、吴迪、赵越杨、朱铭华、肖鑫、周嘉颖、孙正、方金传、陈仁晶、陆森、孙尧、王冰晶、方圆、李颖、李淑玉、韩宇红、邵诗卉、操子宜、贺欣、张琨、倪冰、陈馨怡、张兰、冯文涵、谢琪和邱明玥等。

我们在政府数据开放方面的研究和会议得到过复旦大学领导陈志敏和苟燕楠;国际关系与公共事务学院领导苏长和、刘季平、陈周旺和竺乾威等老师以及其他学院同事们的大力支持。此外,复旦大学其他部门和学院的李良荣、彭希哲、孙未未、凌力、朱勤、张计龙、殷沈琴、滕育栋、李沁园和米雪等老师也给予过我们各种指导和帮助。

我们在研究过程中得到了中央政府相关部委和机构的大力支持和关注,包括中央网信办的张荣、张晓和王志成;国务院办公厅的李辉;国家信息中心的周民、于施洋、杨道玲、刘枝、王建冬、王璟璇、贾一苇和童楠楠;中央编办的宋庆和房桂喜;交通运输部的庞松、袁鹏、张成、刘冬梅和曹剑东;以及国家林业和草原局的李世东。

我们的研究离不开全国各个地方政府数据开放相关部门的支持和指导,其中有些部门还与我们展开了深度合作,使我们了解到许多来自我国实践第一线的情况。他们有上海市的邵志清、朱宗尧、张英、冯磊、过亦林、沈强、裘薇、王光荣、陈勇、唐顶春、杨立娟、崔艳春、林主恩、焦琳、刘鸥萱、米卫红、许谷声、徐彬、解文婧、李强、刘利亚、董煜、徐能达、董国青、蒋涛、冯洁、陈奇、查亚峰、荣杰等;北京市的阎冠和和穆勇;贵州省的景亚萍、张雷和胡琼元;贵阳市的徐昊、唐振江、周文捷、李祥、裴莹蕾、曹谦、黄明峰、姚远、游大方、刘军和袁世智;无锡市的卢益、倪民、李菁菲、吴浩涵;广东省的林敏锐和钟东江;广州市的邢诒海和葛燕;深圳市的罗龙鑫、夏春州、李郑祥、刘凌宇、方纬和赵娜;佛山市的马力和李俊;佛山南海区的潘永桐、李毅佳和林莉;东莞市的陈钊和陈仕元;济南市的田立忠和杨秀琴;青岛市的张理敬、王朝静、戴雪冰、党飞和王文青;哈尔滨市的张琼;武汉市的袁远明、鲍睿和徐斌。此外,澳门特别行政区行政公职局的高炳坤、曹锦俊、陈汝和、陈继民、李伟伦、姜姗姗和陈俊贤也与我们实验室在政府数据开放方面展开了密切合作,对我们启发良多。

我们的研究也得到了全国各个高校和科研院所的专家学者们的指导、参与和推介。其中,来自各个高校的老师包括清华大学的孟庆国、陈国青、苏峻、黄萃、张楠、孟天广和许欢;中国人民大学的安小米和马亮;上海交通大学的金耀辉和樊博;南开大学的王芳;武汉大学的夏义堃、黄如花和王少辉;华中科技大学的徐晓林和陈涛;北京大学的黄璜;同济大学的孙荣、马小峰、魏佛兰和翁士洪;电子科技大学的汤志伟和张会平;暨南大学的刘文静、陈玉梅和周云帆;北京师范大学的孙宇;云南大学的邓崧、阚超和熊凯;中山大学的郑跃平;贵州大学的许鹿;上海政法学院的肖卫兵、汤啸天和龙怡;浙江大学的章燕华;重庆大学的曾润喜;华东理工大学的朱琳;北京外国语大学的范静;云南财经大学的李重照;上海对外经贸大学的陈瑶;华东师范大学的王法硕;湖南大学的谭海波;上海大学的李谦升;南京理工大学的李晓方;以及台湾大学的杨东谋和东海大学的项靖。来自各个科研机构的专家有中国行政体制改革研究会的王露和李文康;中央党史和文献研究院的陈雪莲;中国信息通信研究院的韩涵、魏凯和李海英;上海社会科学院的惠志斌;上海图书馆的陈涛等。

此外,我们团队也在与多位国际专家学者的交流中得到过启发和信息,包括纽约州立大学的 Sharon Dawes 和 Theresa Pardo;世界银行的 Amparo Ballivian;联合国经济和社会发展部的 Stefan Schweinfest,Marion Barthelemy,Vincenzo Aquaro,陆海天、Wai Min Kwok 和马明;开放数据企业中心的 Joel Gurin;英国开放知识基金会创始人 Rufus Pollock;美国休斯顿市的 Bruce Haupt;丹麦哥本哈根商学院的 Rony Medaglia ;英国埃克塞特大学的李伯一以及英国开放数据研究院的多位专家。

在我们采集数据、了解需求和组织活动的过程中,还得到了许多研究机构和企业的支持,他们有提升政府治理能力大数据应用技术国家工程实验室的雷吉成、牟其林、何杰、刘汪洋、冯璐萍、谢真强和程序;中电科新型智慧城市研究院的肖骥、高冰、阮奇安;浪潮集团的张峰和王晓斌;阿里研究院的孟晔、潘永花;金电联行的范晓昕、范文青、潘志刚、王曼和李晨;云上贵州秦晓东和田野;冥睿(上海)信息科技有限公司的吕文增;以及来自其他企业和社会组织的涂子沛、张柏军、王志永、薛梓闻、许俊杰、陈新河、王兆进、黄志敏、马金鑫、刘春蕾、秦蒿、欧阳赟、万如意、王鹏、徐子涵、王咏笑、胡辟砾、林佑达、李雯、俞渝、叶超、刘勇、朱京、陈摩西、杨慧、利嘉豪、熊竞、张鼎和李若瑶等。

这些年来,许多期刊和媒体帮助我们发表和传播过大量论文、报告和文章,在此也一并感谢。他们有:《电子政务》的宋文好和张建辉;《中国行政管理》的鲍静和张红彬;《公共行政评论》的朱亚鹏;《图书情报工作》初景利和易飞;《学习时报》的王翠娟;新华网的姚笛和陈宜风;计算机世界传媒集团的王新涛;《21 世纪经济报道》的周慧；《上海观察》的尤莼洁和戴玉；《解放日报》的谢飞君；《澎湃新闻》的王昀；凤凰卫视的张翼；《大数据文摘》的汪德诚和魏子敏；DT 财经的程一祥等。此外，还要感谢麦明德、廖秋岚、周业光、李群辉和夏毓等为我们举办的历次报告、论坛和讲座中所做的设计和策划工作。

特别要感谢上海人民出版社曹培雷副总编辑，秦堃编辑和夏红梅编辑等，他们对于本书的出版在策划、编辑、审稿、排版和设计等方面付出了大量精力，他们的专业精神使我十分敬佩，他们的耐心等待总使我倍感惭愧。如果不是他们的“紧盯”战术，这本书可能还要过很久才能出来。

最后，感谢家人对我“狂热”工作的理解宽容以及在衣食生活上给予的关心照顾。

这些年来帮助过我们的人实在是太多了，以至于这个致谢名单就做了一整天，但恐怕仍然会挂一漏万。最后，向所有在或不在这个名单上的、我知道或不知道的、参与了中国政府数据开放的部门、企业、社会组织和个人表示感谢，正是由于你们的探索和实践，才有了这本书。你们的付出不仅仅是对本书的贡献，更是对中国开放数林的贡献！

郑　磊

2018 年 7 月于上海江湾

图书在版编目(CIP)数据

开放的数林:政府数据开放的中国故事/郑磊著
.—上海:上海人民出版社,2018
ISBN 978-7-208-15349-3

Ⅰ.①开… Ⅱ.①郑… Ⅲ.①电子政务-信息管理-研究-中国 Ⅳ.①D630.1

中国版本图书馆 CIP 数据核字(2018)第 161683 号

责任编辑 秦 堃 夏红梅
封面设计 零创意文化

开放的数林:政府数据开放的中国故事
郑 磊 著

出 版 上海人民出版社
(200001 上海福建中路 193 号)
发 行 上海人民出版社发行中心
印 刷 上海商务联西印刷有限公司
开 本 720×1000 1/16
印 张 15.5
插 页 2
字 数 265,000
版 次 2018 年 8 月第 1 版
印 次 2020 年 6 月第 3 次印刷
ISBN 978-7-208-15349-3/D·3256
定 价 56.00 元